浙江农林大学经济管理学院文库
LIBRARY OF SCHOOL OF ECONOMICS AND MANAGEMENT ZAFU

新文科实验中心建设的理念逻辑、路径方法与内容架构

浙江农林大学经济管理省级重点实验教学示范中心探索与实践

罗士美　吴伟光　◎著

北京大学出版社
PEKING UNIVERSITY PRESS

图书在版编目(CIP)数据

新文科实验中心建设的理念逻辑、路径方法与内容架构:浙江农林大学经济管理省级重点实验教学示范中心探索与实践 / 罗士美,吴伟光著. -- 北京:北京大学出版社,2025.6.
ISBN 978-7-301-36120-7

Ⅰ.G642.3

中国国家版本馆 CIP 数据核字第 20255HU803 号

书　　名	新文科实验中心建设的理念逻辑、路径方法与内容架构
	——浙江农林大学经济管理省级重点实验教学示范中心探索与实践
	XINWENKE SHIYAN ZHONGXIN JIANSHE DE LINIAN LUOJI、
	LUJING FANGFA YU NEIRONG JIAGOU
	——ZHEJIANG NONGLIN DAXUE JINGJI GUANLI SHENGJI ZHONGDIAN
	SHIYAN JIAOXUE SHIFAN ZHONGXIN TANSUO YU SHIJIAN
著作责任者	罗士美　吴伟光　著
策划编辑	罗丽丽
责任编辑	罗丽丽
标准书号	ISBN 978-7-301-36120-7
出版发行	北京大学出版社
地　　址	北京市海淀区成府路 205 号　100871
网　　址	http://www.pup.cn　　新浪微博:@北京大学出版社
电子邮箱	编辑部 pup6@pup.cn　　总编室 zpup@pup.cn
电　　话	邮购部 010-62752015　发行部 010-62750672　编辑部 010-62750667
印 刷 者	天津和萱印刷有限公司
经 销 者	新华书店
	720 毫米 × 1020 毫米　16 开本　19.25 印张　325 千字
	2025 年 6 月第 1 版　2025 年 6 月第 1 次印刷
定　　价	98.00 元

未经许可,不得以任何方式复制或抄袭本书之部分或全部内容。
版权所有,侵权必究
举报电话:010-62752024　电子邮箱:fd@pup.cn
图书如有印装质量问题,请与出版部联系,电话:010-62756370

前 言
Preface

当前,随着新一轮科技革命和产业变革的加速演进,以物联网、云计算、大数据、虚拟仿真等为代表的新一代人工智能技术迅猛发展,并已在经济、社会、文化及教育等领域全面深入渗透和应用,给人类生产和生活带来了广泛而深刻的影响。为顺应新时代发展,当今社会亟须大量能从容应对现实复杂变化和未来严峻挑战的复合型、创新型人才。而传统的学科体系、知识体系和育人体系难以支撑、契合这类人才的培养。因此,高等教育亟待推行基于学科交叉融合、育人守正创新的"四新"教育变革,真正让教育回归为了人、发展人、使人成人并最终达成智慧之人的教育,让学生拥有自然适变、自如应变、自主求变的本领和智慧,以更好地顺应并引领新时代发展。

进入新时代,高等农林教育比以往任何时候都更重视学生的人文素养和"知农爱农"素养,更关注学生的价值引领与实践教育,更强调学生的跨界整合与多元创新,更注重以新文科建设全面引领文科教育教学变革,同时智慧教育理念和教育生态理念也日渐深入人心。在此背景下,本书以浙江省高等教育教学改革项目"新文科背景下农林经管类智慧实践教学理论研究与实践探索",浙江省重点实验教学示范中心项目"经济管理类实验教学中心",教育部产学合作协同育人项目"融合桌面云实验教学一体化平台研建",以及浙江省高等教育学会实验室工作研究项目"经济管理本科实验教学中心智慧化建设研究"等项目研究实践为基础,围绕新文科实验中心"为何建、如何建、建什么、怎么建"四个核心问题,全面、系统阐释新文科实验中心"334435"完整建设框架,即锚定"顺应新需求、担负新使命、实现新目标"三大愿景,秉持"新文科、智慧教育、教育生态"三元理念,创设"体系化推进、生态化重构、智慧化转型、绿色化发展"四条路径,推行"育人为本、绿色为基、多跨协同、需求驱动"四种方法,设计"系统架构、功能架构、技术架构"三维架构,建设"实验文化、组织体系、实践育人体系、硬件设施、软件平台"五项内容,并基于此框架,介绍了建设浙江农林大学经济管理省级重点实验教学示范中心的四个典型应用案例,为广大读者开展相关建设研究提供了从理论到实践的全过程借鉴与参考。

本书共分九章,各章内容概述如下。

第一章为"绪论",介绍了当前高等农林教育及文科人才培养的背景,文科实验中心的基本现状与发展困境;指出新文科实验中心建设必须正面回应的四个核心问题,即为何建、如何建、建什么、怎么建。

第二章为"新文科实验中心建设愿景",指出新文科实验中心建设的愿景是顺应时代新要求、担负时代新使命、实现新时代的目标。

第三章为"新文科实验中心建设理念",提出了新文科实验中心建设的三元理念,即新文科理念、智慧教育理念、教育生态理念,并分别厘析了三元理念的渊源、内涵、主要思想及其相互之间的内在关联。

第四章为"新文科实验中心建设逻辑",提出了新文科实验中心建设的三元理论框架;辨析了新文科实验中心建设的内在逻辑(即理论逻辑、历史逻辑、实践逻辑);指出"以人为本、交叉融合、智慧教育、教育生态"是新文科实验中心建设的理论之源,"从简单到复杂、单一到综合、分散到集中"是新文科实验中心建设的历史之势,"问题导向、持续改进、技术融合、实践创新、开放协同"是新文科实验中心建设的实践之本。

第五章为"新文科实验中心建设路径",提出了新文科实验中心建设的四条路径,即体系化推进、生态化重构、智慧化转型、绿色化发展;指出在宏观规划上抓顶层设计与体系重建,在实践体系上抓开放融合与生态重构,在设备设施上抓改造升级与智慧转型,在发展方式上抓绿色环保与低碳转型。

第六章为"新文科实验中心建设方法",提出了新文科实验中心建设的四种方法,即以协同为抓手、以育人为根本、以需求为驱动、以绿色为宗旨,并详细阐释了多跨协同推进实验中心整体建设、育人为本重构实践育人生态体系、需求导向构建智慧实践服务平台、绿色低碳筑牢可持续发展保障等具体建设方法。

第七章为"新文科实验中心建设架构",提出了新文科实验中心建设的三维架构,即系统架构、功能架构、技术架构,并详细阐述了实验中心组织结构和协同机制等系统架构设计,实验教学、实践育人、科研创新和社会服务等功能架构设计,以及硬件设施、网络通信、数据中心及软件体系等技术架构设计。

第八章为"新文科实验中心建设内容",提出了新文科实验中心建设的五项内容,即实验文化建设、组织体系建设、实践育人体系建设、硬件设施建设、软件平台建设,并详细介绍了实验中心环境文化、精神文化、制度文化和行为文化等实验文化建设,组织结构、人员构成、运行机制和管理制度等组织体系建设,实践育人时空体系、能力体系、内容体系、方法体系和组织体系等实践育人体系建设,实验环境设施、开放设施、教学设施和管理设施等硬件设施建设,以及智慧实验学习平台、教学平台、管理平台、社区平台及大数据平台等软件平台建设。

第九章为"新文科实验中心建设案例",介绍了浙江农林大学经济管理实验中心实践育人生态体系、融合桌面云智慧平台、跨专业综合实训平台,以及种植业家庭农场经营决策虚拟仿真实验这四个建设案例,并从背景、现状、解决的主要问题、开展的主要工作和取得的相应成效等方面,对每个案例做了详细阐述;从实验中心体系建设到硬件设施改造再到软件平台升级,所涉案例囊括了新文科实验中心建设的全要素与全过程,是新文科实验中心建设理论的具体实践。

当前,尽管新文科建设正如火如荼地开展,实验教学与实践育人也依然广受关注,但具体到新文科实验中心的建设研究却显得不足,主要表现为微观视角的经验介绍偏多,而系统、普适意义上的研究实践较少,这给大家的研究实践带来了挑战,同时也暗藏了机会。为此,我们想借此书抛砖引玉,与广大读者建立联系,为共同交流学术见解、借鉴经验方法和开展课题研究架设桥梁。当然，我们也深知自身学识的有限性和研究实践的局限性，书中难免会存在一些不足之处，恳请读者不吝赐教，斧正谬误。

罗士美

杭州临安，吴越人家

2024 年 8 月

目　录
Contents

第一章　绪　论 /1

　　第一节　研究的背景 /1

　　第二节　研究的现状 /5

　　第三节　研究的问题 /10

第二章　新文科实验中心建设愿景 /14

　　第一节　顺应时代新要求 /14

　　第二节　担负时代新使命 /17

　　第三节　实现新时代的目标 /20

第三章　新文科实验中心建设理念 /23

　　第一节　新文科理念 /23

　　第二节　智慧教育理念 /30

　　第三节　教育生态理念 /39

第四章　新文科实验中心建设逻辑 /51

　　第一节　新文科实验中心建设的理论逻辑 /51

　　第二节　新文科实验中心建设的历史逻辑 /67

第三节　新文科实验中心建设的实践逻辑 /75

第五章　新文科实验中心建设路径 /91

  第一节　体系化推进 /91

  第二节　生态化重构 /96

  第三节　智慧化转型 /104

  第四节　绿色化发展 /112

第六章　新文科实验中心建设方法 /117

  第一节　以协同为抓手，整体推进实验中心建设 /117

  第二节　以育人为根本，重构实践育人生态体系 /123

  第三节　以需求为驱动，构建智慧实践服务平台 /134

  第四节　以绿色为宗旨，筑牢可持续性发展保障 /141

第七章　新文科实验中心建设架构 /146

  第一节　系统架构 /146

  第二节　功能架构 /154

  第三节　技术架构 /163

第八章　新文科实验中心建设内容 /181

  第一节　实验文化建设 /181

  第二节　组织体系建设 /186

  第三节　实践育人体系建设 /197

  第四节　硬件设施建设 /206

  第五节　软件平台建设 /218

第九章 新文科实验中心建设案例 /224

    第一节 浙江农林大学经济管理实验中心实践育人生态体系 /224

    第二节 浙江农林大学经济管理实验中心融合桌面云智慧平台 /236

    第三节 浙江农林大学经济管理实验中心跨专业综合实训平台 /252

    第四节 浙江农林大学种植业家庭农场经营决策虚拟仿真实验 /268

参考文献 /288

后　记 /296

第一章 绪　论

第一节　研究的背景

一、新文科正引领传统文科教育变革

面对社会革新变化与时代进步变迁，全国教育大会、新时代全国高等学校本科教育工作会议均强调，学科建设和人才培养要顺应国际局势、国内形势、产业趋势、学科态势，做出战略性调整与根本性变革。

在此背景下，2018年，教育部等六部门联合发布《关于实施基础学科拔尖学生培养计划2.0的意见》；2019年，教育部"六卓越一拔尖"计划2.0启动大会在天津大学召开，引领推动新工科、新医科、新农科、新文科建设；2020年，教育部在山东大学（威海）召开新文科建设工作会议，对外发布《新文科建设宣言》，新文科建设号角正式吹响；2021年，教育部为构建世界水平、中国特色的文科人才培养体系，按照"尊重规律、立足国情、守正创新、分类推进"的基本原则，围绕"强化价值引领、促进专业优化、夯实课程体系、推动模式创新、打造质量文化"等方面，启动首批新文科研究与改革实践项目，共立项1011个项目，涉及全国394所高校。至此，新文科建设部署正式启动，改革实践全面展开，传统文科教育面临深刻变革。

以"新文科"为文献检索"主题"关键词，将2019—2023年设为文献检索的时间范围，我们对中国知网数据库进行了文献检索，共检索到相关文献5022篇。从文献数量分布来看，2019—2023年，新文科研究文献量依次为82、330、1098、1666、1846篇，文献数量呈现逐年递增的趋势，特别是2020年、2021年实现了连续跳跃式增长，且在2021年突破了1000篇，此后三年均维持在高位水平，新文科研究热度持续攀升；从文献

主题分布来看，2019—2023 年，新文科研究的领域与视角广泛，且呈现不断拓展与深化的发展态势，涵盖了文科建设与文科发展、文科教育与人才培养、学科建设与交叉融合、教学改革与模式创新、课程思政与思政建设、实践教学与实践育人等诸多方面。从文献研究来看，新文科建设研究正当其时，热度持续高涨，正全面引领传统文科教育变革。

二、新时代农林教育正发生深刻变化

"三农"问题是关系国计民生的根本性问题，中国的现代化离不开农业农村的现代化，农业农村的现代化关键在于科技、在于人才。党的十九大报告提出，实施乡村振兴战略。这就需要我们培养造就一支懂农业、爱农村、爱农民的"三农"工作队伍。新时代，高等农林教育要以立德树人为根本，以强农兴农为己任，培养更多知农爱农新型人才，推进农业农村现代化和乡村全面振兴。面对新时代、新使命与新要求，我国高等农林教育应加速开启面向质量提升的内涵式改革。

2018 年，教育部联合农业农村部、国家林业和草原局出台的《关于加强农科教结合实施卓越农林人才教育培养计划 2.0 的意见》指出，紧紧围绕乡村振兴战略和生态文明建设，坚持产学研协作，深化农科教结合，用现代科学技术改造提升现有涉农专业，培养懂农业、爱农村、爱农民的一流农林人才，服务美丽中国建设。

2022 年，教育部办公厅等四部门又联合下发的《关于加快新农科建设推进高等农林教育创新发展的意见》指出，全面加强知农爱农教育，加快构建多类型农林人才培养体系，深入推动课程教学改革，建设高水平实践教学基地，强化农科教协同育人，培养高层次、高水平、国际化的新型农林人才，更好地支撑服务农业强国建设。

进入新时代，我国高等农林教育坚持中国特色社会主义办学方向，遵循立德树人、五育并举和三全育人理念，更加尊重高等教育规律和人才成长规律，更加重视人文素养和"知农爱农"素养，更加注重价值引领和厚植"三农"情怀，更加强调跨界整合能力和多元创新思维，更加强化学科交叉、专业复合、课程融合与教学创新，促使农林教育从偏重服务产业经济向促进学生全面发展转变，从单学科割裂独立发展向多学科交叉融合发展转变，从专注专业教育向专业教育与通识教育高度融合转变，从专注知识本位向侧重个人本位转变。

三、智慧教育在推动教育教学范式变革

随着西方"智慧地球"概念的引入，以及云计算、大数据和人工智能等新技术的大量涌现，智慧教育迅速进入人们的视野并受到重视。

在学术研究领域，学者们认为，智慧教育是依托物联网、云计算、大数据和无线通信等新一代信息技术所打造的，物联化、感知化、泛在化、智能化和个性化的教育信息生态系统，以智慧学习环境为技术支撑、以智慧教学法为催化促导、以智慧学习为根本基石，是当代教育信息化的新境界与新诉求，代表着教育信息化未来发展趋势和未来教育发展主要形态，亦是素质教育在信息时代、知识时代和数字时代的深化与提升。它尊重学习者个性化与多元化发展需要，促进人的素质全面和谐发展，培养具有良好价值取向、较强行动能力、较好思维品质和较深创造潜能的人才，以实现教育由不完全适应社会发展向适应社会发展再向引领社会发展的转变与跨越。

在应用实践领域，教育部先后出台了《教育信息化十年发展规划（2011—2020年）》《高等学校人工智能创新行动计划》及《教育信息化2.0行动计划》等文件，鼓励高校建设覆盖全国、分布合理、开放开源的基础云环境，探索线上线下相结合的个性化、智能化、泛在化教学新模式，创建人人皆学、处处能学、时时可学的学习型社会，实现更加开放、更加适合、更加人本、更加平等和更加可持续的教育；开展"互联网+教育""AR/VR+教育""AI+教育"等行动，实施"智慧校园""智慧教室""智慧实验室"等智慧基建工程，推进精品在线开放课程、虚拟仿真实验项目、新形态教材和线上线下混合教学等智慧资源建设。从近20年高教改革来看，教育主管部门先后推出精品课程、资源共享课程、精品在线开放课程、虚拟仿真实验项目和新形态教材等资源建设，实验教学示范中心、虚拟仿真实验教学示范中心、智慧教室和智慧实验室等条件建设，以及线上一流、线下一流和线上线下混合式一流等教学改革，现代信息技术与教育教学融合应用越来越有深度，教育信息化、数字化、

智慧化趋势更加明显，并正以智慧教育为引擎掀起一场教育教学范式变革。

四、高等教育生态化越来越受人关注

20世纪60年代以来，全球自然环境遭到严重破坏，自然生态危机和社会生态危机随之频发。教育作为社会生态系统的子系统，与自然界的物质、信息及能量间保持着千丝万缕的联系，自然避免不了生态危机带来的影响，故而教育生态危机的出现也不可避免。在此情形下，"教育生态化"的概念被提了出来，教育生态系统逐渐受到人们的关注。

从高等教育的发展来看，自20世纪70年代至今，我国高等教育经历了从精英化到大众化再到普及化的发展阶段，高等教育规模已跃居世界首位，取得了跨越式发展。但这也给我国高等教育带来了一些问题，如人才供需失衡、人才培养失配、教学改革失调等，高等教育生态危机普遍存在并引发广泛关注。

（1）人才供需失衡。受20世纪90年代末以来高等教育扩张的影响，高等教育出现了区域发展不平衡、学科结构不协调、专业布局不合理的情况，高校人才供给与社会人才需求出现结构性失衡。

（2）人才培养失配。面对新时代、新任务与新需求，高校同质的培养方案、过时的教学内容和传统的教学方式，与学生的多元化发展和个性化学习需求不相适应，使得高校人才培养出现"教"与"学"的失配。

（3）教学改革失调。受功利主义和科层制度的影响，校内与校外、学院与部门、学科与专业等主体之间壁垒森严，导致产教融合、学科交叉、专业复合难以推进，引发高校教学综合改革协同失调。

从文献研究情况来看，以"教育生态"为文献检索的"主题"关键词，对中国知网的历年文献进行检索（截至2023年），共找到相关研究文献13209篇，其中含"高等教育生态"的相关文献为1336篇。文献检索结果显示，相关研究主题涵盖了高等教育生态、生态文明教育、生态文明建设、教育生态系统、教育生态环境、生态道德教育、思想政治教育等诸多方面，研究时间跨越了半个多世纪，最早可追溯到20世纪70年代；直到21世纪初，高等教育生态才开始渐渐引发人们关注和重视；2010年以

后，高等教育生态的研究热度迅速攀升，直至当前依然热度不减，近5年年均文献保持在1000篇以上，且呈现出越来越受关注的发展趋势。

第二节　研究的现状

一、高校对文科实验中心缺乏全面准确的认识

受传统教育观念的长期影响，人们重理轻文、重知识学习轻能力锻炼的思想早已根深蒂固，高校重科研轻教学、重理论轻实践的现象也始终存在。在此情形下，文科实验中心显然难以引起高校的足够重视，高校也难以对文科实验中心形成客观、全面、准确的认知。

（1）高校对文科实验中心地位的认知比较片面。很多高校站在专业教学的角度规划、建设文科实验中心，把实验教学视为理论教学的辅助环节，把实验课当作理论课的附属产品，把实验室视为教学的附属设施，进而形成文科实验中心是专业附属品的认知定位。事实上，随着新科技革命与产业变革的到来，社会对人才的要求已发生了显著变化，更关注人才能力、素质与社会变化、市场需求、岗位要求的契合度和适应性，更重视人才的价值情怀、跨学科素养、跨界整合能力和多元创新思维等。而要完全契合并顺利达成这些要求，实践教学与理论教学的依附关系需转变为共生关系，文科实验中心作为专业附属品的定位需调整为与专业共轭的定位，同时确保彼此相互交织、相互融通、相互依存和相互促进。由此可见，实践教学并非附属于理论教学而可有可无，文科实验中心也并非专业的附属品而无足轻重；相反，文科实验中心对复合创新型文科人才培养起着全面而独特的支撑作用，高校应对其地位保持更加客观、全面且准确的认知。

（2）高校对文科实验中心功能的认识不够全面。受高校科层化管理的严重制约，早期的文科实验室大多是以专业教学需求、课程教学要求为出发点而建立起来的。虽然后经资源整合建设成为文科实验中心，但是其内部仍旧沿袭着封闭式管理方式。实验室的功能依旧相对单一，大多仍然只支持某类课程或某个专业的实验教学。既没有对本专业或跨专业的学科竞

赛、科研训练、社会实践及技能培训等二三四课堂实践给予有效支撑，也未能对科学研究、社会服务和文化传承等功能进行实质性拓展。然而，守正创新、交叉融合与协同共享作为新文科建设的核心理念，必然对新文科实验中心建设具有指导意义，高校需充分运用现代智能信息技术，融合多学科专业实验教学、实践育人、科研创新及社会服务等多元需求，拓展实验中心人才培养的基础功能，全面整合、支撑一二三四课堂实践，实现跨专业、跨学科、跨学院的资源共建共享与协同育人。

二、文科实验中心组织管理效能未被充分激发

当前，文科实验中心体制大致可分为三类：第一类是实验中心作为一个独立编制，只承担实验教学任务；第二类是一套班子、两块牌子，即实验中心和研究中心合署；第三类是实验中心隶属于院系。从表面上来看，现行文科实验中心体制虽已整合了文科实验室原分散的人、财、物等资源，但实质上其运行机制仍然是不健全的，人员松散、设备闲置、资源浪费等现象依然存在，实际管理效能远未达到理想的状态。

（1）文科实验中心管理理念不合时宜。长期以来，文科实验中心的管理是各自为政、相互独立、互不干涉的，久而久之文科实验人员便形成了个性化管理、封闭性管理、松散式管理的习惯，而这些习惯与新文科实验中心全局化、整体性和开放式的管理理念是不相适应的。

（2）文科实验中心管理方式比较落后。相对理工科而言，高校对文科实验中心的重视程度不高，投入文科实验中心建设的经费较少，导致文科实验中心智能化改造、升级迟缓；另外，由于文科实验人员对智能信息技术的认识不够，接受能力较弱，文科实验中心人工管理方式至今仍普遍存在。

（3）文科实验中心管理模式不够灵活。当前，文科实验中心的建制普遍隶属于学校，规划建设通常受校实验室与设备管理处监管，而业务职能托管于主干支撑学院，运行管理由实验中心主任全权负责，权责划分看似合理、明确，实则管理层级过于冗长、管理科层化倾向明显，导致管理灵活性不够、运行效率不高。

（4）文科实验中心管理机制尚不健全。受传统管理思想理念束缚，文

科实验中心常易出现职责不清、多头管理、借用烦琐、资源闲置等现象，以及管理工作人浮于事、条块不清、作风拖沓、效率低下和质量不高等问题，归根结底是文科实验中心缺乏完善的管理、考核及激励机制。

三、文科实验中心实践育人体系还不够健全

实践育人体系是高校实施人才培养的关键要素之一，文科实验中心对实践育人体系的构建具有基础支撑作用。受学科交叉融合与资源共建共享等因素的影响，文科实验中心实践育人体系不够健全，主要表现为以下几个方面。

（1）文科实验中心实践育人目标还不清晰。作为跨专业、跨学科的综合实践平台，文科实验中心并未从学科交叉、专业融合、资源整合与人才复合的角度，对其所支撑的新文科实践育人目标进行系统梳理与分析，并面向全链条、全过程、全方位进行整体规划与重构，导致当前文科实验中心实践育人目标依然分散、模糊，并未建立起新文科理念指导下的统一的实践育人目标。

（2）文科实验中心实践育人内容尚不合理。当前，文科实验中心实践育人的内容大部分是基于单一理论知识的感知性实验和验证性实验，少部分是关联多元理论知识的综合性实验和设计性实验，极少部分是融合多学科、多专业与多行业的创意性实践和创新性实践，这与新时代背景下注重学生跨学科素养、跨界整合能力和多元创新思维的导向不相适应，不利于高校更好地培养复合创新型文科人才。可见，文科实验中心实践育人在内容的设计、编排方面不够科学、合理。

（3）文科实验中心实践育人环节仍需完善。实践不是点缀，也不是间或嵌入的片段，而是连续展开的过程，是人才培养不可或缺的关键环节。而当前高校对实践育人环节普遍不够重视，体现为：第一，一课堂的课程实验、实习和实训多数依附于理论教学，地位不稳固；第二，二三课堂的学科竞赛、科创项目、创新训练、创业实践、社会实践和自主实践多数流于形式，推进不扎实；第三，高校实践育人环节的分化较为明显，理论教学和实践环节脱节严重，实践环节之间的衔接不够，跨学科专业的综合性、创新性实践项目稀缺。

（4）文科实验中心实践育人资源亟须丰富。文科实验中心的实践育人资源主要包括教学案例、专业软件、模拟平台及专业数据库等。由于长期受经费紧缺和管理封闭等因素影响，大多数实践育人资源陈旧、老化，超期使用，得不到及时优化更新与开放共享，真正契合市场变化和人才培养要求的实践育人资源短缺。另外，实践育人资源以面向单门课程或单个专业的居多，面向知识渗透、专业交叉、学科融合的较少，面向企业所需、就业急需、创业必需的更为稀少。

四、文科实验中心软硬件设施存在明显缺陷

在高校由教育信息化全面转向教育智能化的背景下，文科实验中心若依旧采用"计算机＋服务器＋模拟软件"的传统运行模式，必然会因为多元实践需求激增和软硬件自身迭代加速，导致软硬件更新周期大大缩短，实验中心更新、维护成本大幅提升，而实验中心运营效益显著下降。

（1）计算机作为实验终端，其利用效率、运维效率、建设效益均较低。因计算机自身性能所限，同一台计算机无法同时安装文科实践所有软件和平台，故不同的实验室只能根据特定的实践任务部署相应的环境，导致实验室开放受限，计算机利用效率低；又因实践多样化和学习自主化需求大幅增加，导致教学场景定制、软件更新维护、硬件维修保养等工作量激增，而这些工作需要大量人工进行手动处理，计算机运维效率低下；再因软件更新换代速度快，对计算机性能要求越来越高，通常3年左右计算机就无法适配软件运行，导致计算机更新周期大大缩短、维护成本大幅提升，计算机建设效益低。

（2）服务器采用单机运行、双机备份、独立使用的方式，资源浪费严重，利用率较低。因早期实验室分院系建设、封闭运行、分散管理，各实验室服务器只部署了少量、特定的软件及平台，仅供所属学科专业师生使用，导致服务器的使用范围受限、使用效率不高。另外，为保证实践教学的可靠性与稳定性，避免因宕机或硬件故障致使实践中断，许多实验室配备了独立的数据服务器并采用双热备部署，对于多应用服务器则采用了共享存储、负载均衡或冷备部署，但这些备用服务器长期处于闲置状态，既浪费资源，又消耗电力能源，还增加了维护成本和人力成本。

（3）软件数量庞杂，平台架构不一，集中部署困难，资源浪费严重。文科实验中心软件的类别主要包括财务管理、贸易投资、物流商贸、市场营销、法律诊所等，其类型有单机版、C/S 版、B/S 版和网络版等，并且随着需求的发展又迭代出众多不同的版本。另外，由于软件开发时期不同和面向用户情况不同，软件开发所用语言、技术架构和运行环境也不尽相同，软件兼容性、迁移性和集成性较差，难以做到集中部署和统一管理。又因为市场需求和实践教学的变化加剧，导致软件更新换代的频率加快、需求增大，而这些软件（或不同版本）只能同构部署，否则会产生冲突、影响应用，唯有通过增购服务器才能满足软件的迭代需求，这便在无形中造成了服务器资源的浪费。

五、文科实验中心建设保障有待进一步加强

文科实验中心是新文科建设的应有之义，对高校培养新型文科人才具有重要的支撑作用。但是，当前文科实验中心建设仍缺少必要的条件保障。

（1）文科实验中心建设缺乏充足的经费保障。受传统教育观念和功利主义思想等影响，高校普遍重视科学研究而忽视人才培养，重视理工学科而轻视文农学科，对于文科实验中心缺乏全面、准确的认识，未从学校整体和新文科人才培养的高度对文科实验中心进行长远而系统的规划，没有建立持续性专项经费投入制度，而仅提供了一些面向常规性、紧迫性需求的建设经费，极易形成随机性、临时性、零星性的建设常态，不利于实验资源的统一规划与整合建设和实验平台的系统集成与集中运维，无法顺应文科实验中心综合化、一体化的发展趋势。

（2）文科实验中心建设缺乏稳定的人员保障。文科实验中心队伍主体由实验中心领导、实验教学人员、实验管理人员等构成。实验中心领导（含主任和副主任）一般为兼任，工作稳定性差，且受本职岗位主体业务所困，对实验中心工作重视不够、投入不足。实验教学人员多数由专任教师或企事业单位人员兼任，少量专职人员单独招聘或由其他岗位转聘而来。受工资待遇、职称晋升等因素的影响，实验教学团队很难吸引优秀人员专职来加盟。相反，现有优秀的专职实验教学人员却意在转型，一有机

遇便会跳出实验岗位，导致实验教学人员数量不足、结构不合理的现象明显。实验管理人员学历普遍不高，平日承担着大量的日常管理、技术维护与教学辅助服务等工作，鲜有时间从事教研、科研工作，培训机会少，晋升通道窄，职称普遍不高，受重视程度低，岗位稳定性差。

（3）文科实验中心建设缺乏配套的资源保障。文科实验中心关联的学科面广、专业量大，实验室大都分布在不同院系、不同楼宇，甚至是不同校区，实验空间十分分散，不利于集中整合；硬件设备大量老化，运行性能整体下降，无法满足大规模、多样化、个性化实践要求；大量软件陈旧、老化，无法紧跟市场变化，难以满足实际育人需求；多数软件服务面窄，功能单一，无法满足跨学科专业综合性实践要求。

（4）文科实验中心建设缺乏完善的制度保障。随着文科实验室管理变革与转型升级，原有的管理制度与文科实验室的现状不匹配，亟须以学科交叉融合、育人守正创新、资源协同共享理念为指导，围绕实验室建设、运维、管理与服务，以及实验人员职责、任务、考核与评价等方面，建立、健全文科实验中心制度体系，确保文科实验中心朝着安全可靠、协同开放、综合智能、人性服务的方向发展。

第三节　研究的问题

一、为何建：探析新文科实验中心建设的目的与意义

在科技革命、经济变革与疫病等多重因素的叠加影响下，当今世界正处在百年未有之大变局之中，复杂、多变、不可预测性成为未来经济社会常态，现行的与工业时代相匹配的知识专业化、规格标准化、培养批量化的教育模式已无法适应这一常态，随之而来的是与泛在化、一体化、情境化、个性化和智能化相匹配的智慧教育形态。

智慧教育根植于智慧育人与育智慧人，以智慧学习环境为技术支撑，以智慧教学法为催化促导，以智慧学习为根本基石，是契合泛在化、感知化、一体化及智能化趋势的新型教育生态系统。而新文科实验中心的核心

要义之一在于"守正创新",即通过深度融合智能信息技术来坚守文科教育的育人之根本。所以,遵循智慧教育理念是新文科实验中心建设的应有之义,其为新文科智慧实践育人提供生态环境支撑。智慧教育是高校教育生态系统的有机组成部分。

于是,新文科实验中心建设的第一个关键问题是为何建。即回应新文科实验中心建设的目的与意义是什么。具体来说是指面对新时代、新时期与新形势,新文科实验中心建设需顺应什么新要求,担负什么新使命,实现什么新目标,最终达成什么样的建设愿景。

二、如何建:探析新文科实验中心建设的理念与逻辑

智慧教育究竟是何种样态的教育?在教育理论中,智慧教育是培养人智慧的教育,代表一种价值引导,关注的是教育中人的发展。而在教育实践中,智慧教育意指以智慧的方式实施教育,基于云计算、大数据、人工智能等信息技术嵌入的教育,代表具体的实践路径。所以,智慧教育是一种融合了价值引领与实践操作的教育形态,实现了教育理论与教育实践的双向转化。

新文科实验中心推行智慧教育形态,是高校培养智慧的新型文科人才和以智慧的方式培养新型文科人才的重要支撑,需要全面阐释实验中心建设的理念与逻辑,以弥合智慧教育理论与智慧教育实践之间的鸿沟,从而实现新型文科人才智慧实践育人生态体系的构建。

于是新文科实验中心建设的第二个关键问题是如何建。即实验中心应秉持怎样的建设理念,遵循怎样的理论逻辑、历史逻辑和实践逻辑。具体而言分为以下四个方面。

在要素维度上,新文科实验中心包含哪些部分,各部分之间存在什么样的理论逻辑?

在时空维度上,新文科实验中心历经了哪几个阶段,发生了何种变化,呈现出什么样的特征与规律,遵守怎样的历史逻辑?

在实践维度上,新文科实验中心包含哪些相互关联的主体、客体和环境,具有哪些特征和属性,存在怎样的实践逻辑?

在理论维度上,新文科实验中心解决了什么问题,涉及哪些关键的概

念、理论及构件，彼此之间存在什么样的关联逻辑？

三、建什么：探析新文科实验中心建设的架构与内容

当前，人工智能和互联网不仅影响并改变着我们的教学方式、学习方式和教学情境，而且改变了我们的思维方式、生产方式与生活方式，使得社会快速进入智慧型、创新性与多元化的新时代。鉴于此，新文科实验中心建设要顺应新时代变化趋势，同时也不应脱离自身客观实际情况，以便有效支撑新文科人才培养。从实际来看，文科实验中心主要存在以下不足。

（1）文科实验中心体制机制不够健全。校内与校外、学院与部门、学科与专业等多元主体间缺少交叉融合与协同合作的体制机制，导致师资、课程、平台（含实验室、研究院、智库）等育人要素难以整合共建、协同共享，新文科知识体系和育人体系难以跨界整合、一体化建设，文科实验中心无法支撑跨学科专业复合创新人才培养。

（2）文科实验中心硬件设备不够完备。由于实验仪器、设备、设施及环境等硬件条件的基础薄弱，实验仪器、设备、设施及人员等主体要素无法顺畅连接和通信，使得实验仪器、设备、设施及人员的基础信息（含位置、状态、行为等）无法自由感知、监测和获取，因此文科实验中心无法支撑智能开放与个性服务。

（3）文科实验中心软件平台不够完善。文科实验中心软件及平台种类多、数量大，软件体系架构不一，平台部署差异大，系统迁移难度高，功能整合困难，"信息孤岛"与"数据鸿沟"现象突出，导致实验数据跑不动、信息出不来、思维转不动，文科实验中心无法支撑智慧教学与智慧决策。

于是，新文科实验中心建设的第三个关键问题是建什么。即回应新文科实验中心建设的架构与内容是什么。具体而言是指，新文科实验中心建设需要采用什么样的理论架构、体系架构、功能架构和技术架构，重塑什么样的实验文化，推行什么样的治理模式，重构什么样的实践体系，搭建什么样的软硬件平台等。

四、怎么建：探析新文科实验中心建设的路径与方法

人们总是热衷于使用人工智能技术促进教育教学变革，片面夸大技术的力量而弱化教育教学育人的本质，进而引发人们对智慧教育与教育智慧的深刻反思，使教育回归立德树人、使人成人、促成智慧之人的呼声越来越高。同时，人们也习惯于沿用单维度、片面化、封闭性、固定式等过时的教育思想，来探究并推进当下的教育教学建设与改革，试图让教育合乎多样化、多元化、个性化与智能化的时代发展潮流。显然，上述思想与做法都是不切实际的，有悖于新文科建设所倡导的守正创新、融合交叉、协同共享等思想理念。

为此，新文科实验中心建设应坚守智慧育人与育智慧人的初心，兼顾教育利益相关者的各方诉求，注重跨专业、跨学科、跨学院的协同育人，注重校内与校外的协同育人，注重"教—学—管—谋"等功能一体化整合与数据中心化融合，注重软硬件系统朝着集成化、网络化、智能化方向改造与升级，着力构建一体化、生态化、智慧化与绿色化实践育人智慧生态系统，最终达成对学生智慧"学"、教师智慧"教"、管理人员智慧"管"和领导智慧"谋"等的全面支撑。

于是，新文科实验中心建设的第四个关键问题是怎么建。即回应新文科实验中心建设的路径与方法是什么。具体来看是指，新文科实验中心建设选择走什么样的路线，采用什么样的工具、手段和方式。

第二章 新文科实验中心建设愿景

第一节 顺应时代新要求

一、与新型文科人才培养需求相契合

国家发展靠人才，民族振兴靠人才。新时代，党和国家对教育、科技、人才提出了新的、更高的要求，并致力于深入实施新时代人才强国战略。新型文科人才作为国家实施新时代人才强国战略的必备要素，对于支撑构建中国特色哲学社会科学，形成具有中国特色、中国风格、中国气派哲学社会科学的指导思想、学科体系、学术体系、话语体系等具有重要的现实意义，是高校走好自主培养人才之路的必然选择。

新型文科人才因新经济、新业态、新模式、新职业的出现而应运而生，是传统文科对新一轮科技革命和产业变革兴起而做出的积极回应，一经出现便具有了诸如新思想、新理论、新方法、新准则、新对策等新时代的属性标签。所以，新型文科人才是具有跨界整合能力、多元创新能力和综合实践能力的高素质、国际化、复合型、创新型人才，他们既具备立备当下的能力，又具备兼顾长远的思考能力、实践能力和综合素养，还具备扎实的理论基础和专业知识，良好的终身学习能力和实践创新能力，批判性、创造性的思维，健全人格、家国情怀的素养，以及对未来复杂多变世界的思考与应变能力。

实践育人作为高校走好自主培养人才之路的关键环节和必由之路，是高校落实立德树人根本任务的主渠道，而实施全员、全过程、全方位的实践育人必须依赖一体化、综合化与智能化实验中心的全面支撑。

可见，新型文科人才培养既离不开实践育人，又缺不了新文科实验中心的全面支撑。所以，新文科实验中心的建设必须与新型文科人才培养的

需求相契合，立足于助力高校走好自主培养人才之路，更好地服务于国家实施新时代人才强国战略。

二、与高等教育转向升级方向相适应

科技进步是影响教育变革的重要力量，它不仅改变了知识的传输方式，提高了教育的生产效率，使教育资源得到优化配置，而且改变了劳动力市场的技能结构，推动着人才供给结构和教育理念的变革。随着科学技术的迅猛发展，第四次工业革命悄然到来，它以人工智能、云计算、大数据等信息技术的应用为特征，以智能化、网络化、数字化为核心动力，以高效个性化定制生产与服务为基本理念，推动经济社会发展快速转型升级，引领劳动力市场需求和人才技能结构发生深刻变化。

受此影响，高等教育从规格统一、标准统一、培养统一的"单维教育"，转向规格多样、标准各异、培养多元的"多维教育"；从面向机械、线性、认知技能等常规性事务解决为主的单一领域、单一专业、单一方向的"单学科教育"，转向面向非线性、非常规、非认知技能等复杂性事务解决为主的跨领域、跨专业、混搭式的"跨学科教育"；从时空固定、形式固定、规则约束的"制度化教育"，转向时空自由、形式自由、自主驱动的"终身化教育"。同时，高等教育向着智慧化教育方向升级，以信息通信技术为基础，以大数据分析与挖掘为核心，建立起科学、便捷、高效、智慧的教育模式和教学方式，有效化解了传统教育网络不通、信息不畅、数据不动、应用不灵、效率不高等弊端；高等教育向着体验式教育方向升级，坚持以学生为中心，通过学生的亲身体验，有目的地进行反思、检验、抽象和转换，并反过来成为新体验向导，有助于提升学生的思维能力、观察能力、沟通能力、合作能力、实践能力和创新能力，唤醒学生的主观能动性，调动学生的实践主动性；高等教育还向着创客型教育的方向升级，以创客精神为引领，强调创意、协作和行动，注重创新思维和创新技术，有助于培养学生的综合素养和实践能力，激发学生的创新精神和创造意识。

新文科实验中心作为支撑新型文科人才培养的核心实践平台，秉持新文科交叉融合、守正创新、协同共享的建设理念是其内在要求，有助于助力高等教育向着多维教育、跨学科教育、终身化教育的方向发展，支撑高等教育朝着教育智慧化、教育情境化和教育创客化方向升级。所以，新文科实验中心的建设应与新时代高等教育转向升级的方向相适应。

三、与实验中心建设发展趋势相统一

进入新时代，人们日益增长的更高水平、更高质量和更加多样的教育需求与不平衡、不充分的教育发展之间的矛盾转变为教育的主要矛盾，中国高等教育虽已由"大众化"迈入了"普及化"发展阶段，但其发展的层次与水平、数量与质量、类型与结构、个性与特色依然难以满足广大人民日益增长的教育需求。

文科实验中心作为高校从事教育实践、科学研究、技术服务、管理咨询和文化传承等的重要场所，是连接理论与实践、学校与社会的重要桥梁，是培养学生实践动手能力和创新创业能力的重要基地，也是支撑多元开放办学和跨学科交叉融合的重要平台。随着时代的变迁和科技的进步，文科实验中心呈现出环境人性化、组织集约化、开放多样化、资源共享化、平台智慧化等的发展趋势。

（1）环境人性化。基于学科、专业自身发展的需要，文科实验中心建设要体现出对学生实验环境品质的重视并且满足实验室多元化的要求，在实验中心室内空间的布局、墙面及桌椅的色彩运用、场景的营建等方面要充分尊重人性需求。

（2）组织集约化。打通教学与科研、教书与育人、学院与部门、学校与企业的组织壁垒，按照大类建设、资源集聚、集中管理、分步实施的原则，跨专业、跨学科、跨学院建设新文科实验中心，实现文科专业的全覆盖。

（3）开放多样化。文科实验中心不仅要面向学生开放，而且要面向社会开放；不仅要面向课堂实践教学开放，而且要面向课外实践育人开放；不仅要面向教学开放，而且要面向科研与社会服务开放。文科实验中心应呈现开放主体多元化与开放形式多样化的特点。

（4）资源共享化。基于实验资源集成、整合、互利、共赢的原则，推动学科之间相互融合、相互渗透和相互交叉，创建新文科实验中心资源共享机制，实现实验教育教学资源跨专业、跨学科、跨学院共享。

（5）平台智慧化。利用云计算、物联网、大数据等智能信息技术，整合文科实验基础设施和数字资源，建设统一管控、个性配置、快捷响应的云实验平台和云资源平台等，让广大师生享受到更智慧的实验教学服务。

新文科实验中心作为新文科建设和新时代文科实验中心发展的关键载体，对助力高校破解新时代教育主要矛盾具有无可替代的作用，它的建设显然应与新时代文科实验中心的发展趋势保持统一，以满足人们日益增长的个性化、多样化与多元化教育需求。

第二节　担负时代新使命

一、助力新文科守正创新

新文科的本质依然是文科，坚守文科本质、创新文科内涵与回归文科教育是新文科建设的应有之义。

（1）文科的本质是以人为本、以文化人、立德树人，而传统文科教育在功利性发展导向下似乎忽略或淡化了这一本质，让文科教育在不知不觉中走向了缺乏价值关怀、家国情怀和人文素养的教育。为此，新文科依然要坚守文科的育人本质，即新文科教育依然要回归文科教育为了人、尊重人、发展人并成就人的本质，这应是新时代赋予新文科建设最根本的任务与使命。

（2）新文科的关键要义取决于对"新"内涵的准确把握，而守正创新正是新文科的内在要求。因为新文科不是对传统文科的全盘否定，而是在传统文科的基础上，突破对学科边界和知识领域的限制，破除院（系）、学科、专业之间的壁垒，跨越传统界限，加强机构联合，改变传统文科的发展模式与建设方式，变革传统文科的教育组织形式和人才培养模式，重新定位文科学科的内涵及文科人才培养的目标，探索新的文科建设模式，以此适应新时代的发展需求，满足国家的建设需求，顺应社会的实际需求。

可见，坚守文科本质、回归文科教育育人本位是新时代赋予新文科的根本使命，而守正创新、图变求新则是文科在新时代背景下不断追求发展的必然要求。新文科实验中心作为新文科建设的重要内容之一，是支撑新文科开展一体化、系统性实践育人的重要平台，对高校贯彻落实五育并举、三全育人、立德树人等举措具有重要现实意义。所以，新文科实验中心建设也应肩负着文科教育守正创新的使命，全面助力文科教育回归育人本位。

二、助力新文科交叉融合

新文科的特点突出体现在"交叉融合"上，跨界、整合、重组是其彰显"新+文科"浑然一体的基本特征。

在学科建设上，新文科交叉指的是新文科跨越传统文科学科界限与知识领域进行的深度交叉、整合与重组，如学科与"非学科"之间的跨界与重组，以及"专业内"与"专业外"各行各业人士之间的跨界与合作，并致力于建构以多元主体跨界解决现实复杂问题为目标的"超学科"的学科体系；而新文科融合则指的是新文科基于多学科和新技术进行的深度融合、渗透与重组，既体现了哲学社会科学内部不同学科之间的重组，又反映了哲学社会科学与自然科学之间的渗透，还表现为云计算、大数据、区块链等新技术与文科之间的融合，形成"文+文、文+理、文+工、文+农、文+医"等交叉学科，以及"云计算+""大数据+""区块链+"等新兴学科。

在人才培养上，新文科交叉融合主要体现在专业设置、培养方案制定和培养方式选择等多个方面，旨在为学生提供跨学科、跨领域、跨专业的深度学习，培养学生的综合性、批判性、创新性思维，提高学生跨界整合、多元创新和综合实践的能力。具体内容为：首先，运用新技术、新理论、新思想，改造传统文科专业，重组相近文科专业，新建新兴文科专业；其次，打破学科壁垒与领域边界，重构专业人才培养方案，组建交叉复合的课程体系，更新、重组课程教学内容；最后，推进智能信息技术与教育教学深度融合，建设在线开放课程、新形态教材、虚拟仿真实验项目、数字化教学资源及平台，开展案例式、情境式、混合式教学。

为此，新文科实验中心建设应充分凸显新文科的交叉融合特点，搭建"互联网+""大数据+""人工智能+"及"虚拟技术+"等智慧实验教学平台，建立"认知实践+基础实践+专业实践+跨学科实践+综合实践+双创实践"的实践育人生态体系，有力支撑跨界、复合与创新型文科人才培养，全面助力新文科的交叉与融合。

三、助力新文科协同共享

新文科建设的重要路径是协同与共享，重视关联主体的协调和各方资源的整合是其内在要求，关键在于建立健全一体化集中管理的新机制。

（1）新文科建设应破除"国际与国内、校外与校内、学院与部门、学科与专业"等关联主体之间的协同壁垒，消除"知识、能力、素质、价值"等人才规格之间的协同失衡，清除"理论、实验、实习、实训、实践"等教学环节之间的协同阻碍，扫除"创意设计、创造开发、创新模拟、创业孵化"等创新环节之间的协同障碍，纠正传统文科封闭、孤立的建设方式，引领文科走向更加开放、更为多元的发展道路。

（2）新文科建设应通过化零为整、汇聚资源、加强整合、握指为拳的方式，改变各实验室条块分割、各自为政的零散状态，将分散、独立的人、财、物等资源进行有效整合，跨专业、跨学科、跨学院建立健全文科实验室和实验平台，最大限度提高新文科实验中心的整体效益，主动回应新时代对跨界整合、多元创新与综合实践文科人才的需求，担负起新型文科人才培养的历史使命。

（3）新文科建设应加快优化文科实验中心的管理模式，推动实验中心管理体制逐步过渡到一体化、集中式管理模式，科学谋划实验中心发展定位和建设目标，共同制定实践育人目标，共同组建实践师资队伍、建设实践教学资源、创建集中管理机制、分享发展红利，探索建立"共建+共享+共赢"的运行管理保障机制，打造多样而灵动的"实践育人共同体"。

综上所述，新文科实验中心应基于多元协同与多方共享的一体化、集中管理新机制，担负起新型文科人才多跨协同实践育人的新使命，全面助力新文科朝着协同共享的方向深化改革。

第三节　实现新时代的目标

一、组织管理体系更为科学完善

组织管理体系是新文科实验中心正常运行的体制机制保障。换言之，新文科实验中心建设的首要目标是构建科学的组织体系、完善的管理制度和有效的运行机制。

（1）新文科实验中心建成校、中心两级管理组织体系。学校成立新文科实验中心工作指导委员会（以下简称实验中心指委会），下设主任、副主任、委员、秘书长、办公室主任等角色，以及教学委员会、学术委员会、建设委员会、管理委员会、安全委员会、监督委员会及办公室等分支机构，办公室挂靠新文科实验中心；成员由政府领导、教育专家（含校领导）、行业领袖、知名学者和用人单位等多方面人员构成，负责对实验中心发展规划与建设管理提供咨询、指导与建议。新文科实验中心组建工作管理团队（以下简称实验中心管理团队），包含实验中心主任、实验中心常务副主任、分中心主任、办公室主任、实验室主任、实验课程（项目）负责人、实验教师和实验技术管理人员等成员。实验中心主任兼任实验中心指委会秘书长，常务副主任兼任实验中心指委会办公室主任，实验中心主任与常务副主任均深度参与实验中心指委会的议事与决策之中，从而形成实验中心指委会与实验中心管理团队紧密耦合的管理组织体系。

（2）新文科实验中心建有完善的管理制度和有效的运行机制。明确实验人员工作守则和岗位职责，制定实验人员考勤、考评及奖惩制度，提升实验人员身份地位和工资待遇，打通实验人员培训进修、挂职锻炼、岗位晋升和职称晋级等通道，建设一支有情怀、懂技术、高素质、善管理且结构合理的实验师资队伍；制定实验室开放管理、仪器设备预约借用、仪器设备损坏赔偿等一系列管理制度，明确实验室开放风险共担、成本共摊、利益共享机制，切实提高实验中心的利用效率和服务能力；制定实验室安全检查、隐患排查、安全准入、身份核验和诚信积分等制度，建立健全实验室安全管理责任体系，规范师生实验行为，降低实验安全隐患，确保人员安全和公共安全。

二、实验设备设施更显人性智慧

实验设备设施是新文科实验中心正常运行的基本物质条件，其优劣程度制约着实验中心对实践育人支撑水平的高低。新文科实验中心建设秉持新文科"守正创新"理念，致力于支撑文科教育回归为了人、发展人、使人成人并最终达成智慧之人的教育，并在实验室空间环境改造与文化氛围营造、软硬件平台设计部署与更新升级的过程中深入贯彻落实这一思想，使得实验中心人性化、集成化、信息化与智能化的特征更加明显，有力支撑了学生"智慧学"、教师"智慧教"、管理人员"智慧管"、领导"智慧谋"等全方位、个性化服务需求。

在实验室空间环境改造与文化氛围营造方面，新文科实验中心致力于建成空间独特、文化浓郁、环境舒适、设施齐备、功能完善的实验室基础设施。坚持从实践育人的客观规律和内在需求出发，新文科实验中心着眼于如何更好地服务于学生"学"、教师"教"、管理人员"管"、领导"谋"等现实问题，根据学科特点和专业特色，整体规划实验中心空间、文化和环境，科学合理布局实验空间，独特匠心设计实验文化，精益求精布置实验环境，突出实验空间的真实情境性、实验文化的学科独特性和实验环境的需求多样性，对实验中心墙面、地板、吊顶、窗帘、桌、椅、灯光、色彩、文化展板、电子屏幕等进行全面精心设计。

在软硬件平台设计部署与更新升级方面，新文科实验中心致力于建成资源集约化、管理智能化、服务人性化的融合一体化智慧实验平台。坚持从系统规划、集成设计、高效利用和人性服务等原则出发，新文科实验中心重点围绕实验室开放共享、实验室辅助教学、实验室运维管控三个方面，推进智能监控、智能烟感、智能门禁、智能电源控制、智能电子班牌、智能物联及实验室智能预约等系统建设，实现实验室智能化开放与共享；推进融合桌面云一体化管理、智能多媒体教学互动、智慧实验大数据管理等平台建设，实现实验室人性化教学与服务；推进服务器虚拟化综合管理、桌面服务数据分析与管理、智慧实验大数据管理等平台建设，实现实验室智能化管理与控制。

三、实践育人体系更加系统完善

实践育人体系是新文科实验中心支撑人才培养的关键内容，对于发挥并彰显实验中心功能特色具有十分重要的作用。紧扣新时代高校办学责任与使命，针对跨界、复合、创新型文科人才培养要求，新文科实验中心基于"开放、多元、自然、和谐"的生态理念，通过系统设计实践能力框架、实践课程结构、实践平台资源、实践保障机制等，构建了相对完整的实践育人生态体系。

（1）以欧盟终身学习核心素养、美国21世纪核心素养和中国学生发展核心素养为参考，结合专业教学国家质量标准，构建面向基层基本素质、面向领域综合能力和面向未来发展潜力的"三位一体"实践育人能力体系，明确新文科实践育人目标。

（2）遵循基于学习产出教育（Outcomes-based Education，OBE）理念和布鲁姆教学目标层级理论，以"三位一体"实践育人能力体系为依据，横向按实践能力进阶程度由低到高，将实践课程划分为"基础实践—专业实践—跨学科实践—创新实践"四个层次，纵向按实践能力规格粒度由粗到细，将实践课程解构成"平台—模块—内容—活动"四个维度，建成层级分明、有序衔接、结构完整的"四层四维"实践育人课程体系，明晰新文科实践育人任务。

（3）以对接实施"四层四维"实践课程体系为驱动，将新文科实验中心视为实践育人主体平台，统筹、梳理院内与院外、校内与校外、境内与境外、线上与线下、虚拟与现实等多方实践育人资源，将其分类归并为实验、实习、实训、创新与创业等多元实践育人平台，建成"一体多翼"实践育人平台体系，整合新文科实践育人资源。

（4）通过组织融通、科教融汇与产教融合等多种手段，促进"学科—专业—支部"一体化育人、"科研—咨政"高效反哺教学和"政府—学校—企业"紧密协同育人，全面保障新文科实践育人体系高效运行，建成"多跨协同"实践育人保障机制，破除新文科实践育人壁垒。

第三章 新文科实验中心建设理念

第一节 新文科理念

一、新文科的溯源

（一）从动态变化的学界发展现实来看

徐新建认为"新文科"可追溯到20世纪中期的"两种文化"之争，其根源在于呼吁人文与科技相互结合，文科与理科相互兼容。1959年，斯诺（Snow）提出科技与人文"鸿沟论"，指出：一方是文学知识分子，另一方是科学家，尤其以物理学家最具代表性，两者间存在一个相互不理解的鸿沟，有时还存有敌意和反感。后来，他以《两种文化与科学革命》为题正式出版著作，论述了20世纪中期科技与人文的失衡，并且整体的表现是"重理轻文"。进入20世纪80年代，现实社会变得愈发机械化，人文学者的传统使命日渐式微，学界的格局发生突转，针对此景，利奥塔（Lyotard）宣称"文科已死"。与之并列的说法还有"知识分子之死"，究其出现的原因在于后现代的社会转变：一方面是科技知识迅猛的发展，另一方面是精神文化的崩溃和"知识分子"漂泊不定感的蔓延。而围绕文理关系的争论，沃勒斯坦（Wallerstein）则从认识论的角度出发，对"两种文化"的由来进行了深度阐释，指出学科与知识的划分是社会利益及权力较量的产物，认为文理鸿沟的产生源于强调二元分离的"笛卡尔模式"；同时，强调文理三方（自然科学、社会科学、人文学科）的相互连接，主张打开学科限制、破除学院壁垒、跨越传统界限及扩展机构联合。

（二）从错综复杂的世界发展诉求来看

赵奎英认为"新文科"可追溯到 20 世纪 80 年代斯隆基金会提出的"新文科倡议"，而"超学科"则实际构成了"新文科"提出的背景或前奏，意在强调用"超学科"的视野去解决现实世界中的复杂问题。20 世纪 70 年代初，"超学科"由詹奇（Jantsch）和皮亚杰（Piaget）提出，它既包含学科与学科间的交叉、跨越与融合，又包含学科与"非学科"间的交叉、跨越与融合，还包含"专业内"与"专业外"的各行各业人士的跨界合作。1980 年，美国斯隆基金会提出"新文科倡议"，并在《新文科项目报告》中指出："新文科项目旨在鼓励在大学课程中把定量推理和技术放在中心位置。它认识到，现代素质教育培养的毕业生，应该熟悉他们所生活的技术世界，并在广泛的领域中对定量方法、数学和计算机模型以及技术思维模型的应用有经验和适应能力。"另外，许多学者也认为，新文科起源于 2017 年 10 月美国希拉姆学院提出的"新文科"教育理念，强调把新技术融入哲学、文学、语言等诸如此类的课程中，为学生提供综合性的跨学科知识。从这个意义上来说，新文科意味着跨学科的深度交叉与融合，尤其是文科与新技术的融合。但为了更好地解决现实世界中的复杂问题，新文科仅仅强调"跨学科"还是远远不够的，还需与各学科和各行业进行深度的跨界合作，用"超学科"的视野去分析和解决问题。

（三）从国内出台的相关政策脉络来看

2016 年 5 月，习近平总书记在哲学社会科学工作座谈会上发表重要讲话时强调：一个没有繁荣的哲学社会科学的国家不可能走在世界前列；要坚持和发展中国特色社会主义，哲学社会科学具有不可替代的重要地位，哲学社会科学工作者具有不可替代的重要作用；按照立足中国、借鉴国外，挖掘历史、把握当代，关怀人类、面向未来的思路，着力构建中国特色哲学社会科学，在指导思想、学科体系、学术体系、话语体系等方面充分体现中国特色、中国风格、中国气派。

2017 年 5 月，中共中央印发《关于加快构建中国特色哲学社会科学的意见》，明确指出：坚持和发展中国特色社会主义，必须加快构建中国特色哲学社会科学的学科体系、学术体系和话语体系。

2018年8月，中共中央提出：高等教育要努力发展新工科、新医科、新农科、新文科。同年10月，教育部决定实施"六卓越一拔尖"计划2.0，并在基础学科拔尖学生培养计划中，首次增设心理学、哲学、经济学、中国语言文学、历史学等人文学科，我国新文科随即逐渐浮出水面。

2019年4月，教育部"六卓越一拔尖"计划2.0启动大会在天津大学召开，新工科、新农科、新医科和新文科建设整体开始推进，新文科建设在国家层面正式宣告开启。

2020年11月，教育部新文科建设工作组在山东大学（威海）召开工作会议，研究新时代中国高等学校文科教育发展举措，发布《新文科建设宣言》，全面部署新文科建设，全国高校掀起新文科建设热潮。

综上所述，发展新文科既是源于对中国特色社会主义新时代、新一轮科技革命和产业变革等时代背景的积极回应，又是发自对传统学科建设和人才培养模式等教育现状的深刻反思，还是实现高等教育现代化、建设高等教育强国、提高高等教育质量和人才培养质量等教育愿景的必由之路。

二、新文科的概念及内涵

（一）新文科的概念

新文科是个全新的概念，至今仍未有统一、确切的定义。从结构上来看，新文科由"新"和"文科"组成，是指新的文科，其本质依然是文科，文科还是它的基础；而"新"则表明了今后文科建设的取向，是指在原有文科的基础上，重新定位文科的学科内涵以及文科人才培养目标，探索新的建设模式，以此适应时代的发展需求，满足国家的建设需求，顺应社会的实际需求；其关键是要实现"新"与"文科"的深度交叉与高度融合，最终将"新＋文科"变为浑然一体。

新文科在范围上有"狭义文科"与"广义文科"之分。"狭义文科"是指文史哲等人文科学；"广义文科"是指人文社会科学，或称哲学社会科学，即人文科学和社会科学的统称。而真正的新文科应具有"大文科"、"跨学科"和"超学科"的概念，是能真正解决现实经济、政治、社会、文化、生态、国际交流与合作等人类生活中的重大问题和促进人类知识生产、文化繁荣的新兴学科。在指向上，新文科主要强调的是文科建设与人才培养对新时代、新要求、新使命的对接，这也是我国实施"六卓越一拔尖计划"2.0的目标所在；在模式上，新文科意在通过突破传统文科的自我设限，加强学科的融合与创新，提升高等教育支撑国民经济和社会发展的能力。

关于新文科的概念，学界引用较多的是王铭玉等给出的定义：新文科是相对传统文科而言的，以全球新科技革命、新经济发展、中国特色社会主义进入新时代为背景，突破传统文科的思维模式，以继承与创新、交叉与融合、协同与共享为主要发展建设途径，促进多学科交叉与深度融合，推动传统文科的更新与升级，从以学科为导向转向以需求为导向，从专业分割转向交叉融合，从适应服务转向支撑引领。

（二）新文科的内涵

1. 新文科的本质在于立德树人

学科首先是用来教育培养人的，而人的培养与教育首先是人格的塑造、道德的修炼与境界的提升。所谓立德树人，首重立德，而文科在其中起到了至关重要的作用。所以，文科的本质在于育人，旨在立德树人，培养人的独立人格、高尚情操，涵养人的社会责任感、历史使命感，维护人类尊严，保护人类文明。而传统文科在功利性发展导向下似乎忽略或淡化了这一本质，使传统文科慢慢走向了缺乏以人为本、以文化人、立德树人的教育。因此，新文科应坚守文科的育人本质，回归立德树人的根本。首先，新文科要坚持"以人为本"，服务全人培养，关注人的全面发展、自由发展和终身发展，培养人面对社会、面向生活、走向未来的能力；其次，新文科要坚持"以文化人"，重塑新人文精神，践行智慧教育理念，推行求真、求善、求美的人文教育，着力培养人的健全人格和高尚情操；最后，新文科要坚持"立德树人"，更加注重回归于道而非纠缠于术，更加侧重于价值层面而非知识层面，着力培养人的社会责任感和历史使命感。

2. 新文科的关键在于守正创新

新文科的关键取决于对"新"的内涵把握，守正创新正是新文科的关键所在。新文科不是对传统文科的全盘否定，而是在原有文科的基础上，突破学科边界、知识领域的限制，破除院（系）、学科、专业之间的壁垒，跨越传统界限，扩展机构联合，改变传统文科的发展模式与建设方式，变革传统文科的教育组织形式和人才培养模式，重新定位文科学科的内涵及文科人才培养的目标，探索新的文科建设模式，以此适应时代的发展需求，满足国家的建设需求，顺应社会的实际需求。正如吴岩等所说，新文科之"新"，不是新老的"新"、新旧的"新"，而是创新的"新"，是整个发展思路、标准、路径、技术方法和评价等一系列新的变化，是整体性的守正创新与图变求新，是文科教育的创新发展、转型发展、跨越发展和高质量发展。

所以，新文科必须积极顺应新科技革命、新经济发展、中国特色社会主义进入新时代的特殊背景，准确把握新时代哲学社会科学发展新要求，构建新时代中国特色哲学社会科学体系，培育新时代中国特色、中国风格、中国气派的新文化；主动适应并引领新技术、新产业、新业态、新模式，优化新时代文科人才的培养结构、培养目标及培养模式，促进学科专业体系、人才培养体系与产业链、创新链等相互衔接，培养具有新人文精神和价值情怀、跨学科素养和跨界整合能力、高阶思维和创新智慧的新型文科人才。

3. 新文科的要义在于跨界融合

新文科的核心要义在于跨界融合，交叉、整合、重组、协同，这是其彰显"新 + 文科"浑然一体的应有之义。

所谓"跨界"是指新文科日益突破了传统文科的学科局限与知识领域，需要学科与"非学科"进行交叉、跨越、融合，以及"专业内"与"专业外"的各行各业人士进行跨界合作，架构"多元主体跨越社会与科学领域，以解决现实复杂问题"为目标的"超学科"学科体系；它既包含文科与理科、工科、医科、农科等"大科际"的交叉跨越，又包含不同文科内部"小科际"的渗透融合；它不是学科内容之间的机械组合，而是多学科之间的深度交叉与融合，尤其强调文科与新的科学进展和技术创新的深度结合；它主张跨学科培养学生的人文素养，跨思维培养学生的家国情怀，跨组织培养学生的创新精神。

所谓"融合"是指新文科的多学科、全方位深度融合。在学科的交叉与融合方面，它主张既要倡导哲学社会科学自身多学科之间的交织、融合、渗透与拓展，又要倡导哲学社会科学与自然科学的交叉融合，形成文理交叉、文医交叉、文工交叉等新兴的研究领域；在文科教育与育人方面，它主张要构建国际与国内相结合、校外与校内相结合、产学研相结合，以及培养目标协同、教师队伍协同、资源共享协同、管理机制协同的"三结合、四协同"的融合育人新机制，推动新技术与文科教育教学进行深度融合，融入多科学的内容、资源与条件，为学生提供综合性、跨学科、跨专业的学习内容，培养学生的整合性、创新性思维，提高学生的综合能力。

三、新文科建设的理念

新文科建设秉持扎根中国、信守根本、交叉融合、协同创新的理念。

（1）新文科建设要树立坚定的国家意识，以满足国家发展新需求为驱动，以服务经济社会新发展为宗旨，以解决重大理论和实践问题为导向，灵活、准确把握新文科建设的内涵和发展方向。新文科建设要恪守鲜明的中国立场，深深植根于中国社会，在立足中国实践的基础上，建立知识、学科、学术内在逻辑相统一的话语体系。

（2）新文科建设要坚持"文科"本质，信守人文理想，以重塑新人文精神为己任，建设以马克思理论为指导的思想维度、以人文素养为导向的价值维度和以现实需求为导向的知识维度的"三位一体"的学术体系。

（3）新文科建设要坚持学科交叉融合，打破"学科本位"发展范式，由传统狭隘的、近视的区域性、民族性视角转变为开放的、前瞻的全球性、国际性视角，构建"多元主体跨越社会与科学领域，以解决现实复杂问题"为目标的"超学科"学科体系。

（4）新文科建设要坚持多元协同创新，打造多样而灵动的"育人共同体"，推进"学科—专业—课程"协同、"教师—教学—学生"创新、"价值—知识—素质—能力"重构，推行全人培养，构建全员、全生命周期的文科教育生态体系，让新文科建设更具高度、硬度、温度、黏度、气度和广度。

四、新文科建设的内容

新文科建设的内容主要包含哲学社会科学体系和哲学社会教育体系，前者是为了构建具有中国特色、中国风格、中国气派的哲学社会科学学科体系、学术体系和话语体系，后者是为了培养具有家国情怀、人文素养、专业能力、创新思维的高素质、国际化、复合型哲学社会科学人才。

从哲学社会科学体系建设来看，新文科建设的基础在于创新文科发展理念，重点在于创新学科结构体系，关键在于创新学术研究范式，方向在于形成自主性理论，使命在于创新学术话语体系；强调文科的综合性、实用性、交叉性、价值性、指导性和引领性，推动哲学社会科学与新科技革命和产业变革交叉融合，推动哲学社会科学的学科体系、学术体系与话语体系重建。

从哲学社会教育体系建设来看，优化专业结构布局，新建新兴特色专业，改造传统过时专业，重组相近关联专业，引领新技术、新产业、新业态和新模式；调整人才培养方案，完善课程体系，重建知识体系，注重知识、能力、素质有效衔接；创新人才培养模式，打破以教师为中心的学院培养模式，建设以学生发展为中心的现代产业学院，构建"三结合、四协同"的融合育人新机制，推进跨专业、跨学科、跨学院的人才培养；转变教育教学方式，坚持立德树人和全人教育，强化思政教育与实践育人，推进信息技术与教育教学深度融合，倡导以教师为主导、学生为主体开展教学，推行案例式、情境式和探究式教学。

五、新文科建设的路径

新文科建设主要沿着一体化、融合化、实践化与国际化的路径展开。

（1）新文科建设是一个整合性概念，它集学科体系、学术体系和话语体系建设于一体，推行学科建设、专业建设与课程建设一体化，教育理念与模式、教学方法与手段、教学评价与考核等整体革新，走多学科、模块化、产学研一体化人才培养之路。

（2）新文科建设肩负着支撑引领新时代融合创新的发展重任。这意味着新文科是"跨学科"甚至"超学科"的融合，是一种涵盖教育全要素、全阶段、全过程的融合，还包含文科与新科技的融合；通过横向联结，新文科走向人文与社科、文科与理科、文科与工科、文科与农科等全面的学科融合；通过纵向贯通，新文科走向"学科—专业—课程""本科—硕士—博士""招生—培养—就业"等整体的教育融合；通过内部渗透，新文科走向与新一轮科技革命与产业变革的交叉融合、现代信息技术与教育教学的深度融合。

（3）新文科建设重在实践导向。它强化问题意识，立足中国实际，关注现实问题，注重问题解决，强调实际成效；突出同新的科技变革和社会实践的深入结合，突出与未来世界和现实生活的无缝对接；重构文科学科体系和文科教育体系，重建文科知识体系和人才培养规格，创新文科研究范式和人才培养模式，推动新文科走上实践创新之路。

（4）新文科建设必将走向国际化。在世界多极化、经济全球化、社会信息化、文化多样化深入发展的今天，面对全球治理体系和国际秩序变革加速推进的新形势，新文科建设国际化是中国逐步走向世界舞台中央的必然选择，是提高我国参与全球治理的能力，增强规则制定能力、议程设置能力、舆论宣传能力和统筹协调能力，培养高素质全球治理人才、国际组织人才和国际专业人才等应有之义。

第二节　智慧教育理念

一、智慧教育的溯源

（一）古代东西方的哲学智慧

智慧教育思想源于哲学，但古老东、西方文明对哲学智慧意涵阐释不同。哲学的本性在于爱智慧。爱智慧的目的就在于发现、辨明和坚持真理，并在发现、辨明和坚持真理的过程中逐渐培养起自己的人生智慧。

在古希腊，苏格拉底（Socrates）强调，"在自我认识中，探索、寻找永恒的真理，寻找最高的善——智慧"，并认为教育目的就是"通过认识自己达到获得知识，最终成为有智慧、有完善道德的人"；柏拉图（Plato）认为，教育目的是使人"认识你自己"，教育最高理想是造就哲学家，而哲学家首先应是智慧的爱好者，为此，人要不断地去爱智慧，追求智慧；亚里士多德（Aristotle）在《形而上学》中指出，"智慧"就是关于某些原理或者原因的知识。

而在中国的古代，老子的《道德经》中有"大道废，有仁义，智慧出，有大伪"，这里的智慧是指人的聪明、智巧；墨翟在《墨子·尚贤中》说道，"若使之治国家，则此使不智慧者治国家也，国家之乱，既可得而知已"，此次智慧的含义则为人的聪明、才智；又如，《大智度论》所载，"般若者，秦言智慧，一切诸智慧中，最为第一，无上无比无等，更无胜者"，其中"般若"即为智慧，又指人通达真理的无上妙慧。

纵观古老的东、西方文明，智慧在求真的西方文化中更多地表现为对万事万物的真理性把握，体现为探索世间万事万物普遍联系规律的理性智慧；而在中国伦理文化里更多地表现为辨析是非、善恶、美丑的价值智慧，体现为探索人之为"人"及其安身立命的价值意义，是有关"人道"之智慧。

（二）近现代东西方的哲学智慧

步入近现代文明，哲学智慧逐渐演进为理想智慧、价值智慧和实践智慧的浑然一体。

西方哲学对智慧的研究，逐渐从理性智慧拓展至与道德伦理和生活实践等相联系。如笛卡尔（Descartes）将知识等同于智慧，斯宾诺莎（Spinoza）将智慧赋以道德意义，洛克（Locke）把智慧定义为善良天性、心智专一和经验结合的产物，叔本华（Schopenhauer）视智慧为处世之道，康德（Kant）则认为智慧是最高的圆满等。

反观东方哲学对智慧的研究，也逐渐走出了"人道"之智慧的困囿，走向求知求真、求善求美、求实求行的完满统一。如冯契认为，智慧是指关于道的真理性认识和人的自由发展内在地相联系着，它既体现于化理论为方法，又体现于化理论为德性，并最终使人达到身心、德行和人格等自由发展；靖国平指出，人的智慧由工具理性、价值理性和意义理性所构成，是理性智慧、价值智慧和实践智慧的有机统一；祝智庭则强调，智慧的精神内核是伦理道德和价值认同，需要保持文化、认知、体验和行为的圆融统整。

从近现代东西方对智慧的研究来看，哲学视角下智慧的意蕴既关乎人求知、求真的理性智慧，又关乎人求实、求行的实践智慧，还关乎人求善、求美的价值智慧，是人类在认知世界、体验生活、感悟生命过程中永恒的追求。

（三）哲学智慧的心理学领域意涵及其演进

从心理学视角来看，"智慧"代表的是人内心特有的一种心理品质，表现为安身立命、直面生活的一种状态和境界。

在哲学智慧意涵的基础上，心理学家对智慧意涵又作了进一步研究和阐述。如皮亚杰（Piaget）认为，智慧的本质是个体有效率地解决自己所面对问题的一种能力；埃里克松（Erikson）认为，智慧实际上是指个体对人生所持的一种内含爱心且超然脱俗的理智生活态度或生活方式；柏林智慧模式则将智慧定义为一种关于基本生活实际的专家知识和行为系统，该系统包括对复杂的和不确定的人类生活情境的杰出的直觉、判断与建议；斯滕伯格（Sternberg）则认为，智慧是以价值观为中介的，运用智力、创造性和知识，在短期和长期之内通过平衡个人内部、人际和个人外部的利益，从而更好地适应环境、塑造环境和选择环境，以获取公共利益的过程。

据上可知，智慧在心理学上可视为一种伴随我们生命全过程的一种特有的心理品质、高阶的思维能力和理智的生活态度或生活方式，它既能帮助我们权衡各种利弊，也能帮助我们辨别复杂情境，还能帮助我们解决现实问题。

二、智慧与教育的内在逻辑

智慧是教育的目的和永恒追求，智慧教育是真正关注人、为了人的教育，旨在让人成人并最终达成智慧之人。教育作为能够影响和改变人身心发展的一切有目的的社会实践活动，其本身就是我们生命的基本过程和存在方式，从这个意义上来说，智慧与教育是如影随形、相伴相生的。更进一步看，教育承载着知识、文明，它既是智慧的产物，又是智慧的载体，还是智慧的推进器。教育本就是一个智慧的职业，它离不开智慧的滋养，而智慧也需要教育的传承，需要教育者和被教育者去发展和丰富。所以，智慧与教育具有天然的内在联系。

智慧教育作为智慧与教育的复合体，它的意涵更为丰富，在东西方均有大量的研究。怀特海（Whitehead）认为，教育的主题是生活，教育的目的是开启学生的智慧；克里希那穆提（Krishnamurti）强调，教育应充满爱、自由和智慧，真正关注人，帮助受教育者认识自我、消除恐惧并唤醒智慧；靖国平指出，教育的根本在于使受教育者全面地占有自己的智慧，最终成长为理性智慧、价值智慧和实践智慧的统一体；宋孝忠认为，智慧是人类完善自我的永恒追求，教育的真谛就是培养人的智慧，教人学会质疑，张扬个性，走向生活。

综上所述，智慧是教育的永恒追求，教育自身是智慧的产物，同时也是实现智慧的实践方式。智慧与教育具有天然联系、浑然一体，智慧教育使人能够深刻认识自我与世界，让人生充实而幸福，让人性丰盈而饱满，使个体、他人与自然融洽相处、和谐共存。

三、智慧教育的内涵

智慧教育是真正关注人的教育，以唤醒、开启受教育者的智慧为目的，不仅注重受教育者解决现实问题、处理复杂情境、调和各方利益的高阶能力培养，而且重视受教育者知识、道德和情志的同步提升与和谐发展，更加强调受教育者对自由、全面发展和对幸福、圆满生活的永恒追求。

从教育哲学来看，智慧教育的实质是要促进人的真、善、美等智慧的生成和发展；从技术哲学来看，智慧教育是将人作为技术的主体，最终促进人的自由发展和全面解放。无论是从教育哲学来看还是从技术哲学来看，智慧教育的价值都指向了人的智慧成长，使人获得解放，进而实现人的主动、自由、自觉的发展。

从狭义来看,智慧教育是基于传统教育学和心理学理论之上,从人的认知能力的角度去把握人的智慧特征,将教育局限于传授知识、技能和促进人的智力发展上;从广义来看,智慧教育是基于对完整人性的理解与人的全面发展的认识,从人的主体性、人的智慧的完整性和丰富性出发,强调人的智慧是理性智慧、价值智慧和实践智慧的有机统一。

综合来看,智慧教育是人的主体性和自我超越性的实践活动,必将从技术哲学视角下的智慧教育走向教育哲学视角下的智慧教育,从狭义的智慧教育走向广义的智慧教育,直至使人全面、完整地占有自己的智慧本质,走向自由、自觉、自主的智慧境界,促使人的真、善、美的智慧达成,最终使人拥有成功与幸福的人生智慧。

四、智慧教育的特征

智慧教育呈现智能化、融合化、整体化与生态化等显著特征。

(1)智慧教育在技术手段上体现智能化特征。在教育智能化背景下,智慧教育的真谛就是要通过智能化技术构建智能化环境,而大数据、云计算、物联网、虚拟现实(Virtual Reality,VR)、5G和人工智能等技术作为智慧教育系统的技术支柱,充分体现了智慧教育的技术手段智能化,对构建情境感知、无缝连接、全向交互、智能管控、按需推送和可视化的智能化环境提供了有力支撑。

(2)智慧教育在实现方式上体现融合化特征。从教育教学改革的本质来看,智慧教育通过推进先进教育理论、系统理论和高新技术的融合与渗透,实现信息技术与学科教育教学的深度融合、全球教育资源的无缝连接、教育教学的按需服务、教育管理的绿色高效、教育评价的科学智能等,最终服务于人的智慧培养和智慧成长。

(3)智慧教育在功能需求上体现整体化特征。智慧教育的目的是给予教育相关的任何人(即教育利益相关者),在任何时间、任何地点提供所需的任何智慧教育资源或服务,进而实现学生智慧的"学"、教师智慧的"教"、管理者智慧的"管"、领导智慧的"决策"和家校智慧的"沟通"等功能。可见,智慧教育系统囊括了教育利益相关者智慧学习、智慧教学、智慧研修、智慧管理、智慧社区等完整的功能需求。

（4）智慧教育在系统体系上体现生态化特征。祝智庭等认为，智慧教育本质上是智慧教育理念引领的，先进的智慧教育理念决定了智慧教学法的模态，不同的模态需要教师具备相应的教学技能，这些技能需要智能环境的支持才能得以实施。可见，在体系上智慧教育是贯通了中国传统哲学"道—法—术—器"的生态化教育系统。此外，钟晓流等认为，智慧教育是依托移动互联与应用、物联网、云计算、大数据等新一代信息技术所打造的新型教育生态系统。它通过实现教育环境、教育资源和教育管理的智慧化，最终为学生、教师、管理者、家长、社会公众等提供智慧化的教育服务。

五、智慧教育的发展趋势

智慧教育呈现体系化、一体化、融合化及普及化等显著发展趋势。

从智慧教育起源学说演进来看，智慧教育由远及近不断走向体系化。王运武等将智慧教育起源学说演进归纳为以下五种观点：①"人类教育"学说认为，人类教育的历史就是智慧教育的历史；②"培养人的智慧"学说认为，智慧教育就是培养智慧人才；③"智慧地球"学说认为，智慧教育源自智慧地球，"智慧"更多是指智能；④"互联网＋教育"学说认为，智慧教育是互联网与教育深度融合的产物，教育人工智能将让未来教育真正拥有智慧；⑤"大成智慧学"学说则认为，智慧是量智与性智的统一，智慧教育是培养聪明才智和创新能力的方法论体系。

从智慧教育发展形态演进来看，智慧教育形态由表及里不断走向一体化。赵兴龙认为，工业化时代，人们关注的是解决问题的工具和效率，提高效率和增加人数是当时教育所做出的一种智慧选择，但此时的智慧教育尚停留在工具的发展和教学效率的提高等方面，这一阶段称为智慧教育的工具形态；信息化时代，人们开始把注意力转移到教育、技术和人三者的关系之上，关注技术促进人类认知的基本原理和机制，联通观和环境生态成为此时教育所做出的一种智慧选择，这一阶段称为智慧教育的环境形态；进入智能化时代，人们不仅关注效率和联通，而且更关注人的个性化发展，智慧教育不仅是技术，还包含社会、经济、人文、环境等各层面要素，是把人的发展放在首位去重构教育体系的整体教育观，这一阶段称为智慧教育的育人形态。

从智慧教育发展特征演进来看，智慧教育由浅入深不断走向融合化。刘革平等认为，21世纪初，智慧教育处于"理念倡导构建教育思路"的时期，这个时期的智慧教育主要还是作为一种理念的倡导，用以审思传统知识教育的异化现象；随着新兴技术的不断涌现，智慧教育进入"技术介入革新教育要素"的时期，其间涌现出智慧校园、智慧教室、智慧课堂、智慧学习等诸多"智慧+"新形态，智慧教育内涵不断呈现技术的特征，形态上偏向于教育环境的智能化、教学手段的技术化以及教学资源的共享化等；随着学界对智慧教育的深入探讨，智慧教育进入"价值引领走向深度融合"的时期，智慧教育理念重新聚焦于教育活动中的人才培养，重视教育规律和教育原则对技术搭建智慧教育体系的指导性，关注新兴技术与教育教学走向更深层次的融合。

从智慧教育发展进程演进来看，智慧教育由点到面不断走向普及化。顾小清等认为，自2012年以来，智慧教育历经萌生（2012—2018年）和试点示范（2018—2022年）两个发展阶段，正式迈进全面普及阶段（2022—2035年）。在萌生阶段，智慧教育从无到有，发展重点是转变教育变革取向、开展顶层设计；在试点示范阶段，智慧教育从有到优，侧重通过智能技术在教学模式、学习数据分析等方面的深度融合与创新应用，来探索可推广的先进经验与优秀案例，引领教育变革区域式发展；在全面普及阶段，智慧教育将由试点示范走向规模化，重点开展行业标准规范、教育制度的建设。

六、国内外智慧教育的发展现状

（一）国外智慧教育的发展现状

经过多学科的拓展与演进，智慧教育涵义不断丰富，智慧教育逐渐进入人们的视野，智慧教育理念开始受到人们追捧。在此背景下，世界各国掀起一股"为智慧而教"的教育运动，但此运动并未达到预期效果，究其原因主要在于"智慧教育"还过于理念化，缺乏一个与教育实践结合的嵌入点。

进入20世纪90年代，随着互联网、物联网、泛在网等新技术的兴起，同时在新技术的加持与结合下，智慧教育才开始在全球的教育实践中赢得发展转机。

自 1996 年起，美国开始稳步制定和推进国家教育信息化发展战略，2010 年颁布《变革美国教育：技术推动的学习》，提出技术支持的学习模型，包含学习、评价、教学、设施和绩效五大要素；2015 年又出台《为未来做准备的学习：重塑技术在教育中的角色》，提出迎接未来学习的基本框架：学习、教学、领导力、评价和基础设施。

2002 年，马来西亚颁布《智慧学校实施计划》，详细阐述了智慧学校的概念、构成要素、教育目标、实施方针等，提出从多方面综合考虑实施、分级别实施、先试点后推广等三项实施策略。

2006 年，新加坡宣布"iN2015"计划（智慧国 2015），致力于打造智慧国家和全球化城市，智慧教育是其中的重要组成部分，旨在让学习者能够利用信息化手段开展泛在化学习和个性化学习，支持学习者终身学习，以适应未来社会的需求。

2008 年，IBM 首次提出"智慧地球"的概念，并在此基础上历史性地提出"智慧教育"框架和解决方案，核心是为学习者提供个性化学习平台。受此启示，智慧教育朝着教育智能化方向在全球再次掀起一轮新的运动热潮。

2009 年，日本制定《i-Japan 战略 2015》，指出以网络化为基础，深化信息技术在教育中的应用，面向未来需求培养创新科技人才。

2011 年，韩国颁布《推进智能教育战略实施计划》，从教育信息化视角指出智慧教育是未来教育的发展蓝图，进行智慧教育变革，改造课堂，提高技术支持的学习效果，培养适应未来信息社会的创新型国际人才。

2011 年，芬兰启动"FINNABLE 2020"项目，建立打破传统时间、地点和人员限制的创新性学习生态系统，在芬兰国内及国际范围内推动更具合作性的、基于 ICT（Information and Communication Technology，信息与通信技术）的 21 世纪新学习环境的研究和创设工作。

2012 年，欧洲学校联盟成立"未来教室实验室"创新项目，在重构学习空间的基础上变革教学方式。

2014 年，新加坡又推出"iN2025"计划（智慧国 2025），鼓励学校充分利用高科技信息通信技术手段，扩展学校教学和学习的内涵与外延，兴建"未来学校"和"教育实验室"，为学生提供优质高效的学习体验，提升学习的效率，不断提高学生的技能，以面对未来的挑战。

综合来看，国外当前的智慧教育始于"为智慧而教"的教育运动，逐渐走向与国家教育信息化规划紧密相关的教育战略部署，致力于为未来世界培养高素质创新型国际人才，最后发展成为各国抢占新一轮创新发展先机的重要举措。

（二）国内智慧教育的发展现状

早在1992年，我国著名科学家钱学森从人的培养角度，提出了"大成智慧学"教育思想，指出：用现代科学技术体系结构培养和教育学生，让大学生懂得系统科学，让科学和艺术"联姻"，改革教学课程。随后，我国陆续推出素质教育、实践教育、创新教育、核心素养教育、美育教育、劳动教育及立德树人教育等系列教育改革，不断重视学生综合素质、跨学科素养、跨界实践能力、多元创新思维的培养，本质上都是为了促进人的自由、个性、全面的发展，促进学生的智慧生长与养成，是为智慧而教的不同教育实践形态。

与此同时，我国的智慧教育也紧跟教育信息化的发展步伐，引领并推动教育领域进行全方位、系统性变革。2010年，颁发《国家中长期教育改革和发展规划纲要（2010—2020年）》，加快教育信息基础设施建设，构建先进、高效、实用的数字化教育基础设施；加强优质教育资源开发与应用，促进优质教育资源普及共享；强化信息技术应用，促进教育内容、教学手段和方法现代化，鼓励学生利用信息手段主动学习、自主学习，增强运用信息技术分析解决问题能力。2012年，出台《教育信息化十年发展规划（2011—2020年）》，明确到2020年，基本建成人人可享有优质教育资源的信息化学习环境，基本形成学习型社会的信息化支撑服务体系，基本实现宽带网络的全面覆盖，教育管理信息化水平显著提高，信息技术与教育融合发展的水平显著提升。2018年，印发《教育信息化2.0行动计划》，指出将教育信息化作为教育系统性变革的内生变量，支撑引领教育现代化发展，推动教育理念更新、模式变革和体系重构，深入推进"三通两平台",推动信息技术与教育深度融合,构建一体化的"互联网+教育"大平台,实施包含"智慧教育创新发展行动"等在内的八大行动,构建智慧学习支持环境,加快面向下一代网络的高校智能学习体系建设,加强学生信息素养培育等,到2022年基本实现"三全两高一大"的发展目标。

综合来看,国内当前的智慧教育始于"大成智慧学"理念指导下的系列教育教学变革,后在教育信息化浪潮的融合发展中,逐渐演绎为教育信息化发展的新境界与新诉求,既体现了新世纪人才培养的教育教学变革,又代表着教育信息化发展、演进的新阶段,是当今教育进行全方位、系统性变革的具体实践。

第三节 教育生态理念

一、教育生态的溯源

(一)国外教育生态溯源

20世纪初,生态学成为一门初具理论体系的学科。生态学原理和方法因此逐渐被人们所接受,并被应用于社会科学领域,依次发展成为人类生态学、社会生态学及教育生态学等生态学分支学科。

20世纪20年代,德国学者布泽曼(Buseman)和波普(Popp)等人,在学校环境的生态学研究中试图提出"教育环境学",成为教育与环境关系研究领域的开拓者。1932年,美国学者沃勒(Waller)在《教育社会学》一书中提出"课堂生态学"(ecology of classroom)的概念,首次将生态学引入教育。

20世纪中后期,作为一门运用生态学原理和方法研究教育现象的学科,教育生态学在英美等国成为新兴边缘学科。1966年,英国学者阿什比(Ashby)提出"高等教育生态学"(ecology of higher education)的概念,开启了运用生态学的原理和方法研究高等教育的先河。

20世纪70年代,国外教育生态学研究进入繁荣时期。费恩(Fein)的

《公立学校的生态学》、坦纳（Tanner）的《生态学、环境与教育》和沙利文（Sullivan）的《未来：人类生态学与教育》等，从教育与环境关系切入，探讨了有关教育生态的问题。在此背景下，美国前哥伦比亚大学师范学院院长克雷明（Cremin）在《公共教育》一书中，正式提出"教育生态学"（ecology of education）的概念；英国学者埃格尔斯顿（Eggleston）出版专著《学校生态学》。

20世纪80年代后，西方教育生态学研究得到深入发展。莱西（Lacey）和威廉姆斯（Williams）从环境与发展的宏观视角研究教育生态，合编《教育、生态学与发展》；古德拉德（Goodlad）从学校生态学的微观视角研究健康的学校生态系统，首次提出学校是一个"文化生态系统"的观念；而鲍尔斯（Bowers）则从综合的视角，对微观课堂的生态学，以及教育、文化和生态危机等宏观教育生态问题展开了研究。

综上可见，国外教育生态学源于运用生态学原理和方法研究教育现象，经由教育环境学、课堂生态学、高等教育生态学等领域的研究发展而提出，朝着教育与文化、环境和生态危机等综合性、复杂性方向发展演进。

（二）国内教育生态溯源

古往今来，我国的教育生态思想源远流长，古代教育学家孔丘便把教育与社会环境结合起来论述教育的作用，提出"足食、足兵、民信"的立国三要素；近代教育学家陶行知重视教育生态的系统关联性，提出"生活即教育""社会即学校""教学做合一"三大教育主张。

方炳林教授是我国最早研究教育生态学的学者，1975年他出版《生态环境与教育》，研究各种生态环境因素与教育的关系以及对教育的影响，试图建立教育生态的学科体系。但因缺乏师资和相关资料等原因，教育生态学研究被迫停顿了一些时间。直到20世纪80年代后期，教育生态学研究才慢慢出现，如郑燕祥关于教师素质的研究、贾锐关于校园生态环境的研究等。这一时期，李聪明出版的《教育生态学导论：教育问题的生态学思考》比较有影响力，他注重生态系统的观点，认为应以共荣共存的教育生态系统来引导教育发展，提出运用生态学原理与方法分析教育问题的研究框架。

南京师范大学的吴鼎福教授也是较早研究教育生态学的学者之一，他于20世纪80年代末先后发表《教育生态学刍议》和《教育生态的基本规律初探》的文章，又于1990年与诸文蔚共同出版了中国大陆第一本《教育生态学》著作，借用生态学概念、原理、方法、术语去类比教育；2000年，两人再版《教育生态学》，对教育生态学理论给予进一步的补充和丰富。1992年，任凯和白燕合著《教育生态学》，运用生态学原理和方法，系统论述学校教育生态。2000年，范国睿出版《教育生态学》，引进国外教育生态资料进行类比，提出新的观点解析。进入21世纪，教育生态学的研究成果迅速增加，涌现出学校生态、校园生态、班级生态、课堂生态、德育生态和学术生态等研究，以及《江苏古代教育生态》《高等教育生态论》《教育生态管理》等著作。

简而言之，我国的教育生态思想源远流长，但教育生态学研究自20世纪80年代后期才得以迅速发展，并逐步朝着视角新颖化、领域宽广化、体系纵深化方向发展演进。

二、教育生态的相关概念及内涵

（一）生态学

生态学（ecology）一词源于希腊文，由oikos和logos两个词根结合而成，oikos表示居住地、隐蔽所、家庭或环境的意思，logos表示研究、科学的意思。从词语的原意来讲，"生态学"是研究生物"住所"的科学。生态学早在1858年就由博物学家索罗（Thoreau）提出，但直到1866年才被德国生物学家黑克尔（Haeckel）首次给出定义，即生态学是指有机体与外部世界的环境之间相互关系的所有科学；后又于1868年、1870年分别给出定义，认为生态学是有机体与其周边世界的所有关系的科学，是研究动物居住环境经济学的科学。随着科学家们对生态学研究的深入，生态学的定义也不断得到拓展和丰富。1927年，英国生态学家埃尔顿（Elton）认为，生态学是与动物的社会学和经济学有关的科学的自然历史；1954年，澳大利亚生态学家安德鲁阿萨（Andrewartha）指出，生态学是研究有机体的分布与多度的科学，强调对种群动态的研究；1971年，美国生态学家奥德姆（Odum）认为，生态学是研究生态系统的结构与功能的科学；1980年，我国著名生态学家马世骏先生认为，生态学是研究生命系统和环境系统相互关系的科学。随着人类活动范围的扩大，人类与环境的关系越来越紧密、突出，生态学的内涵与外延进一步得到丰富，生态学已发展为包括人类社会在内的多种类型生态系统的复合体。

（二）教育生态学

从组成结构来看，教育生态学是"教育+生态学"的复合体，"生态学"是其基础，"教育"是其前缀或应用场域。据此理解，参照"生态学"的定义，教育生态学可视为教育场域下的生态学，是运用生态学原理和方法来研究教育现象，探析教育与其周围环境之间相互关系及其作用机理的学问，尤其侧重于考察各种教育生态环境及其构成要素对教育生态系统和作为教育生态主体的人的影响。从事物本质来看，教育生态学是跨越"教育学"与"生态学"两个学科，彼此交叉、渗透，而又相互融合、发展的新兴学科。吴鼎福认为，教育生态学是研究教育与其所在生态环境之间相互联系、相互作用的学科；范国睿认为，教育生态学是研究不同范围内、不同层次上的教育生态主体与其周围环境相互关系的学科；任凯、白燕等认为，教育生态学是以一定社会的教育生态系统的结构和功能及其演化规律作为对象，探讨实现最佳教育生态结构的途径和方法的学科；马欹静则认为，教育生态学是研究有关教育系统生态规律、建立合理教育生态环境的学科。综上可见，教育生态学是"教育+生态学"的复合体，以"教育学"和"生态学"为理论基础，但又跨越了"教育学"和"生态学"的内容与范围边界，将教育与生态环境联系起来，研究它们之间的相互关系和作用机理，揭示教育生态结构、教育生态功能、教育生态原理和教育生态规律等内容，进而促进"教育学"与"生态学"相互渗透、融合与发展，形成跨越"教育学"与"生态学"两大研究领域的新兴学科。

（三）教育生态环境

任何的教育活动都是在一定的时间、一定的地点、一定的环境，通过一定的社会成员采用一定的方式来实施的，教育的发展离不开教育的生态环境。在生态学中，环境是特定的生物个体或群体以外的空间，是直接或间接影响该生物体生存的一切事物的总和；生态环境是有机体生存空间内各种条件的综合。吴鼎福认为，教育生态环境是以教育为中心，对教育的产生、存在和发展起着制约和调控作用的 N 维空间和多元环境系统。卢君臻则认为，教育生态环境是对教育的产生、存在和发展起制约和调控作用的多元环境体系，它们共同构成学生成长的生态位。教育生态环境具有多维性、层次性和复杂性等特点。吴鼎福认为，教育生态环境可分为教育的外部生态环境和教育者的内在生态环境，自然环境、社会环境、规范环境构成教育的外部生态环境，教育对象的生理和心理环境是教育者的内在生态环境。范国睿指出，学校内部生态环境以不同生态系统为单位，可分为学校生态环境与课堂生态环境；以生态系统主体为单位，可分为教师的生态环境与学生的生态环境；以生态环境性质来分，可分为物理环境、社会环境及心理环境等。随着人类发展和科技进步，人们难以从单一维度或单一层次的生态环境来考虑教育问题或现象，教育生态环境已是自然因素和社会因素相互交织、物质因素与精神因素相互融通，各个部分相互连接、嵌套、递归而形成的复合生态环境，并通过各生态因子随机、不确定、非线性的作用，对教育施加平衡、协调、制约、转化和补偿的影响。

（四）教育生态系统

教育生态系统是指在一定时空范围内，教育与其他自然生态系统、社会生态系统等，通过物质循环、信息交换和能量流动等方式，实现教育要素相互关联、教育结构平衡稳定、教育功能完整一体的教育生态学单位。教育生态系统将教育视为教育主体、教育客体与教育环境互为依存、彼此联系、相互作用的生态系统，考察教育全过程的要素及其关系、作用，在关系和作用的整体把握中认识教育的各要素及教育在自然系统、社会系统中的生态位和应有的结构与功能，在结构和功能的整体把握中理解教育的自然性、平衡性、系统性、整体性和能动性等特性，推进教育向着创新、协调、绿色、开放、共享和可持续生态发展。教育生态系统内涵丰富，主要包括"两种关系"——人与人、人与环境的关系；"三个环境"——社会教育环境、学校教育环境、家庭教育环境；"四种因素"——心理因素、环境因素、政治因素、经济因素；"五种需求"——生理需求、心理需求、审美需求、成才需求、创造需求。教育生态系统结构有宏观结构、中观结构与微观结构之分。宏观结构反映社会教育生态环境，中观结构反映学校教育生态环境，微观结构反映家庭教育（或个体）生态环境。教育生态系统类型有横向教育生态系统与纵向教育生态系统之分。横向教育生态系统分为社会、学校和家庭三种并行的教育生态系统。纵向教育生态系统分为学前教育、小学教育、初中教育、高中教育和高等教育五种递升的教育生态系统。无论是纵向的还是横向的教育生态系统，不管在宏观、中观或是微观的结构中，教育生态系统的关系、环境、因素、需求都保持着整体关联性和动态平衡性。它们彼此联系、相互作用、互为依存、共同适应，不断调整、完善结构与功能，以便更好地适应社会发展要求。

三、教育生态思想

（一）整体关联

教育生态系统首先是一个系统，一个关乎教育与环境之间相互联系、相互作用的生态系统。系统的概念源于物理学，是由多个相互联系的部件组成，且能够执行一定功能的整体。从本义上讲，系统是整体关联的。而生态系统是指在一定的时间和一定的范围内，由生物成分和非生物成分组成，通过能量流通、物质循环和信息传递，实现相互沟通、相互依存、相互影响和相互制约，并能执行一定功能的统一体。如马歆静所言，生态系统具有整体关联性，不仅有机体与其环境之间存在相互依存、互为因果的整体关系，而且各子系统之间以及子系统与母系统之间也有着密切的相互关联。可见，教育生态系统可视为由各种教育生态因子整体关联的统一体，倘若某教育生态因子发生变化，便会引发其他教育生态因子相应变化，具有"牵一发而动全身"的整体关联性。这种整体关联性不仅包含教育系统内部各种教育生态因子之间的整体关联，而且包含教育与其所处的政治、经济、文化、科技、宗教、伦理等外部教育生态因子的整体关联，甚至还包含各种教育生态因子之间的整体关联，不同教育生态系统之间的整体关联，以及教育生态系统在不同发展阶段上的整体关联。简而言之，整体关联是全方位、完整性的，体现了教育生态系统的基本属性。

（二）动态平衡

在一定的时间和相对稳定的条件下，教育生态系统通过物质循环、信息交换和能量流动，保持各部分的结构与功能处于相互适应和相对稳定的状态，并使之相互间达到高度适应、协同和统一的状态，我们称之为"生态平衡"。它包括内部平衡与外部平衡，投入与效益平衡，物质、能量和信息的输入与输出平衡，但不是静态的、固定不变的平衡。当教育生态因子发生巨大改变，或在内外部因素的干扰或影响下，教育生态系统依靠自我调节、相互作用和主动创新，又能建立起与新环境相适应的新的动态平衡，以实现更加合理的生态结构、更加科学的生态功能和更加高效的生态效益。可见，生态平衡是不断变化、不断发展、不断演进的"动态平衡"。所以，任何系统的生态平衡，都是暂时的、相对的，而非永久的、绝对的，都是处在"平衡—不平衡—新的平衡"的运动、变化和发展的动态平衡中。生态平衡是教育生态系统保持结构合理、功能完善、环境协同、运行高效的应有之义，它必须使得教育系统与环境相互适应，教育主体与客体相互补充，教育理论和实践相互统一，教育结构与功能相互协调，教育内容与形式相互适配，教育目的与手段相互拓展，教育投入和产出相互对称，教育时间与空间相互延伸，教育接轨与特色相互整合。一言以蔽之，动态平衡是持续发展与演进的，体现了教育生态系统的核心要义。

（三）开放协同

教育系统是以教育生态环境为依托，面向社会全面开放的生态系统，外部环境向它源源不断输入资金、技术、设备、人员、方针及政策等资源，反过来，它对外持续不断输出知识、技术、专利及人才，通过适当的物质交换、能量流动和信息传递实现教育与外界交流与合作，维持教育生态系统的平衡与稳定。倘若教育系统不对外开放或不全面开放，教育与其所处的生态环境之间就会因此产生协作盲点，教育系统的自我调节能力随之变弱甚至消退，进而引发教育生态系统失衡或崩溃。可见，全面开放是教育系统保持生态平衡的必然要求，但各教育生态因子之间协同共进也是必不可少的。在教育生态环境下，教育生态系统总是处在从平衡到不平衡再到新的平衡的动态发展过程中，各种教育生态因子之间存在着相互关联、相互作用、相互影响、相互制约的协同共进，对推动教育生态系统朝着更加科学、合理、高效的方向迈进起到了至关重要的作用。这种"协同共进"对教育生态系统来说是普遍而重要的，它不仅包含了教育生态系统内部教育生态个体之间、教育生态群体之间以及各种教育生态因子之间的协同共进，而且包括了教育与其所处的生态环境中政治、经济、文化、科技、道德、伦理及法制等教育生态因子之间的协同共进，同时还包含了不同地域的教育生态系统之间的协同等。综上所述，开放协同是普遍而不可或缺的，体现了教育生态系统的应然要求。

四、教育生态原则

（一）整体性原则

教育生态系统由教育者、受教育者、家长、领导和社会等要素组成，既关联宏观的自然环境、社会环境、规范环境，也关联微观的班级环境、课堂环境和受教育者的生理与心理环境，形成教育与其周围环境相互联系、相互作用的统一有机整体。各组织要素都是这一有机整体的一部分，任一组成要素的结构与功能均需服务于这一有机整体效能的最大化与最优化发挥，任何片面的、局限的思考方式和行为方式都将破坏这一有机整体的动态平衡状态。所以，教育生态系统遵循整体性原则。在教育实施过程中，教育管理者和教育者应秉持全局视野观和整体发展观，推动教育生态系统向着更高层次、更高水平的新的平衡迈进。

（二）适应性原则

在教育生态系统中，教育者、受教育者、学校、家长及用人单位等组成要素都具有自己的生态位，都需要适应教育生态环境和其他组成要素的特点、要求和变化，调整自己的生态位，能动地利用各种生态资源、技术、工具及手段，提升教育者和受教育者的适应能力、发展能力和创新能力，促进教育改革与创新，推动教育生态系统实现新的平衡与发展。因此，在教育实施过程中，教育生态系统相关者要坚守适应性原则，确保自己在各自的生态位上充分发挥自己的才能，并助力教育系统迈向更高的生态平衡。

（三）多样性原则

教育生态系统由多样化的组成要素所组成。这种"多样性"不仅体现为组成要素种类、数量的多样性，而且表现为组成要素层次、水平的多样性，同时反映在组成要素个性、特征、文化、素质和需求等方面的多样性。例如，学生具有特征的多样性、地域的多样性、文化的多样性、素质的多样性和需求的多样性等，课程具有类型的多样性、性质的多样性、教学的多样性和考核的多样性等。可见，多样性是教育生态系统的基本属性。教育生态系统应尊重和保护这一"多样性"，针对多样化的受教育者，给予个性化的教育资源和服务，以确保教育生态系统的动态平衡与和谐发展。

（四）持续性原则

教育生态系统实质是一个教育生态平衡系统，而生态平衡实则为一种持续发展的动态平衡，所以，教育生态系统本质上是要求持续性发展的。由于教育生态系统关联着教育生态环境与教育教学资源，持续性原则必然要求平衡、保护教育生态环境，集约、节约教育教学资源，避免短视、功利的思维和做法，注重长期效益和持续发展。为此，在教育实施过程中，教育管理者和教育者应该秉持教育生态系统的持续性原则，制定教育长期发展目标和规划，确保教育生态系统持续、健康与平衡发展。

（五）循环性原则

教育生态系统是物质、能量、信息在教育与其周围环境之间进行循环交换的动态平衡过程。在此过程中，教育资源的循环利用和避免浪费，是维系教育生态系统充足补给、持续发展和动态平衡的内在要求。所以，教育生态系统注重循环发展原则。在实施教育过程中，教育管理者和教育者需合理规划、配置教育资源，不断改进、优化教育管理流程，提高资源循环利用比率和效率,促进资源的节约和环境的保护,确保教育生态系统持续发展、平衡稳定。

五、教育生态原理

(一)限制因子定律

在教育生态系统的发展过程中,某些因子达到或超过了其耐受限度,便会转化为限制因子,进而对系统产生抑制作用或不利影响。但是,限制因子并非一成不变或一无是处,在教育生态系统主动创造调节和积极反馈调节的作用下,限制因子可以转化为非限制因子,限制因子的负面作用也可以转变为推动教育生态系统再发展、再平衡的积极力量。这一现象便是教育生态的限制因子定律。在教育实施过程中,教育生态系统应把握好限制因子定律,克服或利用限制因子,平衡处理因子关系,优化配置教育资源,健全反馈调节机制,促进教育生态系统持续发展与平衡稳定,实现教育的长期发展目标。

(二)耐度定律与最适度原则

耐度定律是指生物在特定环境中生存、繁衍所需的最低限度条件和最大忍受限度,体现了生物对环境的适应性和生物生存的脆弱性。最适度原则是指在满足生物生存所需的各种生态因子中,要维持适中、适量、适度,反映了生物在其生存环境中对各种生态因子的最佳需求范围。在教育生态学中,耐度定律和最适度原则是两条核心原理。在教育实施过程中,我们应坚持耐度定律与最适度原则,综合考虑各种因素,科学制定发展规划,平衡发展需求与资源投入,避免过度扩张或过度紧缩,确保教育发展的质量和效果。

(三)花盆效应

花盆效应指的是在封闭或半封闭的教育体制中,因教学内容陈旧和教学方法落后,学生极易进入从书本到书本的相对封闭的学习小循环,难以体验真实世界,难以实现全面、自由与个性发展,也难以应对外部环境的瞬息万变，进而影响教育生态系统的持续发展与动态平衡。为此，在教育实践过程中，教育管理者和教育者应尽量避免花盆效应发生，及时更新教学内容，补充现实案例素材，拓展教学时空界限，创设教学真实情境，创新教学手段与方法，重视对学生分析思考能力和实践创新能力的培养，不断激发学生的创新力与创造力。

（四）教育生态位原理

在教育生态系统中，每个教育机构或个体具有的独特地位及其与其他系统的关系，我们称之为教育的生态位。教育生态位反映教育机构或个体之间相互联系又互为竞争的双重关系，当教育机构或个体在占据自己的生态位时表现为和谐互补与适应进化的关系，当教育机构或个体处于同一生态位时则表现为竞争排斥与优胜劣汰的关系。在教育实践过程中，教育管理者和教育者应遵循教育生态位原理，准确把握教育机构或个体的教育生态位，推动教育生态系统平衡、稳定与可持续发展。

（五）教育生态链法则

在教育生态系统中，各组成要素相互依存、相互关联、相互协作地有机结合在一起，形成了一条完整的生态链，对于教育生态系统的平衡发展而言，这条生态链上的各要素、各节点均发挥着各自独特的作用，我们称这一规则为教育生态链法则。教育生态链具有整体性和系统性、多样性和包容性、生态性和可持续性等特点，在教育实践过程中，我们应全面布局和统筹规划，尊重个性和重视差异，厉行节约和协同发展，不断优化教育生态链，为教育生态系统稳定、和谐发展提供保障。

（六）群体动力关系

群体动力关系是教育生态系统中各个组成要素之间相互作用、相互影响的过程。这个过程涉及教育者、受教育者、领导、家长及用人单位等诸多要素，这些要素拥有各自不同的教育生态位，彼此通过物质循环、能量流动和信息传递等方式进行关联、作用与影响，促成教育生态系统群体动力关系的平衡、稳定与和谐。教育生态系统是一个复杂、多元的群体动力关系，包含了师生关系、学生关系及家校关系等，在教育实施过程中，需要充分认识、维护并利用群体动力关系，推动教育生态系统和谐、健康发展。

第四章 新文科实验中心建设逻辑

第一节 新文科实验中心建设的理论逻辑

理念究其实质乃是人们对于某一事物或现象的理性认识、理想追求及其所形成的观念体系，涉及对事物或现象特质、职能、机制的理性认识及其系统化的哲学观念。新文科理念、智慧教育理念与教育生态理念是新文科实验中心建设的三大核心理念。它们遵循"以人为本"这个基本的出发点和共同的价值取向，以新文科建设为驱动、智慧实验教育为支柱、教育生态系统为归宿，彼此通过内在作用和有机关联，在逻辑上构成新文科实验中心建设的三元理论框架（见图4-1），在体系上形成新文科智慧实验教育生态系统。

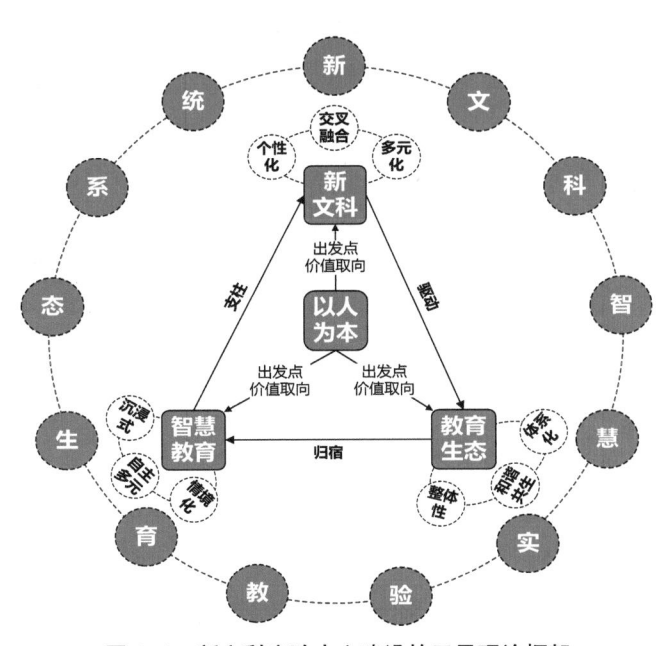

图4-1 新文科实验中心建设的三元理论框架

"以人为本"是新文科、智慧教育、教育生态等三大理念的基本出发点，是新文科实验中心建设的价值立场和根本遵循。它要求新文科实验中心建设应充分关照教育利益相关者的各方诉求，强调学生在实践育人过程中的主体作用，尊重学生的个性化学习需求和自由全面的发展追求。

新文科特别强调跨学科交叉与融合，注重育人守正创新，倡导利用现代技术升级改造学科与人才培养，重视传统专业改造、相近专业重组、新兴专业创设，强化培养学生跨学科素养、跨业界能力、跨领域思维，以更好地满足学生个性化学习和多元化发展需要。可见，新文科是新时代文科学科建设和人才培养的理念指导和行动指引，也是新文科实验中心建设的核心理念与内在驱动。

智慧教育是为了人、使人成人并最终达成智慧之人的教育，是新文科育人本质的应有之义，也是"以人为本"教育理念的生动体现。智慧教育通过利用现代智能信息技术，为学生个性化、多样化学习构建情境化、沉浸式与自主多元的智慧实验环境，增进学生对复杂真实情境的体验，提升学生跨界整合、多元创新与综合实践的能力，是新文科实验中心建设的核心支柱，有助于促进教育生态实现新的、良性动态平衡与和谐发展。

教育生态的核心是要实现作为教育主体的人与其关联环境的和谐共生，是新文科实验中心建设的目标和归宿。教育生态强调教育系统的整体性、体系化，以及各教育组成部分的相互关系、相互作用、相互影响与相互制约；良好的教育生态有助于推动新文科的建设与智慧教育的建构，更好地实现"以人为本"的教育；反过来，新文科和智慧教育的协同发展，在一定程度上也有助于推动教育生态的优化和改进，推动教育实现新的生态平衡。

一、以人为本：新文科实验中心建设的价值立场

人是教育的主体，教育的本质是为了人、使人成人并最终达成智慧之人，"以人为本"是教育的本质要求。新文科实验中心建设是新文科教育回归教育本真的具体行动，肩负满足高等教育利益相关者各方利益诉求的重任。"以人为本"不仅是新文科建设的应然要求，也是新文科实验中心建设的内在需求，还是教育利益相关者发展的共同诉求。

（一）"以人为本"是教育的本质要求

人是一切社会关系的总和，是社会的主体，是一切活动的根本因素。科教兴国，人才为本；人才培养，教育为本；学校教育，育人为本。教育，从广义上讲是指能够影响和改变人的身心发展的一切有目的的社会实践活动；从狭义上讲，是指依靠学校这种组织形态，有目的地开展的系统、持续影响和改变人身心发展的社会实践活动，即学校教育。可见，教育是以人为对象的社会实践活动，人贯穿于整个教育活动的始终。教育产生和存在的前提是人，教育的目的是更好地满足人的需要，实现人的自身价值和全面发展。从教育发展的趋势来看，教育的内容变得更加多元化，教育的方式变得更加多样化，教育的手段变得更加智能化，教育的环境变得更加人性化；教育更加注重人的自由、平等、公平、全面的发展；教育更加关注人的心灵与幸福指数；教育更加重视人求真、求善、求美的和谐统一与智慧成长。人是教育的中心，教育的本质在于为了人、使人成人并最终成为智慧之人。所以，坚持"以人为本"是教育的本质要求。

（二）"以人为本"是新文科建设的应然要求

文科存在的实质是育化人性，文科进行人才培养、学科建设、学术研究、社会服务等落脚点都应紧紧围绕这一本质来展开。换言之，"人"是文科的灵魂，"育人"是文科的初心，"以文化人"是文科的价值立场，无论文科身处何种境地、发生何种变迁，都得守护好这个灵魂、坚守好这份初心、秉承好这种价值立场。否则，此文科为非文科，它已失去了文科存在的本义。新文科建设是党和国家面对世界百年未有之大变局对教育领域提出的新思路与新要求，是新一轮科技革命重塑全球生产生活方式对人文社科领域产生的新共识与新行动，新文科本质依然是文科，其根本任务仍然是要更好地为了人、培养人、发展人和成就人。新文科的本质决定了新文科建设应该坚持守正创新，在坚守文科"为人、育人、以文化人"本质的基础上，以更宽广的视野坚持"以人为本"价值立场，牢记自身的时代担当、民族担当与人类担当，更加尊重人的主体性、能动性和创造性，将为人、成人、育人、化人视为生命线，将人的精神需求、文化需求、发展需求、价值需求置于中心地位，以文化人，以文育人，以文培元，促使新文科迈上一条塑造时代新人的正确道路。

（三）"以人为本"是新文科实验中心建设的内在需求

对高校而言，"以人为本"实际上就是要树立人在高校的主体与中心地位，把人的需求作为高校工作的出发点，一切为了人的发展，为了人的一切发展，为了一切人的发展，推动高校实现使人成人，并最终达成智慧之人的终极价值目标。依此来看，高校坚持"以人为本"中的"人"，指的不仅是高校的广大师生，还包含了高校领导、管理者、服务者，以及家长、协同育人单位和企业用人单位等在内的高等教育利益相关者；而其中的"本"，并非指人的本原或本体，而是指高等教育利益相关者在生命、情感、欲望、思想、意识、价值、尊严与社会认可等方面的根本利益需求。可见，"人"是高校的主体和中心，"以人为本"是高校一切工作的价值立场。新文科实验中心建设作为高校落实新文科教育回归教育本真的具体行动，坚持"以人为本"价值立场是其内在需求。为此，新文科实验中心建设要充分尊重人、理解人、关心人、为了人、发展人和成就人，把实验关联的资金、技术、仪器、设备、设施、环境、软件、平台、制度及文化等各方面资源，都集聚到如何更好地培养契合新时代复合创新型文科人才这一核心主题上来，促成教育利益相关者自由、全面发展与智慧成长，进而促进实践育人智慧生态环境实现新的动态平衡与和谐发展。

（四）"以人为本"是教育利益相关者发展的共同诉求

从学生角度来看，"以人为本"可看作"以生为本"，即新文科实验中心建设要体现"以生为本"的价值立场。在新文科实验中心建设过程中，我们既要关注学生群体，又要兼顾学生个体，还要关照学生的全面发展，为学生提供个性化、多样化、人性化、开放式与综合性的实验环境、实践资源与实验服务，激发学生的学习兴趣、积极性和能动性，增进学生的身心健康、道德品质、情感态度，提升学生的知识技能、跨界整合能力、多元创新能力和综合实践能力等，让学生在面对复杂多变社会情境时真正拥有应变自如的人生实践智慧。

从教师角度来看,"以人为本"可视为"以师为本",即新文科实验中心建设要坚持"以师为本"的价值立场。在新文科实验中心建设过程中,我们既要关照教师群体,也要关照教师个体;既要重视教师的教学发展,也不能忽视教师的科研成长与能力提升;既要为教师的课内实践教学提供支持,也要为教师的课外实践教学提供支撑。新文科实验中心建设要为教师提供多元化、个性化与人性化的实验资源、实验平台、实验环境与实验空间,充分满足教师实验教学、实践育人、教学改革、项目研究、学术交流和对外服务等多样需求,为教师的教学提升、学术成长和专业发展提供全面服务。

从管理者角度来看,"以人为本"可理解为"服务为本"和"效率为先",即新文科实验中心建设要坚持"服务为本"的价值立场,追求"效率为先"的价值目标。在新文科实验中心建设过程中,我们应充分运用物联网、云计算、大数据等现代智能信息技术,部署、搭建融合云桌面、服务器虚拟化、实验大数据决策和智能运维管控等平台,为管理者提供快速响应、便捷操作、高效服务的管理手段,为全面提升实验中心管理服务效能提供支撑。

从校企合作者角度来看,"以人为本"可理解为"共赢为本"和"协同为要",即新文科实验中心建设要坚持"共赢为本"的价值立场,关键在于落实"协同为要"的价值理念。在新文科实验中心建设过程中,我们在坚持供需对接、优势互补、合作共赢的原则下,充分发挥企业项目、资源及技术优势,最大限度满足企业的用人需求与合作要求,完善实验设施环境与实践育人方式,建立健全校企协同育人体制机制。

二、交叉融合:新文科实验中心建设的必然选择

面对当今世界复杂多变的社会现实,国家亟须大量具备广阔国际视野、深厚人文情怀,以及跨界整合、多元创新与综合实践能力的复合型文科人才,传统文科面临的学科边界、资源壁垒、利益条块等发展桎梏亟待破除。为此,新文科建设不得不担负起传统文科变革和复合创新型文科人才培养的重任,而推进新文科实验中心交叉融合建设正是新文科落实此重任的必然选择。

（一）学科交叉融合是解决社会现实问题的客观要求

当今世界正经历百年未有之大变局，新一轮科技革命和产业变革正发生快速演进，社会现实问题正变得日益复杂化、综合化，任何一门学科都已无法独立有效解决这一现实问题，传统学科体系已无法适应这一新变化。由于现实社会并不是一个由学科知识点逻辑构造而成的人为观念系统，而是一个由一系列社会、生活等复杂现实问题自然链接而成的客观存在系统。因此，每一个社会现实问题的解决都需要统合众多学科的思想、理论和方法才可能达成。在新时代背景下，人们要想解决日益复杂化、综合化的社会现实问题，必须具备多学科、跨学科甚至是超学科的多元思维与跨界能力。所以，学科交叉融合是新时代人们解决社会现实问题的客观要求。

（二）交叉融合是新文科建设的内在要求

新文科建设是高等教育面对新时代、新变化、新需求做出的主动回应，是文科新思维、新范式、新格局的重建，也是文科发展集群化、中国化、现代化的重塑，强调"通过多元主体参与的、知识全面整合和再创新"的方式解决社会现实问题，注重"异质学科深度交叉和大学课程贯通重构"的方式培养时代新人。从现实来看，新文科建设反对传统的单学科思维和科层化体制机制，反对将科学与社会、知识与实践分裂，反对专业化、学科化导致的知识碎片化；推动文科内部各学科之间的重组融合，文科与文科外部学科之间的交叉融合，文科与"非学科"之间的跨越融合，以及专业内学者与"专业外"各行各业人士之间的跨界合作。从本质来看，新文科为学生提供契合现代社会需求的多学科融合交叉环境，为培养学生多元化思维方式、多样化学科知识、多维化创新能力和多面化专业素养给予支撑，帮助学生建立与当今社会和未来世界对话交流、同频共振的联系，让学生更好地认知这个变幻莫测的时代，更从容地面对纷繁复杂的社会，更自信地迎接瞬息万变的世界。交叉融合不仅是新文科解决社会现实问题的必然选择，还是新文科建设坚守文科"为人、育人、以文化人"的内在要求。

（三）新文科实验中心是多跨协同育人的必要支撑

新文科建设的根本在于回归文科育人的本质，回应复杂多变的现实世界对新型文科人才的要求。复杂多变的现实世界，不是单元的理论思维、单维的学科知识和单一的专业能力所能应对的，而需要多元思维、多维知识和多面能力的交叉融合才能予以应对。新型文科人才应是更加注重知识交叉、能力综合和素质全面的复合创新型人才，既具有深厚的人文素养与价值情怀，又具有跨界整合能力和多元创新思维，还具备全球意识与国际视野。可见，跨行业、跨领域、跨学科是新型文科人才的鲜明特征。新型文科人才唯有通过跨主体、跨学科、跨平台、跨场景、跨时空的协同培养，才能更真切地体验并感受社会现实问题的棘手性、复杂性与难以预测性，更好地感悟、反思、总结并归纳社会现实问题的处理过程，从中吸收、内化、涵养跨行业本领、跨领域能力和跨学科素养，从而获得应对复杂社会和变幻世界的一般本领与人生智慧。所以，多跨协同是新型文科人才培养的内在必然要求，新文科实验中心是新文科多跨协同育人的必要支撑。

（四）交叉融合是支撑跨主体协同育人的必然选择

复合创新型文科人才离不开新文科实验中心跨主体协同育人的支撑。跨主体协同育人是多跨协同育人的表现形式，实质是从教育主体的角度出发构筑协同育人命运共同体，实现教育利益相关者资源共享、风险共担、合作共赢，打破组织壁垒、信息壁垒、利益壁垒，推动角色转换、供需对接、行动共商、育人协同，促进产教、科教深度交叉与融合。一方面，发挥行业产业优势，促进产教深度交叉融合，构筑校企协同育人共同体。借力区域行业企业的先进技术、优势平台、优质项目和优秀员工等资源，建立健全校企联合培养机制、校外实践教学基地、校内定向培养项目等，推进校内导师和企业导师合作教学、联合指导，提升学生的实践创新能力和就业竞争力。另一方面，发挥科研优势，促进科教深度交叉融汇，构筑校所协同育人共同体。引导科研院所、研究中心及智库深度融入人才培养，建立健全教师科研项目、成果、资源转化和学生助研、助教、创新创业等机制，促进科研与教学相互渗透、相互融合、相互转化，提升学生的学术创新能力和综合实践能力。所以，交叉融合是新文科实验中心支撑跨主体协同育人的必然选择。

（五）交叉融合是支撑跨学科协同育人的必然选择

复合创新型文科人才离不开新文科实验中心跨学科协同育人的支撑。跨学科协同育人是多跨协同育人的内在要求。从字面来看，跨学科指的是跨越多门学科，表现为多学科、跨学科或超学科，可看成是学科进阶的过程，也可理解为学科存在的状态。从内涵来看，跨学科可解读为人的某一特质或物的固有属性。就人而言，跨学科表现为一种有别于单学科的能力特质，它超越了学科的边界，整合并创新了多学科的理论体系、思维范式、知识框架和能力结构；对物而言，跨学科是物质固有的内在融合性，往往外显为多学科、多领域、多技术、多手段、多方法等交叉作用的结果。物的跨学科性反作用于人的跨学科性，对人的跨学科性内化具有支撑作用。综合来看，交叉融合是人和物的跨学科性的内在要求，跨学科协同育人核心是要培养人的跨学科性，它由物的跨学科性提供支撑并进行诱导，经由物传导于人，由人内化、吸收而成。所以，交叉融合是新文科实验中心支撑跨学科协同育人的必然选择。

三、智慧教育：新文科实验中心建设的核心支柱

智慧是人生的永恒追求，也是教育的基本主题。教育自身是智慧的产物，教育的目的是开启人的智慧、促进人生命的成长。智慧与教育相伴相生、唇齿相依，智慧教育可理解为"为智慧存在而教育"。随着教育信息化不断演进，智慧教育也被理解为"以智慧方式来教育"。前者视智慧教育为教育目的，后者把智慧教育作为教育方式。作为高等教育对新时代文科教育的积极回应，新文科教育具有"智慧教育"上述双重意蕴，是智慧教育在新文科建设中的理想形态，不仅是复合创新型文科人才培养的应然要求，还为新文科实验中心建设提供了关键支撑。

（一）智慧教育是新文科人才培养的应然要求

智慧教育具有"为智慧存在而教育"和"以智慧方式来教育"的双重

意蕴，这与新文科人才培养的目标理念与实施路径保持相互吻合。可见，智慧教育隐含了新文科人才培养的核心内涵，是新文科人才培养的应然要求。

（1）"为智慧存在而教育"是智慧教育的目的，充分体现了新文科人才培养的理念。智慧教育的核心目的在于唤醒人的自我觉醒，启蒙人的自由精神，全面占有自己的智慧，引导生命主动性、创生性发展，从而启发人生智慧、开创智慧人生。这里的"智慧"不仅仅指人的广博知识，更隐含了人的正确价值观、豁达生活态度、跨界实践能力和多元创新思维等丰富的内涵。新文科的人才培养目标与智慧教育的根本旨趣相契合，旨在让人具备自如应对复杂现实社会和变幻未知世界的人生智慧，从而最终获得自由全面的发展和幸福完满的人生。

（2）"以智慧方式来教育"是智慧教育的手段，准确诠释了新文科人才培养的路径。传统文科教育往往注重知识的灌输和记忆，而忽视学生主体性和创造性的发挥；注重经典文献和理论的学习，而忽视对现实问题的关注和解决；注重本学科的知识传授，而忽视与其他学科的交叉融合；注重面对面的课堂讲授，而忽视与信息技术的融合应用。反观新文科注重以智慧方式来培养人才，强调信息技术应用与教育教学创新，重视学科知识交叉与融合，致力于为教师提供多样化教学手段与方法，为学生提供个性化学习方式与体验，有助于培养具有跨学科素养、跨界整合能力和多元创新思维的复合创新型文科人才。

（二）智慧教育为新文科实验中心建设提供理念支撑

从"为智慧存在而教育"的视角来看，智慧教育奉行以生为本、实践导向、融合创新与对外开放等，强调学生的个性化学习与发展，注重理论知识与实际应用相结合，重视跨学科交叉、融合与创新，倡导构建开放、共享、协作的教育生态体系，致力于培养理性智慧、价值智慧与实践智慧有机结合的复合创新型人才，为新文科实验中心建设提供了理念支撑。

（1）智慧教育坚持"以生为本"理念，强调学生的个性化学习与发展。智慧教育关注学生的需求与兴趣，为每个学生提供更具针对性和吸引力的课程内容和教学方法；关注学生的独特性与差异性，为每个学生提供个性化的学习资源、学习方案、学习建议和学习指导；关注学生的自主学习与合作学习，为每个学生提供多样化的学习平台和学习资源。这一理念与新文科实验中心建设的目标相契合，支撑因材施教、精准实践与个性服务，支撑学生多元化发展，有助于激发学生学习的积极性、主动性，培养具有跨学科素养、跨界整合能力和多元创新思维的复合创新型文科人才。

（2）智慧教育坚持"实践导向"理念，强调理论知识与实际应用相结合。智慧教育倡导基于问题的学习方式，鼓励学生通过实践去发现问题、分析问题并解决问题；强调将所学知识与现实问题进行连接，鼓励学生运用所学知识分析和解决问题；注重运用智能信息技术构筑虚拟仿真实践环境，让学生在沉浸式实践体验中感受并内化问题解决的过程与方法。智慧教育强调"实践导向"，为新文科实验中心建设提供了理念指导，契合了新文科注重人才实践创新能力和解决实际问题能力的要求。

（3）智慧教育坚持"融合创新"理念，强调跨学科的交叉、融合与创新。智慧教育鼓励教育与技术、学校与社会的交叉、融合与创新，注重将信息技术与教育过程、教育资源、教育评价等进行深度融合，推进学校教育教学改革与行业产业变化和社会市场需求保持协同与创新。智慧教育融合创新的目的在于打破学科壁垒，促进跨学科交叉、融合，整合、共享教育资源，搭建跨学科学习平台，为新文科实验中心建设提供跨学科融合创新理念，可有效助力新文科培养具有跨学科素养和多元创新能力的新型文科人才。

（4）智慧教育坚持"对外开放"理念，强调构建开放、共享、协作的教育生态。智慧教育鼓励构建、拓展开放教育资源，吸引更多学者、学生参与到高校教育中来；鼓励与校外机构、企业等开展合作，共建开放共享合作平台，共同开展项目研究与人才培养；鼓励师生协作学习与合作研究，组建跨学科研究团队、开展合作研究项目、举办学术研讨活动等；致力于打破传统教育的封闭性与科层化，促进不同主体、不同学科、不同领域的交流与合作，创建开放、共享、协作的教育生态，为新文科实验中心建设提供理论指导。

（三）智慧教育为新文科实验中心建设提供实践指导

从"以智慧方式来教育"的视角来看，智慧教育是一种基于现代信息技术和人工智能技术的先进教育方式，核心在于利用新兴技术手段打造数字化、网络化、智能化与生态化的智慧教育系统，旨在为学生提供个性化的学习体验与多元化的发展路径，为教师提供灵活的教学服务与快捷的改革支撑，为管理者提供智能的运维服务与科学的辅助决策。据此推断，智慧教育即智慧教育系统支撑的教育，为教育利益相关者提供智慧的实验教学空间、开放的实验资源服务、多元的实验教学创新、个性的实验学习体验、高效的实验管理决策，对新文科实验中心建设具有重要的实践指导意义。

（1）智慧教育注重智慧实验空间构建。智慧实验空间是智慧教育实施的基础。智慧教育倡导运用云计算、大数据、人工智能等先进技术手段，推动现代技术与实验教育教学进行深度融合，构建智慧实验室、创客实训中心、虚拟仿真平台等智慧实验空间，为教育利益相关者提供更加丰富、多样、便捷的实验教学服务与支撑，实现更加绿色、开放、协同、共享的实验教学生态。

（2）智慧教育注重开放教育资源服务。智慧教育重视教育资源开放共享，关注教育场景、教学设施、教学设备和教学平台之间的互联互通、数据流通与信息畅通，致力于促进教育资源的开放、整合、汇聚与共享；重视教育资源开放协同，创建校企、校地及校所等协同育人机制，引入优秀的实践师资、优质的实践资源、真实的实践项目、丰富的实践平台，为学生提供深入了解行业前沿、深度参与企业项目、亲身投入工作岗位的实践机会。

（3）智慧教育注重多元教学模式创新。智慧教育要求教师角色由知识的传授者转为学习的组织者、引导者、帮助者，以及创新创造的指导者、协同者、激励者；教师任务从培养知识人走向培养智慧人，由专注自己如何教转向重视学生如何学，引导学生自主学习、深度探究、多元发展和智慧成长；教学模式由课堂讲授式转为项目案例式、小组研讨式、情景模拟式、角色扮演式，由线下面授式转为翻转课堂、SPOC（Small Private

Online Course，小规模限制性在线课程）等线上线下混合方式。

（4）智慧教育注重学生个性学习体验。智慧教育尊重学生的个性需求与多元发展，重视利用云计算、大数据、VR、AR（Augmented Reality，增强现实）等人工智能技术，构建智慧实验空间、智慧学习平台、虚拟仿真平台、大数据分析平台等，引入MOOC（Massive Open Online Courses，大型开放在线课程）、SPOC、微课、虚拟仿真实验项目等学习资源，为学生提供个性化学习资源与沉浸式学习体验。

（5）智慧教育注重高效教育管理决策。智慧教育重视教育管理的自动化与智能化，通过对教育软硬件设备设施等进行全面的改造与升级，实现计划落实、作业批改的自动化，以及教学运行管控、教学资源调度的智能化等；重视教育决策的可视化与精准化，运用大数据挖掘、处理与分析技术，汇聚、清洗、筛选、汇总各类教育教学数据，利用图形、图像或图表等形式直观展示信息，让管理者更快速地理解和把握教育状况，更精准、更高效地做出相应决策。

四、教育生态：新文科实验中心建设的逻辑归宿

教育生态是一个以教育为中心，复杂、多元、互动、平衡且持续发展的环境系统，强调教育应与自然、社会以及个体内心的发展保持和谐，遵循整体性、多样性、开放性、动态平衡性、可持续发展性等原则，有助于促进教育协同与开放，提升教育公平与效率，从而更好地化解新时期高等教育发展中的主要矛盾。新文科实验中心作为新文科建设的重要平台，包含智慧实验空间、智慧实验平台和实验大数据平台等，提供教育利益相关者个性化、多元化、多样化实践创新服务，有助于高校化解当前教育利益相关者日益增长的实践创新服务需求与不平衡不充分供给之间的矛盾，对促进并达成新文科教育新的生态平衡具有不可或缺的作用。简而言之，教育生态是新文科实验中心建设的逻辑归宿。

（一）新文科实验中心建设强调整体性和系统性

教育生态是一个复杂的系统，其内部各组成部分（如教师、学生、课程、教学方法、教育环境等）互相依存，共同构成一个有机的整体。在这

个整体中，任何一个部分的改变都可能对其他部分甚至整个系统产生影响。因此，我们在看待和处理教育问题时需要从整体的角度出发。新文科实验中心作为教育生态系统的一个重要组成部分，它不仅是一个简单的实验室或教学场所，还是一个集成了多种教学资源、多门学科知识和多项技术手段的综合性实验平台，具备实验教学、课程设计、项目实训和社会服务等诸多功能。所以，在新文科实验中心的建设过程中，我们应从整体的角度出发，全面考虑实践教育的主体、资源和环境等各个组成要素间的关系，确保它们保持相互协调、彼此支撑、互相促进与有机融合，以期达到教育生态整体的最优效果和最佳状态。

教育生态的系统性指的是教育系统内部各组成部分之间，以及教育系统与其外部环境之间存在着既互为支撑又互相制约的关系，彼此关联、相互作用，共同构成一个复杂、开放的动态平衡系统。新文科实验中心作为隶属于该教育生态系统的一个子系统，其自身内外部各要素之间也同样存在着相互支撑与制约，从而维持并推动实验中心子系统实现动态平衡。鉴于此，在新文科实验中心建设过程中，我们应从教育生态的系统性要求出发，充分挖掘各要素的正向支撑作用，最大限度消弭各要素的反向制约影响，全面、系统地规划设计新文科实验中心，确立实验中心建设的目标愿景、理念逻辑、路径方法及内容架构，确保实验文化、环境设施、硬件设备、软件平台与组织体系等保持相互支撑、互为促进的关系，从而形成新文科实验中心实践育人的生态体系。

（二）新文科实验中心建设关注多样性和共生性

教育生态的多样性不仅体现在教育资源的丰富度和差异性上，还反映在教育主体的差异性、教育模式的创新性和教育环境的多样性等方面；它是确保教育系统拥有活力和创新性的重要保障，能够促进教育公平、提升教育质量并推动教育实现可持续性发展。而新文科实验中心的多样性，不仅能更好地适应教育生态的动态变化和可持续性发展，还能为整个教育生态系统的多样性注入新的活力，推动文科教育的不断创新与可持续发展。因此，在新文科实验中心建设过程中，我们不仅要关注机房实验、手工实验、社会实践等传统实验，还应积极引入现代智能技术手段，创设智慧实验空间、智慧创客空间、智慧实验平台和虚拟仿真平台等，为学生提供多样化的实验情境和多元化的实验体验；不仅要关注认知性实验、验证性实验和体验性实验，还要积极探索开发综合性实验、设计性实验和创新性实验，为学生提供多样化的实验项目和进阶式的实验体系；不仅要关注校内跨学院、跨学科、跨专业的协同，还要积极与行业协会、用人企业、政府机构及科研院所等进行合作，为学生提供丰富多样的实践资源和优质多元的实践平台。

教育生态的共生性是不同教育主体之间、教育主体与教育环境之间相互依赖、相互促进的关系；强调教育各个组成部分之间的平衡、协调与互动，对优化教育资源配置、推动教育创新与发展、提升教育质量和效果、增强教育系统的稳定性和适应性具有重要作用和意义。新文科实验中心的共生性，有助于促进各教育主体的资源共享、优势互补和共同发展，构建更加优质、平衡和可持续的实践教育生态体系。为此，在新文科实验中心建设过程，我们要审慎处理好学生共生、教师共生、师生共生、"学校—家庭—社会"共生、教育与环境共生等关系，着力营造团队合作、同伴互助的实验氛围，帮助学生建立起友好协作关系；搭建经验分享、资源共享的交流机制，助推教师建立起紧密合作关系；推行教师主导、学生主体、教学相长的教学理念，助力教师与学生建立起良好互动关系；打通信息互通、供需对接的组织壁垒，推动学校、家庭与社会建立起密切协同关系；践行绿色生态、和谐圆满的实验方式，支撑教育与环境建立起共生依存关系。

（三）新文科实验中心建设重视开放性和动态性

教育生态的开放性是教育系统与其外部环境之间的相互联系、相互作用，以及能量、信息和物质的交换。它意味着教育系统不是封闭的，而是与外部环境密切相关的；教育需要不断地从外部环境中获取资源、信息和能量，以满足自身发展的需求；同时，教育也需要将自身的成果、经验和智慧反馈给社会，为社会的进步和发展作出贡献。教育生态的开放性使得各主体能够更广泛地获取、分享和利用教育资源，促进教育资源优化与共享；使得各主体能够更自由地进行交流、合作与竞争，推动教育改革与创新；使得教育系统能够更灵活地应对外部环境的变化，增强教育的适应性与韧性；从而有助于打破教育系统的壁垒和隔阂，提升教育的公平性与可及性等。新文科实验中心的开放性是教育生态开放性的重要体现，能够有效推动教育生态的动态平衡与可持续发展。因此，在新文科实验中心建设过程中，我们应引入开放理念，打破学科壁垒、资源壁垒和利益壁垒，推动组织边界开放、业务职能衔接与教育资源共享，促进组织开放、学科交叉与育人协同；引入优质资源，实施校企、校地、校所等协同育人，建立方案共商、基地共建、利益共享、风险共担、合作共赢的协同机制，促进机构开放、供需对接与育人协同；引入先进技术，推动信息技术与实验教育教学深度融合应用，创新实验教学模式与手段，建立智慧实验空间、智慧创客空间、智慧实验平台、虚拟仿真平台等，促进平台开放、资源共享与育人协同。

教育生态的动态性是指教育系统内部各要素之间及其与自然、社会等宏观系统之间相互影响、相互作用，并处于不断变化、动态发展的过程之中；它表现为教育生态系统内部各要素之间的动态平衡、教育生态系统与外部环境的动态交互，以及教育生态系统的自我修复与调节能力。在教育实践中，我们需要关注教育生态系统的动态性，重视各要素之间的协调与平衡，以期实现教育的最优化与可持续发展。在新文科实验中心建设过程中，教育生态的动态性主要反映在新文科实验中心对于实验教学内容与方法的持续更新、实验技术设备的升级与换代、实验资源共享与协同合作的深化、学生需求的及时反馈与调整、管理机制与组织架构的灵活调整等方面。它要求新文科实验中心要紧跟学科前沿和社会变化，不断更新优化实验教学内容，改革创新实验教学方法；要保持对新技术的敏感度，及时升级和换代实验技术设备与仪器；要与校内、校外机构开展广泛而深入的合作，引入更多优质的实践教育资源，拓展学生的实践平台，增加学生的就业机会；要及时了解学生的学习需求变化，调整实验教学计划，改善实验教学环境，优化实验资源配置；要顺应外部环境变化和内部需求变化，建立灵活、高效的管理机制和组织架构。教育生态的动态性对新文科实验中心建设具有重要指导意义。

(四）新文科实验中心建设追求可持续发展和自我完善

教育生态的可持续发展可理解为在教育领域内，通过平衡协调各种教育资源、关系和环境因素，实现教育系统长期、稳定、健康地发展。这种发展不仅满足当前的教育需求，而且不会损害未来教育发展的能力，对促进教育系统长期稳定发展、实现教育公平和社会正义，以及推动教育自身的高质量发展等都具有重要意义。新文科实验中心建设是教育生态可持续发展的重要内容，教育生态的可持续发展为新文科实验中心的建设提供了良好的外部环境和资源支持，而新文科实验中心的建设反过来又进一步促进了教育生态的优化与完善。在新文科实验中心建设过程中，教育生态的可持续发展强调教育资源的合理利用和优化配置，避免浪费与过度消耗，确保实验教育系统的长期稳定运行；强调教育与环境的和谐共生，落实绿色环保、节能减排和环境保护，以降低能耗和减少对环境的影响；强调教育的社会适应性，关注社会需求的变化，及时调整、优化实验教学内容和方式；强调教育的公平性和普及性，确保每个人都有平等接受实践教育的机会，每个人都能享受到实践教育带来的益处等。

教育生态的自我完善指的是教育系统具备自我调节、自我修复和自我更新的能力，以适应外部环境的变化和满足内部发展的需求。教育生态的自我完善性表现为，教育生态系统能够根据外部环境的改变和内部因素的变化，自动地调整自身的结构和功能，以保持系统的平衡和稳定。当教育生态系统受到外部冲击或内部失衡时，系统能够通过自我修复机制和学习机制，迅速采取适切的行动，更新自身的理念、方法和手段，以适应内外部发展变化、恢复平衡并保持稳定。鉴于此，在新文科实验中心建设过程中，我们应以教育生态的自我完善思想为指导，引入智能信息技术和先进管理理念，加强与外部环境的互动和合作，建立实验运维智能管控平台和实验教学智慧服务平台，构筑更加开放、多元、综合的实践教学体系和质量监控体系，切实提高实验中心的自我调节、自我修复和自我更新能力，以实现教育生态的进一步自我完善和可持续发展。可见，教育生态的自我完善为新文科实验中心的建设提供了理论支持，而新文科实验中心的建设也进一步推动了教育生态系统的自我完善和发展。

第二节　新文科实验中心建设的历史逻辑

新文科实验中心经由简单到复杂、单一到综合、分散到集中的演进过程，它不仅是高等文科教育顺应社会发展需求的必然产物，还是高等文科教育应对时代之变、技术之变与产业之变的必然选择，更是高等文科教育进行学科交叉融合、专业重组升级、育人协同配合的内在要求。通过新文科实验中心的建设，高校可以更好地整合、共享各方实践教育资源，优化、重构实践教育体系，提升实践教育质量和育人效果，助力新文科培养契合新时代要求的复合创新型文科人才。

一、经由简单到复杂、单一到综合、分散到集中演进

20世纪80年代至今，随着信息技术快速演进与经济社会迅猛发展，市场对人才的需求发生了显著变化，越来越重视人才的价值情怀、实践能力、创新思维与综合素质，进而引发高校日益强化实验教学、实践育人与立德树人。自此，高校对实践场所、设施、设备及资源开始关注，经由基础设施建设、实践资源整合与全面融合等核心环节，文科实验室、文科实验中心、新文科实验中心相继被提出并依次建立，历经从简单到复杂、单一到综合、分散到集中的发展演进过程，全力支撑复合创新型文科人才培养（见表4-1）。

表4-1　文科实验中心建设历程

时间	发展阶段	背景	现状	阶段特点	建设重点
20世纪八九十年代	基础建设：文科实验室初创起步阶段	电子多媒体技术与计算机及网络技术快速发展	实验教学短板突出	投入少；基础设施建设较为简单；实验教学资源管理分散	实验基础条件设施、实验软硬件设施；数字化教学资源；实验室管理体系；实验教学与管理队伍

续表

时间	发展阶段	背景	现状	阶段特点	建设重点
2000年至2015年	资源整合：文科实验中心初步建立阶段	国家级、省级、校级实验教学示范中心建设相继启动	实验室壁垒森严、资源分散、管理封闭；学科缺乏交叉融合；组织缺乏协同合作	实验室投入大幅增加；网络信息技术应用广泛；实验室资源整合、师资协作与组织创新取得初步进展	实验中心资源共享平台；实验室资源共建共享机制；实验室师资协作机制；实验室组织管理创新
2016年至今	全面融合：新文科实验中心基本建成阶段	国家级、省级、校级虚拟仿真实验教学示范中心、虚拟仿真实验教学项目、新文科建设、新文科实践项目建设	实验资源共享程度不高；实验管理效率不高；实验教学创新不够；信息技术与实验教学融合不够；科研活动与实验教学协同不够	实验室投入持续跟进；信息技术与实验教育教学深度融合；实验管理智能化；实验教学智慧化；实验决策数据化	机构融合，建立多主体深度协同合作机制；组织融合，建立一体化智能管控实验平台；学科融合，建立跨学科交叉与融合机制

（一）基础建设：文科实验室初创起步阶段

20世纪八九十年代，我国高等教育逐渐由精英化走向大众化，高等教育现状发生了重大变化，高校的专业数量和学生规模均实现了快速增长，教学质量下滑和实践条件不足等情况日益凸显，高等教育教学改革亟待推进。与此同时，多媒体、计算机、互联网等电子信息技术相继出现且发展速度惊人，很快应用便蔓延到了教育领域，这为高等教育变革和实践教学改革提供了技术支持与难得契机。在此背景下，高校纷纷尝试利用电子信息技术创设文科实验室，用以完善实践教育教学短板，改进实践教育教学效果，从而达到提升人才培养质量的目的。自此，文科实验室开始进入人们的视野，并逐渐受到大家关注，文科实验室正式进入基础建设阶段。

受教育理念、经费投入与信息技术等因素的影响，高校文科实验室的建设内容，主要集中在固定实验空间、专任实验教师、专职实验人员和专用实验器具等基础条件设施，多媒体设备、计算机、服务器和交换机等硬件设备设施，多媒体课件、网络试题库、模拟软件和电子文献等数字化教学资源，以及实验室管理办法、实验室规章制度、实验室运行机制和实验室安全保障等实验管理体系方面。

这一阶段，高校对实践教育教学的认识还不够全面，文科实验室初创起步，投入的人力、物力和财力也相对有限；实验室设施建设相对简陋，主要用于满足专业实践教学基本条件要求；实验室资源建设领域相对狭窄，主要集中在经济学、管理学及艺术学等少数领域，涉及电子课件、电子试题库和电子文献等少数方面；实验室管理模式相对封闭，不同实验室资源分属于不同学科专业，彼此独立，各自管理。

（二）资源整合：文科实验中心初步建立阶段

从 2000 年至 2015 年，我国高校的文科实验室建设经由资源整合逐步过渡到文科实验中心的初步建立，文科实验室也由基础条件建设转为内涵质量提升。在初创起步与基础建设时期，文科实验室基本上是以学院（系、部）为主导、以专业为主体组织建设的，其主要建设目的在于满足专业人才培养的实践教学需求；但由于学科专业长期缺乏相互交流与合作，文科实验室壁垒变得日益森严、管理变得更加封闭，实验室资源难以实现共建共享，实践教学改革难以实现协同推进，从而使得学生综合实践创新能力培养难以达到理想效果。

在此背景下，教育部于 2005 年启动国家级实验教学示范中心的建设工作，旨在推动相关实验室资源整合与共建共享，提升实验室服务支撑实践教学协同创新的能力；随后，各省教育主管部门相继启动省级实验教学示范中心的立项建设，各高校纷纷启动校级实验教学示范中心的培养建设，文科实验中心就此逐渐进入人们的视野。自此，高校开始探索文科实验室资源整合，打破文科实验室的学科专业壁垒，建立文科实验室资源共建共享机制，推进实验资源的开放共享与高效利用；开始探索文科实验室师资合作，建立文科实验室师资协作机制，结合不同文科学科专业的特点与特色，联合开发跨学科的实验课程、实验教材和实践创新平台；开始探索文科实验室组织管理创新，试行基于校院两级管理、实验中心主任负责的管理新模式，建立更加开放、更加灵活、更为高效的实验管理体系。

这一阶段，高校对实践教育教学的重视程度明显增强，对文科实验室建设投入显著增加，实践教育教学与网络信息技术应用广泛，实验室基础设施、硬件设备和软件平台等大幅改善，实验室资源整合、师资协作与组织创新取得初步进展，文科实验室建设逐渐由基础设施与教学资源建设转向资源整合与组织融合，文科实验室逐渐向文科实验中心过渡，有效加强了其对跨学科专业人才培养的支撑，更好服务于学生实践创新综合能力的培养。

（三）全面融合：新文科实验中心基本建成阶段

从2016年至今，我国高校的文科实验中心逐步迈入全面融合的新阶段，其间伴随新文科的出现新文科实验中心也被提出，并成为高校助推新文科建设、深化实践教育教学改革的重要举措之一。随着新一轮科技革命与产业变革的到来，教育部在2013年和2017年先后启动国家级虚拟仿真实验教学示范中心和虚拟仿真实验教学项目的建设工作，加速推进信息技术与实验教育教学深度融合；随后，在2017年和2019年，教育部又先后启动新工科和新文科的建设工作，文科实验中心逐渐被新文科实验中心所取代，其建设目标也转变为促进跨学科全面交叉与融合，推动文科教育守正创新，培养契合新时代要求的复合创新型文科人才。

在资源整合与初步建立阶段，文科实验中心依然存在资源共享程度不高、实验管理效率不高、实验教学创新不够、信息技术与实验教育教学融合不够、科研活动与实验教学协同不够等问题，导致其难以支撑培养具有人文素养、价值情怀、跨界整合能力和多元创新思维的复合型文科人才的需求。为此，基于新文科交叉融合与守正创新的理念，新文科实验中心加强机构融合，建立共商、共建、共治、共享、共赢的多主体深度协同合作机制，支撑实验中心拓展文化传承、政策咨询、公共服务等职能，增强高校与政府、企业、社区等校外机构的互动联系；加强组织融合，建立一体化智能管控实验平台，支撑实验资源、设备、人员、项目等集中管理、统一调配和优化配置；加强学科融合，建立跨学科交叉与融合机制，支撑实验中心跨学科、跨领域开展实验教学、实践育人、科研创新与社会服务，培养学生跨学科素养、跨界整合能力和多元创新思维。

这一阶段，新技术、新需求、新变化深刻影响着世界，高等文科教育进入新文科建设新时代，打破组织边界和学科壁垒、落实立德树人、回归育人初心成为当前高校文科人才培养亟待破解的难题，实验教学、实践育人与立德树人受到高校广泛关注与重视；新文科实验中心应时而生、顺势而为，搭建跨机构协同配合、跨组织集中整合、跨学科交叉融合机制，建立智慧实验教学平台、智能实验管控平台和大数据实验决策平台，不仅为新文科实验教学与实践育人提供了适切的实践平台，而且对新文科科研创新与社会服务起到了重要的支撑作用。

二、应对时代之变、技术之变与产业之变的必然选择

2010年以来，以信息技术为代表的新一轮科技革命和产业变革正在全球范围内深入发展，我国已进入全面建设中国特色社会主义现代化强国新时代，社会变化对文科人才的需求带来重大转变，技术革命为文科教育带来新的发展机遇和挑战，产业变革对文科教育带来新的更高要求。新文科实验中心作为推动文科教育守正创新、深化文科学科交叉融合、促进教育资源协同共享的重要举措，是新文科建设不可或缺的重要内容，对振兴传统文科教育具有重要支撑作用。可见，新文科实验中心建设是应对时代之变、技术之变与产业之变的必然选择。

（一）时代之变带来了社会对文科人才的需求转变

当今世界，国际关系正经历深刻调整，多边主义和全球治理面临挑战；全球化进程不断加速，各国经济联系和相互依存日益加深；新一轮科技革命和产业变革深入发展，人们的生活方式、工作方式和思维方式正在改变；文化交流互鉴日益频繁，不同文化之间相互理解和尊重成为共识。面对新的时代变化，传统的学科界限逐渐变得模糊，社会对具有跨学科、跨领域融合能力的文科人才需求明显增加；信息技术素养变得更加重要，信息获取、处理、分析和应用的能力成为文科人才的必备技能；国际交流合作变得纷繁复杂，文科人才必须具备全球视野与国际交流能力，能够参与国际竞争与合作；社会问题变得复杂多变，文科人才需要具备较强的创新思维和解决实际问题的能力，以适应不断出现的新情况、新问题和新变化。鉴于此，新文科实验中心建设应积极回应这些时代变化，致力于打破传统学科界限，建立跨学科协同育人与资源共享机制；优化完善文科实践教学课程体系，增加跨学科课程、信息技术课程、国际化课程；积极

开展国际交流合作与行业产业合作，引入优质实验教育资源，共建实践教育教学基地，为学生提供丰富的实践机会和实验资源；改革创新实验教学模式，激发学生创新思维，提升学生解决实际问题能力。

（二）技术之变为文科教育提供了新的手段和方法

随着云技术、大数据、虚拟仿真等新一代信息技术大量涌现，现代信息技术为新文科教育改革、创新提供了新的手段与方法。诸如，数字化技术可以将大量文献、资料、案例、作品等转化为数字化教学资源，VR与AR技术可以模拟历史场景、文化环境、企业管理等真实情境，大数据分析技术可以精准分析学生的学习行为，人工智能技术可以辅助教师进行课程设计、作业批改、学生答疑等工作。面对现代信息技术给教育教学带来的新理念与新变化，新文科实验中心建设应充分利用现代信息技术，深化现代信息技术与实验教育教学融合。①建立实验教学资源开放共享平台，整合各方、各类文科实验教学资源，为教育利益相关者提供更丰富、更便捷的实验教学资源服务；②搭建智慧实验学习平台，打破学习时间与空间的限制，为学习者提供个性化、多样化与人性化的学习方式；③构建智慧实验教学平台，为教师提供更丰富的备课工具、更多样的教学资源、更个性的教学设计和更人性的教学服务等；④创建跨专业虚拟仿真综合实验平台，为学习者提供跨学科、跨专业、沉浸式的实践学习体验；⑤构筑实验大数据分析平台，为学习者提供个性化的学习指导与反馈，为教师提供个性化的课程设计与教学管理，为管理者提供精准化、可视化的决策辅助。可见，通过现代信息技术与实验教育教学的深度融合应用，新文科实验中心将为新文科教育改革与创新提供新的方法和手段，全面助力教育利益相关者实践教学与管理决策的体验提升。

（三）产业之变要求文科教育更加注重应用与实践

由于新兴产业的大量涌现和传统产业的转型升级，文科教育需要紧跟行业产业的需求变化，开展应用性研究和跨学科合作，更加注重实践教学环节，培养更多适应产业变革需求的新型文科人才，为产业可持续发展提供有力的人才支撑。对新文科实验中心而言，新文科实验中心的建设，应以产业之变对文科教育提出的新要求作为重要指引，紧密结合产业发展的需求，以产业为导向设计实验课程或项目，结合产业的需求开设应用型实验课程，构建以产业应用为主体的实验课程体系；加大实践教学比重，强化实践教学环节，与产业界合作建立校企合作实习基地，建设产业实训基地，建立完善实践教学体系，为学生提供更多的实践机会与资源；积极搭建跨学科实验合作平台，推动文科与其他学科深度交叉融合，建立产业与学术界互动机制，组建跨学科研究团队或实验室，共同解决产业发展过程中的复杂问题等。简而言之，新文科实验中心上述建设内容和功能的实现，有助于高校更好地培养具有实践能力、应用能力和跨学科合作能力的复合创新型文科人才，更好地支撑并满足产业之变对文科教育提出的新要求，为新时代产业之变与可持续发展提供强有力的支持。

三、推进学科交叉、专业融合与人才复合的内在要求

因学科分化、交叉、融合的趋势加剧，传统单一学科背景的人才已难以应对纷繁复杂的现实社会和变幻莫测的未来世界，针对这种情形，高校亟须培养具有跨学科素养、跨界整合能力和多元创新思维的复合创新型人才。新文科实验中心通过打破学科专业壁垒，推动信息技术与实验教育教学深度融合，构建跨学科、综合性的文科实验平台，有助于促进不同学科交叉合作，创新学科领域知识，发现新的研究范式，推动学科创新发展；有助于促进不同专业融合协同，整合专业岗位能力，开设跨学科实验课程，组织综合性实验项目；有助于促进复合型文科人才成长成才，提升人才综合素质，培养具有宽广视野、创新思维和复合能力的高素质文科人才。由此推断，新文科实验中心建设是推进学科交叉、专业融合与人才复合的内在要求。

（一）新文科实验中心建设有助于推进知识创新与学科交叉

面对科学技术的飞速发展和知识体系的不断更新，传统单一学科已经无法满足复杂多变的现实问题需求，学科交叉成为应对知识创新、技术创新和社会发展的必然要求，培养契合新时代要求的、具有跨学科素养的复合创新型人才是新文科教育的根本旨归。新文科实验中心作为聚集了多学

科资源的综合性文科实验平台,它打破了传统学科的边界和壁垒,促进了不同学科之间的交流与合作。在该平台中,不同学科领域的教师可以自由交流思想观点,合作开展科研项目,共同建设实验课程,从而更容易产生新的思想、新的成果、新的知识和新的理论。而这些新思想、新成果、新知识和新理论的产生,往往又会带动技术创新、模式创新和方法创新,或创造出全新的技术,或衍生出全新的研究领域、方向和范式,进而深刻影响并推动经济、社会变革,直至涌现出新的产业、新的业态、新的经营模式和新的生活方式。随着经济、社会的不断发展变化,许多复杂的现实问题需要多学科的知识、理论来协同解决,这便会推动不同学科之间的交叉融合,形成新的研究领域和学科方向,从而又迫切需要复合创新型文科人才来应对这一新的变化。简而言之,新文科实验中心建设有助于推进学科交叉,促进知识创新、技术创新、人才创新与社会发展之间形成良性循环。

（二）新文科实验中心建设有助于推进能力整合与专业融合

新文科实验中心是一个跨学科、综合性的文科实验平台,旨在通过将不同学科领域的教师、学生和研究人员聚集在一起,与行业、企业、研究院所等外部机构密切合作,以及融合应用新一代信息技术等方式,推动不同专业背景的人员一起探讨问题、分享心得、研究项目及开发课程等,促进信息技术与实验教育教学深度融合,从而推进专业的能力整合与发展融合。事实上,在新文科实验中心建设过程中,高校往往会将不同学科的研究资源和实践平台汇聚在一起,把原本相对分散、独立与封闭的不同专业实验室、实验资源与实验人员整合到一起,与行业、企业、研究院所等校外机构联系在一起,利用云计算、大数据、虚拟仿真等新一代信息技术改造实验室、创新实验教学等,建构起跨学科、集中化与智慧型的新文科实践育人生态体系。在该体系里,不同学科专业的教师、学生、研究人员、管理人员和企业人员均具有自己的生态位,基于专业人才培养等共同关注的问题,均可发挥各自专长,提供各自见解,促进各方资源整合与优势互补,推动学生能力跨界整合与专业发展多元融合,使学生具备更广阔的行业企业背景和更强的社会适应能力。

（三）新文科实验中心建设有助于推进素质提升与人才复合

随着社会的快速发展和变革，国家对复合创新型人才的需求更加强烈。新文科建设作为高等教育对传统文科变革做出的重要安排，核心在于推动文科教育回归育人初心，朝着复合创新型人才培养方向进行改革。由于新文科实验中心是新文科建设的必要组成部分，支撑复合创新型人才培养自然也成为其建设的根本要求。在新文科实验中心的建设过程中，高校特别重视平台共建、资源共享、合作共赢，关注跨组织、跨学科、跨专业实验资源与平台整合，注重不同背景领域教师之间的自由交流与协同合作，强调不同专业学生跨项目、跨平台的团队协作与创新实践。在此思想指导下，新文科实验中心的建设，打破了传统学科、专业的边界，为学生提供了跨学科、跨专业协作实践机会，让学生有机会接触到不同学科专业领域的知识和方法，促进跨越学科专业领域协同创新，提升学生的创新思维、跨学科素养和团队合作能力；消除校内外机构之间的隔阂，为学生提供跨组织、跨机构创新实践机会，让学生可以亲临问题现场感受现实社会的复杂与多变，促进理论与实践相结合、能力与问题相联系，提升学生面向未来职业和应对未来挑战的综合能力与素质等。一言以蔽之，新文科实验中心建设有助于推进学生的素质提升与人才培养的复合。

第三节　新文科实验中心建设的实践逻辑

新文科实验中心建设是一个关联多主体、多要素、多环境，兼具整体性、系统性和生态性的实践过程。这一过程坚持以问题导向为现实诉求、持续改进为基本原则、技术融合为关键手段、实践创新为核心任务、开放协同为重要目标，彼此关联，互为促进，自成一体，构成新文科实验中心建设的核心实践逻辑。以该逻辑为核心框架和行动指南，新文科实验中心的建设可以取得更好的成效，为文科教育的创新发展注入更多活力和更大动力，为培养具有跨学科素养、跨界整合能力和多元创新能力的复合型文科人才提供有力支撑。

一、问题导向：新文科实验中心建设的现实诉求

问题是一切活动的起点。问题导向是一种以解决问题为核心的思维方式和工作方法。在新文科实验中心建设过程中，坚持问题导向实际上就是从现实问题出发，以解决现实问题为工作的出发点和落脚点，针对当前文科教育面临的困境与挑战，围绕人才培养需求、教育改革需求、国家发展需求等三个层次，剖析实践教育教学存在的瓶颈与短板、痛点与难点，统筹推进文科实验中心融合创新、集成整合与生态发展。上述三个层次的现实诉求，相互联系与支撑，共同构成新文科实验中心以问题为导向的建设理念和改革路径。

（一）以问题为导向，满足新时代人才培养要求

随着时代的发展和社会的变迁，传统文科教育已无法完全满足当代社会对人才培养的新需求。新文科实验中心作为文科教育改革与创新的重要平台，需要以问题为导向，围绕满足新时代人才培养要求，进行相应的变革和调整。

（1）新时代注重人才的全面发展和综合素养的培养。这要求新文科实验中心建设应提供学生个性化、综合性、跨学科的学习资源与实验环境，让学生在掌握专业知识的同时，也能提升人文素养、信息素养、团队能力和创新思维等综合能力与素质。

（2）新时代注重人才的实践能力和解决问题能力。这要求新文科实验中心建设应完善实践教学体系，改善实践教学环境，将真实案例、企业项目、现实问题等引入实践教学之中，促进信息技术与实验教育教学深度融合，让学生在沉浸式实验情境中增进实践体验和学习感悟，提升学生解决复杂现实问题的能力。

（3）新时代注重人才的创新精神和创业能力。这要求新文科实验中心建设应营造浓厚的创新创业氛围，创设创客空间，为学生提供个性化与多样化的创新训练和创业锻炼，鼓励学生探索未知领域，开展创新性研究与实践，激发创新潜力和创造热情。

（4）新时代注重人才的全球视野和跨文化交流。新文科实验中心建设

应积极引入国际优质教育资源，开设国际化课程，举办国际交流活动，为学生提供多元文化学习与交流的机会，提升学生的国际竞争力和跨文化适应能力。

（二）以问题为导向，化解传统文科教育的困境

当前，传统文科教育暴露出理论与实践脱节、学科与学科孤立、实验方式方法单一、实习实践机会不多等问题。为了更好地适应现实变化，新文科实验中心应以问题为导向，直面并解决传统文科教育面临的重重困境。

（1）化解传统文科教育中理论与实践脱节的困境。传统文科教育往往重视理论教学而轻视实践教学，导致理论与实践脱节、教学与现实脱节。故此，新文科实验中心建设应加强理论与实践、教学与现实的互动联系，增设设计性、综合性和创新性实验项目，开发综合性虚拟仿真实验项目，让学生有机会将所学知识应用于实际场景中，加深对知识的理解、掌握和应用。

（2）化解传统文科教育中跨学科交流合作的困境。传统文科教育中，各学科之间壁垒森严，往往各自为政，缺乏交流与合作。学科这种孤立的状态限制了学科的交叉融合与创新发展。鉴于此，新文科实验中心建设应打破学科边界、资源壁垒和利益条块，构建多跨协同合作机制，促进不同学科专业背景的师生共同交流探讨、共同合作研究、共同学习实践等，提升学生跨学科思维和综合素养。

（3）化解传统文科教育实践教学方法落后的困境。传统文科教育的实践教学方法单一、僵化，难以激发学生的学习兴趣和动力。为此，新文科实验中心建设应充分利用各种现代信息技术与方法，通过业务流程模拟、岗位角色扮演和情境虚拟仿真等手段，开展项目驱动式实验、小组探究式实验和互动讨论式实验，有效激发学生的学习主动性、积极性和创造性。

（4）化解传统文科教育实践资源与机会短缺的困境。由于长期受思想认识和经费投入等因素的制约，传统文科教育的实践资源往往比较短缺、陈旧，学生可获得的实践机会较少。因此，新文科实验中心建设应与政府、企业、研究院所等机构加强合作，积极引入或共建校内外各类实践资

源和实践平台,为学生创造更多的实践机会与锻炼机会,让学生深入了解和体验社会。

(三)以问题为导向,对接国家与区域发展需求

新文科实验中心建设对接国家与区域发展需求,符合高等教育发展的趋势和要求,可以促进学科交叉融合与创新发展,提高人才培养质量和社会服务能力,增强实验中心的可持续发展能力,同时也有利于自身更好地服务地方经济社会的发展。

随着高等教育改革不断深化发展,高校对服务地方经济社会发展能力建设更加重视。新文科实验中心作为高校办学的重要平台,支撑实验教学、实践育人、科研创新和社会服务是其主要的职能,可见服务地方经济社会发展是其职责所在。新文科实验中心一贯注重问题导向,强调学科交叉与融合,旨在打破传统组织边界和学科专业壁垒,促进不同学科融合与不同领域融合,更好地为其职能的发挥提供服务与支撑。而这种"融合"不仅有助于高校产生新的思想、新的方法和新的技术,而且有助于高校更好地培养跨学科复合创新型文科人才,进而为国家和区域经济社会发展提供适切的人才支撑。反过来,国家和区域经济社会发展需求,也将为高校提供更多的实际应用场景和科学研究方向,使学科专业交叉融合更具针对性与真实性,从而让新文科人才培养与经济社会发展需要更加契合。同时,新文科实验中心可为国家和区域发展提供技术支持、咨询服务等,推动科研成果快速转化、高效应用,为地方经济社会发展做出积极贡献。

简而言之,新文科实验中心建设对接国家与区域发展需求,不仅有助于高校获得更多的外部资源和支持(含政策支持、资金投入和项目合作等),更好地支撑并促进实验中心实现快速、可持续发展,而且有助于高校在服务地方经济社会发展的过程中积累丰富的实践经验和成果,不断提升实验中心的综合实力和社会影响力。所以,新文科实验中心建设必须坚持问题导向,主动对接国家与区域经济社会发展的需求。

二、持续改进:新文科实验中心建设的核心原则

持续改进作为一种管理理念与方法,它强调系统的不断优化、完善和

创新，以适应外部环境的变化和内部需求的升级。新文科实验中心建设遵循持续改进的原则，不仅符合新文科建设的内在要求，还是推动其自身持续发展的必然选择。

（一）持续改进是新文科教育目标实现的内在要求

新文科实验中心作为新文科教育的重要实践平台，其建设与发展将直接关系到新文科人才培养的质量与水平。由于新文科教育的目标因社会发展需求而变化，新文科实验中心建设必定随新文科教育的目标变化而改进。换言之，持续改进是新文科实验中心支撑新文科教育目标实现的内在要求。

（1）新文科教育目标的实现，离不开跨学科交叉融合。新文科教育根本在于育人，目的是培养人之智慧和智慧之人，以应对纷繁复杂的现实社会和变幻莫测的未来世界。而新文科教育目标的实现，关键在于跨学科的交叉与融合。因为它不仅有利于推动知识的创新、技术的创新和方法的创新，而且还为新文科人才培养提供了新的理念、新的思路和新的办法，让学生更易获得跨学科素养、跨界整合能力和多元创新思维，以解决复杂的现实问题和适应变幻的未知挑战。所以，新文科教育目标的实现离不开跨学科交叉融合。但无论是新文科教育目标还是跨学科交叉融合，它们都不是一成不变的，而是随经济、社会发展等因素的变化而不断调整和持续改进的。新文科实验中心作为高校新文科办学的重要实践平台，其建设应与新文科教育持续改进的内在要求保持一致。

（2）新文科教育目标的实现，离不开学生的全面发展。当今世界正处在百年未有之大变局之中，社会变化纷繁复杂而又广泛深远，社会对人才的需求随之发生显著变化，更加关注人才的思想情怀、学科素养、实践能力、创新思维和综合素质。在此背景下，新文科教育就是要回归为了人、培养人、发展人、使人成人并最终成为智慧之人的教育，目的是实现人的自由而全面的发展，以应对世界百年未有之大变局的社会变迁。为此，新文科教育要消除单一化、标准化、封闭式的陈旧痼疾，从"以教师为中心"转向"以学生为中心"，关注学生的个性与差异、多元发展与全面发展，发挥学生的主观能动性和创新创造性；从注重教的统一化、标准化转向注重学的个性化、多样化，引入案例式、项目式、互动式和探究式实验教学，引导学生进行个性化、精准化、沉浸式和深度式等实验学习。可见，新文科教育目标的实现离不开学生的全面发展，需要新文科实验中心为其提供全面支撑。

（二）持续改进是新文科实验中心发展的必然选择

持续改进作为一种根植于管理哲学中的理念，不仅是外部环境对新文科实验中心的客观要求，还是新文科实验中心保持自身不断发展的必然选择。因此，新文科实验中心必须深刻认识到持续改进的重要性，将其贯穿于实验中心生命周期的始终，以期更好肩负起支撑文科教育变革的使命。

（1）从知识更新的角度来看，实验教学内容必须持续改进。新文科教育强调学科交叉融合与知识创新整合，这必然要求实验教学内容应紧跟学科前沿，及时吸纳新知识、新技术与新方法，确保实验教学与学科发展同步，甚至引领学科发展。否则，任何停滞不前或故步自封的做法，都将会导致新文科实验中心跟不上时代发展的步伐。

（2）从技术革新的角度来看，实验室软硬件建设与实验教学改革等必须持续改进。科技进步日新月异，新的实验技术、实验设备及实验平台等层出不穷、大量涌现。随着现代信息技术在实验教育教学中的广泛应用，新技术、新设备、新平台在很大程度上决定了实验教育教学的质量与效果。因此，新文科实验中心必须与技术更新保持同步改进，以此来支撑新文科高水平、多样化的实验教育教学。

（3）从组织管理的角度来看，实验管理能力和效率必须持续改进。新文科实验中心是一个关联多主体、多要素的复杂生态系统，实验管理水平将直接影响到其支撑职能的能力发挥和实验资源的利用效率。因此，新文科实验中心应持续优化实验管理流程、持续完善实验管理制度、持续提升实验管理效能，确保实验中心各项工作的有序开展和实验资源的最优化配置，从而使其在不断变化的内外部环境中保持动态平衡发展。

（4）从服务社会的角度来看，实验服务能力和效率必须持续改进。新文科教育强调服务社会、解决现实问题的能力。新文科实验中心作为连接高校与社会的桥梁，其服务能力和社会影响力是衡量自身发展水平的重要指标。新文科实验中心通过持续发展与改进，可以不断提升自身服务能力，更好地满足社会需求和解决现实问题，从而赢得社会认可和支持，为自身持续发展奠定坚实基础。

三、技术融合：新文科实验中心建设的关键手段

新文科实验中心建设不仅关乎学科专业交叉融合的深度推进，还在于如何有效运用现代信息技术融合手段来推动实验教育教学改革创新。这种"融合"不仅体现了现代信息技术与实验教育教学的融合趋势，而且展现了新文科教育创新发展的实践逻辑和时代要求。因此，在新文科实验中心的建设过程中，高校应重视技术融合的作用与价值，不断探索、实践新的技术融合路径和模式。

（一）技术融合助力文科实验教学的数字化转型

科技的快速发展与不断革新，物联网、云计算、大数据、VR与人工智能等新兴技术对教育领域的不断融入，加速了文科实验教学的数字化转型。

（1）在实验资源建设方面，技术融合有助于扩大实验资源的开放与共享。利用各种现代信息技术手段，高校可将纸质、线下、封闭的实验资源转化为电子、线上、开放的实验资源，可获取大量与实验教学相关的电子文献、案例、数据、图表与报表等数字化资源，可收集大量与学科专业相关的工具、网站、软件系统与数据库等信息化平台，为师生"教"与"学"提供更丰富、更多样、更便捷的实验资源服务。

（2）在实验环境建造方面，技术融合有助于增强实验教学的真实性和适切性。利用VR、AR等技术，高校可构建高度仿真的虚拟实验教学情境，让学生在其中进行仿真实验和亲身体验，增强学生参与实验的沉浸感和体验感；利用物联网、云计算、大数据等人工智能技术，高校可构建智慧实验教学平台和大数据实验教学平台，实时跟踪、分析并评估学生的学习行为与过程，主动为学生推送个性化学习工具、路径、内容及资源，大幅提升学生学习的人性化与获得感。

（3）在实验教学改革方面，技术融合有助于提升实验教学的参与性和获得感。传统的文科实验教学往往以教师讲授为主，学生主动性与参与度

较低，实验教学效果普遍不佳。而通过技术融合的手段，教师借助各种互动技术和在线平台，可以方便地组织在线讨论、团队合作、小组交流、现场展示、及时点评与指导反馈等教学活动，引导学生积极地参与到教师的实验教学中来，与教师、同学进行实时互动、交流和探讨，激发学生参与实验的兴趣和主动性，营造更加活跃的实验教学氛围，进而提升实验教学效果与学生的获得感。

（4）在实验管理变革方面，技术融合有助于促进实验管理的智能化与智慧化。利用大数据、云计算等技术，实验管理人员可以轻松收集、存储和处理实验相关的各种数据；利用人工智能、机器学习等技术，实验管理系统可以对实验数据进行深度分析和挖掘，辅助实验管理人员科学、合理地做出管理决策；利用物联网、智能监控等技术，实验管理人员可以实时监控实验环境的安全状况，及时发现并处理潜在的安全隐患；利用生物识别、权限管理等技术，实验管理人员可以有效防止实验设备、系统被非法入侵，实验数据被非法截取、恶意篡改或破坏。

（二）技术融合助力文科跨学科研究与创新发展

进入新时代，社会各领域均发生了翻天覆地的变化，任何事物和问题都显得错综复杂与关系交错，跨行业、跨领域、跨技术的融合已成为社会的普遍现象。新文科作为新时代文科发展的产物，自然也离不开与其他学科、技术进行交叉融合，开展跨学科的科学研究与创新发展，以便应对复杂的社会现实、引领未知的世界发展。可见，技术融合有助于推动文科进行跨学科研究与创新发展。

（1）技术融合为文科跨学科研究提供了强大的工具和方法。传统的文科研究往往局限于单一的学科领域，而技术融合有助于打破这种局限，让研究者可以借鉴其他学科的理论、工具和方法，形成跨学科研究的新思路与新方法。利用人工智能、大数据等技术，我们可以对文科海量的文本、图像、音频等数据进行深度挖掘和分析，从中得到更为隐蔽、更深层次的知识和规律；利用VR、AR等技术，我们可以创建更加真实和更为生动的文科跨学科的研究场景，为研究者提供全新的研究视角和研究体验，使其能够更加深入地理解和解释社会现象等。

（2）技术融合有助于促进文科跨学科研究资源的整合与共享。通过技术融合手段，我们可以对大量的文科研究资源进行数字化、信息化与网络化处理，构建文科跨学科研究的资源共享平台，方便文科跨学科研究者对资源的获取和使用；我们可以推动数据格式、接口和协议的标准化，提高不同系统和平台之间的互操作性，使得来自不同学科的研究资源可以更加顺畅地进行整合，提高资源整合的效率和质量；我们可以提供加密、认证、访问控制等安全机制，确保资源共享的合法性和安全性，从而促进资源开放共享的稳定性和可持续性。

（3）技术融合有助于推进文科跨学科研究成果的应用和转化。技术融合打破传统学科边界，使不同领域的知识和技术得以相互渗透和融合，有利于拓展文科跨学科研究成果的应用范围；技术融合促进产业界、学术界紧密合作，使得文科跨学科研究成果能够快速地对接市场需求，实现成果的商业化和产业化，缩短成果转化周期，提高成果转化效率。同时，互联网、移动设备和社交媒体的普及，使得文科跨学科研究成果的展示与传播变得多样化，更易让公众获取并接受这些研究成果，加速研究成果的转化与应用。

四、实践创新：新文科实验中心建设的主要任务

面对新时代、新变化与新需求，传统的文科教育已难以满足社会需求与学生期望，高等教育亟待推进文科教育改革与创新。新文科实验中心作为支撑文科教育改革与创新的重要实践平台，主要任务是支撑新文科在理念、内容、方法、评价等方面进行实践教育教学创新。

（一）实践教育教学理念创新

鉴于对现实社会需求和未来社会发展趋势的理解和把握，新文科实践秉持"以学生发展为中心、强化实践创新、推动学科交叉融合、服务社会需求与发展"的教育教学理念，以期培养更多适应新时代需求的复合创新型文科人才。

（1）新文科实践强调以学生为中心。学生是教育的主体，教育的最终目的是促进学生的全面发展和自我实现。在实践教育教学过程中，新文科

重视学生知识、能力与素质的整体提升，关注学生人文素养、科学精神、学习能力、身体素质、责任担当、实践创新的全面发展，其根本目的在于促进学生更好地成人、成长与成才。

（2）新文科实践强调实践与创新的重要性。实践是检验真理的唯一标准，创新是时代发展的根本要求，实践与创新是培养学生的实践能力和创新素养的重要路径。通过实践教学与创新实践等方式，学生可以更好地掌握理论知识、训练创新思维、提升综合素质、增进社会理解，提升学生面对复杂现实社会和未知多变世界的适应能力。

（3）新文科实践倡导推动学科交叉融合。随着科技的快速发展和社会的不断进步，现实问题变得更加复杂、多变，单一学科知识和专业能力已经难以应对。因此，为了学生更好应对现实社会问题和迎接未来社会发展挑战，培养学生的跨学科素养、跨界实践能力和多元创新思维，新文科亟须打破传统学科边界，推动不同学科之间的交叉与融合，形成基于跨学科的实践教育教学体系。

（4）新文科实践强调服务社会需求与发展。坚持社会主义办学方向、服务社会发展需求，是高校办学的基本原则和根本遵循。教育的根本目的是培养人才。所以，新文科实践教育教学应该紧密对接社会发展与国家需要，培养更多具有社会责任感、创新精神和实践能力的高素质文科人才，为社会发展提供强有力的人才支撑和智力支持。

（二）实践教育教学内容创新

新文科教育旨在培养具有深厚思想情怀、跨学科素养、跨界整合能力和多元创新思维的复合创新型文科人才，以满足学生应对现实社会和未知世界的主观诉求，以及顺应社会发展和国家战略的客观需求。鉴于此，新文科实践教育教学应以此为目标和驱动，改革传统单维的以知识掌握为核心的实践教育教学内容，基于多元视角以问题解决为宗旨，对实践教育教学内容进行创新与重构。

（1）以技术融合为手段，推动实践教育教学内容进行跨学科整合。随着科技的不断发展，人工智能、大数据、VR等新兴技术不断涌现，使得运用技术融合手段打破传统学科边界、构建跨学科教师团队和课程体系成为可能。通过技术融合，我们可以组建跨学科的教师团队，将不同学科的知识、技能进行有机融合，为学生提供跨学科整合的基础性实践教育内容；我们可以组建跨学科的教学团队，将不同学科的实验教学资源、实验教学课程、实验教学平台等进行有机衔接，为学生提供跨学科整合的综合性实验教学课程；我们可以组建跨学科的研究团队，将不同学科的研究特色、研究项目、研究平台等进行有机结合，为学生提供跨学科整合的创新性实践教学项目；我们可以组建跨机构的育人团队，将不同企业或单位的实践教学基地、实习实训岗位、实践教学项目等进行有机整合，为学生提供跨机构协作的实践平台与实践资源。

（2）以问题解决为导向，推动实践教育教学内容进行多元化整合。随着科技的迅速发展与社会的百年巨变，现实问题变得愈加错综复杂，单一的知识、单向的思维、单维的能力均已无法应对。为此，新文科实践教育教学应着眼于提高学生的跨学科知识、多元化思维和综合能力，注重价值引领，将实践内容创新与时代变迁、社会发展、国家需要有机地结合起来，融入社会责任、国家认同与国际理解等相关内容，提升学生的思想情怀和责任担当；注重文化熏陶，将实践内容创新与传统文化、新文明风尚、新社会气象等有机结合起来，融入人文积淀、人文情怀和审美情趣等相关内容，提升学生的人文素养和人文底蕴；注重创新实践，将实践内容创新与大学生学科竞赛、科研创新项目、创新创业实训等有机整合起来，融入理性思维、批判质疑、勇于探究等相关内容，提升学生的科学精神和双创能力；注重自主发展，将实践内容创新与学习兴趣、学习方法、终身学习等有机结合起来，融入乐学善学、勤于反思、自我管理等相关内容，提升学生的自主学习能力和健康生活习惯。

（三）实践教育教学方法创新

在新文科建设理念的指导下，实践教育教学方法创新不仅体现在案例式、项目式、探究式、协作式、混合式、情境式等具体实践形式上，而且贯穿于课前预习、课中互动、课后反馈等实践过程中，对于提高学生的实践能力、创新思维和解决问题的能力具有积极作用。

引入各种理念、技术与手段，针对不同情形创新实践教育教学方法。

通过引导、分析真实案例，让学生深入了解理论知识的实际应用，提高学生分析和解决现实问题的能力；通过组织学生参与实际项目，帮助学生将理论知识与实际应用结合起来，让学生在实践中学习、探究和解决问题，提高学生的实践能力和创新思维；通过设置问题、提供线索等方式，引导学生自主探究、发现问题并解决问题，培养学生的批判性思维和解决实际问题的能力；通过小组合作、角色扮演等方式，让学生在团队中协作完成任务，培养学生的沟通能力、团队协作能力和领导能力；通过利用现代信息技术手段，将线上学习与线下实践相结合，让学生在线上获取知识、交流互动，在线下进行实践操作、巩固提升；通过模拟仿真现实场景，让学生在虚拟现实情境中进行仿真实践、沉浸体验，增强学生对现实情境的理解能力和对实际问题的处理能力。

面向实践教育教学全过程，开展课前、课中、课后实践教学方法创新。在课前实践预习环节中，利用在线实验教学平台发布与实践教育教学内容相关的预习材料，设置相关的讨论议题，引导学生提前进行思考和探索，为课中的实践教育教学做好铺垫。在课中实践开展环节中，通过案例分析、情境模拟、团队合作、小组探究等多种方式，激发学生参与实践教学的兴趣、积极性和主动性，提高实践教育教学课堂互动的效果；鼓励学生提出自己的观点、见解和想法，重视学生批判性思维和实践创新能力的培养，促进学生对理论知识的深度理解和实际应用。在课后实践反馈环节中，采用作业、测验、问卷调查等方式，收集学生对实践教育教学的反馈意见，针对于此及时调整和改进实践教育教学方法；关注学生的学习进展、多元发展和个性需求，为学生提供个性化指导和人性化服务，促进学生的自由发展、全面发展与个性发展。

（四）实践教育教学评价创新

在新文科建设的背景下，实践教育教学评价的创新不仅仅是评价方式的变革与评价形式的变化，更应是对实践教育教学理念和目标的深层次反思与重塑。它通过运用更多元、更全面、更科学的评价方式和内容，构建一个全面、动态、多维度的实践教育教学评价体系，以适应新时代对文科人才培养的新需求，推动实践教育教学的持续改进与创新发展。

（1）实践教育教学评价体系的全面性。实践教育教学评价创新不仅要破除传统的以知识掌握为主的单一评价体系，构建涵盖知识、能力、素质、价值在内的全面评价体系，而且要避免传统的针对单一实践环节的评价体系，构建包含实践内容设计、实践指导方式、实践教学组织、实践教学实施与实践教学效果等环节的全面评价体系。该体系不仅要评价学生在实践教育教学过程中知识掌握、能力获得、素质提升和价值涵养的情况，而且还要评价教师在实践教育教学各环节中的投入情况、教学质量与效果。

（2）实践教育教学评价过程的动态性。实践教育教学评价创新需要注重实践过程的评价，即对学生的实践教育教学过程进行全程、实时、动态的评价，包括学生在实践过程中的参与度、活跃度、合作精神、问题解决能力与个人贡献等情况；通过观察和记录学生在实践过程中的表现，我们可以及时发现学生在实践过程中出现的问题，为学生提供及时的反馈、指导和帮助，从而激发学生参与实验的兴趣、积极性和主动性，促进学生的自主学习和自我发展。

（3）实践教育教学评价视角的多维度。实践教育教学评价创新需要强化多主体评价和多样化评价等，它既包括教师、学生、同行、专家及社会人员等多主体评价，又包括学生评教、自我反思、同行评议、专家诊断、社会评价等多种类评价，还包括过程性评价与终结性评价、定量评价与定性评价等多类型评价。通过这种多维度的评价视角，我们可以全面、客观、准确地评价学生的实践情况，激发学生的学习兴趣和动力，促进学生的个性发展和多元发展；为教师提供及时、准确的教学反馈与建议，促进教师的专业发展和教学改进；有助于提升实践教育教学的质量和效果，培养具有跨学科素养、跨界整合能力和多元创新思维的复合创新型文科人才。

五、开放协同：新文科实验中心建设的重要保障

面对传统文科各占山头、故步自封，而又愈发功利的发展倾向，文科教育变革已迫在眉睫。故此，新文科建设应运而生，意在打破传统文科孤立、封闭与功利的发展模式，建立共商、共建、共治、共享、共赢的开放

协同育人体制机制，以便更好地培养契合新时代需要的复合创新型文科人才，为国家与区域经济社会发展提供人力支撑与智力支持。

（一）开放是支撑新文科教育改革创新发展的必要条件

开放，从字面意思来看表示张开、释放、解除限制，可指一个系统、组织或国家对外界事物和人的接纳和包容，以及与其进行交流、合作和互动的过程。无论在经济领域，还是在社会和文化领域，开放都代表着一种主动接纳、尊重、包容和解除限制的态度，以及对与外界联系、交流与互动的积极行动。所以，对新文科实验中心而言，开放是一种态度，更是一种理念。"开放"意味着新文科实验中心对外限制的全面放开，取而代之的是主动的接纳和包容，以及主动地与外界建立联系并开展合作。这种全面的放开，是新文科实验中心秉持对外开放理念的真实写照，也是其打破现状、积极求变、主动改变的坚定态度。它不仅体现在对实践教育课程、实践创新项目、实践教育平台、实践教育基地等资源的全部开放，而且反映在对校内师生、校外企业、用人单位、研究机构、社会公众等主体的全面开放；它既是促进实践教育资源共享、倒逼传统文科教育变革的行动指引，又是支撑学生全面、多元、个性化发展的必要条件。

对新文科实验中心建设而言，开放的最大障碍是长期以来传统文科所形成的思想禁锢性和发展功利性，核心是要破除传统文科的重重壁垒和限制，建立全面开放、交流、互动与合作的机制，让知识、技术、数据、设备、平台与人员等资源要素，在不同主体、不同机构和不同学科之间进行自由流动、共享利用、融合创新，促进文科教育的守正创新、全面开放与持续发展，以支撑新文科复合创新型人才培养。鉴于此，新文科实验中心建设应秉持全面开放的态度和理念，积极与国内外高校、企事业单位、科研院所等外部机构建立联系，主动对高等教育利益相关者保持全面开放心态，鼓励各方发挥所长、优势互补、相互合作，进而保持各自的发展活力与创新。具体而言，新文科实验中心建设的开放性表现为充分整合、利用校内外优质实践资源，为各方提供丰富多样的实践学习与研究的资源，促进各方资源开放共享与优势互补；建立开放式的实践教育教学平台，支持线上线下混合式实验教学，支持跨学科、跨专业的课程建设和项目合作，促进实践资源全面开放与充分共享；鼓励师生参与校企合作、社会服务等实践项目和研究课题，促进理论知识与实际应用相互结合，提升学生的实践创新能力和解决实际问题的能力，培养学生的创新意识、团队精神与合作品质等。

（二）协同是实现新文科教育交叉融合发展的重要路径

协同是"协同工作"或"协同作用"的简称，它强调的是不同元素、不同个体或不同系统之间的合作、配合与同步，以达到一个共同的目标或产生更大的整体效果。协同往往涉及多个不同的元素、个体或系统，它们相对独立而又彼此联系，形成一个统一的有机整体，完成一个共同的任务或达到一个共同的目标。协同还是一个动态的持续过程，它要求各个组成部分能够根据环境和任务的变化做出适应性的调整，做出基于整体的合作、平衡与协调，发挥正向、积极与建设性的作用，以实现整体的最大化目标并维持系统的稳定性和多样性。对新文科实验中心而言，协同是指构成实验中心各要素、各主体及各组成部分之间，全面且多层次的互动、交流、协调与配合的作用关系，旨在促进新文科实践育人的共商、共建、共治、共享与共赢，推动文科教育守正创新、交叉融合与协同共享，实现新文科教育的生态平衡与和谐发展，以便更好地培养适应新时代需要的复合创新型文科人才。这种全面、多层次的协同主要表现为，校内协同、校内与校外协同、本土与国际协同，领域内协同与跨领域协同，理论与实践协同、教学与科研协同、技术与教育协同，是文科教育改革与创新的应有之义，为新文科教育交叉融合发展提供了路径。

从协同范围来看，新文科实验中心建设意在突破组织边界，加强实践教育教学资源、要素在不同机构之间进行自由流动与共享，建立实验中心之间、学院（系、部）之间以及学校与外部机构之间的协同合作关系，引进国外先进的教育理念和资源，整合与共享校内外优质教育教学资源，围绕人才培养促进不同主体的共商、共建、共治、共享与共赢，实现新文科实践育人的生态平衡与和谐发展。

从协同领域来看，新文科实验中心建设主要集中在跨学科与跨专业两个方面的协同，旨在打破传统学科、专业的边界和壁垒，鼓励不同学科、专业的交流与合作，开设跨学科、专业的实践课程、实验项目或实践活动，组织跨学科、专业的研究项目和交流活动，促进跨学科交叉、融合与跨专业改革、重组，提升学生的跨学科思维、跨界整合能力和多元创新思维，更好地培养适应新时代需求的复合型文科人才。

从协同要点来看，新文科实验中心建设注重理论与实践、教学与科研、技术与教育等方面的协同，关键是要扭转传统文科重理论轻实践、重科研轻教学、重技术轻应用的局面，打破资源壁垒，建立合作桥梁；强化与政府、企业、社区及非营利组织等保持合作关系，为学生实地考察、社会实践和顶岗实习等提供机会，以促进理论知识与实践技能相互结合；倡导教学与科研相互转化，鼓励教师与科研人员保持紧密合作，共同设计与开发实验课程、研究项目等，不断更新实验教学内容、方法和手段，让学生充分参与实践活动和实践锻炼，调动学生参与实验的兴趣、积极性和主动性，提升学生的实践能力、创新思维和科学素养；探索信息技术与实验教育教学的有效结合与深度融合，建立智慧实验教学平台、虚拟仿真实验项目、大数据实验平台等，丰富实践教学内容与形式，创新实验教学模式与方法，以支撑文科教育改革与创新，更好地培养学生的信息素养和人文精神。

第五章　新文科实验中心建设路径

第一节　体系化推进

体系化是指将某个领域或系统内的各个组成部分、规则、流程等，有机地整合或组合成一个完整、系统的整体，以实现更高效、更有效的目标，并确保整体运行的顺畅和协调。体系化推进注重领域的完整性、系统性、高效性和逻辑性，重视从目标导向、系统思考和整体思维等方面入手，明确事物的发展定位与建设目标、顶层设计和整体规划，以期提高工作效率、优化资源配置、提升整体绩效，进而促进系统实现更优、更好的发展前景。新文科实验中心建设的体系化推进路径，是指在文科教育领域，以系统化、整体化的方式，推进新文科实验中心建设的策略，以此凝聚学校、用人单位、教师、家长及学生等各方力量，整合教育要素、环节、平台、基地及环境等多方资源，构建更完整、更系统、更高效的新文科实验中心体系，为文科教育变革和育人创新提供强有力的支持与保障。

一、明确发展定位与建设目标

发展定位是新文科实验中心建设的指导思想，而建设目标是新文科实验中心实现发展定位的具体路径和行动措施。新文科实验中心的发展定位和建设目标紧密关联，共同构成了新文科实验中心建设与发展的蓝图。

（一）发展定位与建设目标的内涵

发展定位是一个组织、地区或个体，根据自身的实际情况、条件、竞争环境以及需求趋势等因素，确定未来发展方向、目标和策略的过程。通常，这个过程需要对组织、地区或个体内外部环境进行深入分析，以及对自身优势和劣势展开综合评估，是一个不断调整、优化以确保其发展持续性和有效性的动态过程。发展定位需要保持清晰、明确的思路，既符合当前社会需求，又具有前瞻性，顺应未来发展趋势。新文科实验中心的发展定位可理解为，基于国家发展战略、区域发展规划和学生发展变化，结合学校自身发展现状与战略规划、学科特点优势与发展趋势，立足于支撑文科教育守正创新、交叉融合与协同创新，以及培养具有跨学科素养、跨行业能力和跨领域创新的复合型文科人才，对新文科实验中心发展愿景做出的综合判断；也可认为是在新文科教育领域的角色定位和身份地位，以及希望达到的高度和影响力，通常涉及要支撑培养什么样的人、提供什么样的实践育人环境，以及在整个教育体系中的独特作用。

建设目标与组织、地区或个体的发展定位相辅相成、相互呼应，是一个项目或计划所要达成的最终目的或理想效果。它描述了在一定时间内，通过特定的活动和资源投入，期望实现的明确、具体、可衡量的结果或成果。新文科实验中心的建设目标，可理解为基于新文科实验中心的发展定位而设定的、期望达成的最终目的或理想效果。具体而言，它包括了打造事务共商、资源共建、利益共享、合作共赢、风险共担的实践育人共同体，培育理论与实际相互联系、校内与校外相互整合、数量与结构合理的实践师资队伍，构筑学科融合、资源整合、功能聚合、供需契合的实践育人平台，构建集约化、人性化、智能化、智慧化的实践管理平台，创建知识结构、能力结构、素质结构与价值结构有机衔接的实践课程体系。新文科实验中心的建设目标随着其发展定位的变化而变化，具有鲜明的阶段性和发展性，但其结果或效果是明确、清晰的，可以进行量化和评估，是制定和实施相关项目或计划的指导原则。

（二）发展定位与建设目标的联系

新文科实验中心的发展定位与建设目标之间是紧密关联、相辅相成、相互促进的。发展定位是新文科实验中心在文科教育领域的角色和位置，以及其希望达到的高度和影响力，为新文科实验中心建设提供了方向和指导，决定了新文科实验中心的发展方向和核心竞争力。而建设目标是新文科实验中心实现发展定位的具体路径和行动措施，是新文科实验中心在未来一段时间内期望达成的最终结果或理想效果。换而言之，发展定位是"我们想成为什么",而建设目标则是"我们如何成为那样"。倘若新文科实验中心的发展定位是"培养具有跨学科素养、跨行业能力和跨领域创新的复合型文科人才",那么相应的建设目标可能就包括建立跨学科的课程体系、跨行业的实践体系、跨领域的科创体系等。这些建设目标都是围绕新文科实验中心的发展定位而展开的,旨在实现发展定位所设定的愿景。简而言之,发展定位是新文科实验中心建设的战略决策,而建设目标是新文科实验中心建设的战术安排。两者相互依存,共同构成新文科实验中心建设的发展蓝图,推动新文科实验中心的持续发展和进步。在具体实施的过程中,发展定位和建设目标需要不断地进行调整和优化,以适应外部环境变化和内部情况发展,进而逐步实现新文科实验中心的发展定位和建设目标,为提升文科教育质量和水平、培养高素质新文科人才做出积极贡献。

（三）发展定位与建设目标的确立

新文科实验中心的发展定位和建设目标是一个关系复杂的系统,既关联内外部环境变化和自身资源条件,又包含近期发展规划和远期发展愿景;其确立需要综合考虑国家战略、社会需求、学校特色、学科特点、学生成长,以及实验中心的空间设施、硬件设备、软件平台等诸多因素,采用社会调研与分析、资源整合与评估、目标设定与规划、意见征询与修订等方式进行。

（1）确立新文科实验中心的发展定位。①学校要结合国家战略、社会发展和行业变化的重大需求,分析社会对新文科人才的需求,以及实验中心能为社会提供的服务,将实验中心建设与各方面需求紧密结合起来,确立新文科实验中心建设的发展方向。②学校要了解新文科所涉及学科的前沿动态,掌握相关学科的特点、优势和发展趋势,将实验中心建设与新文科发展趋势紧密联系起来,确立新文科实验中心建设的重点领域。③学校要基于实验中心现有资源和条件,依托学校特色、学科优势和平台支撑,将实验中心建设与学校发展战略紧密衔接起来,确立新文科实验中心建设的特色亮点。

（2）确立新文科实验中心的建设目标。①要根据新文科实验中心的发展定位，制定具体、明确、可衡量的长期和短期的建设目标，长期建设目标可设定为建成国内外知名的、有特色的、高水平的新文科实验中心，短期建设目标则可围绕新文科教育、科研、社会服务等方面支撑的效果来进行设定。②将新文科实验中心的建设目标细化为具体的、可测量的、可评估的分项指标，如多跨协同实践育人体系、智慧实践教学平台、智能管控实践平台、实践资源共享平台等。③在制定建设目标时，应注重建设目标的实效性、可操作性和可持续性，确保建设目标能够真正落地并实现，同时保持目标的科学性和前瞻性。

二、强化顶层设计和整体规划

新文科实验中心的发展定位明确了实验中心的发展方向和特色，为建设目标提供了方向性指导。建设目标则进一步细化了发展定位，提出了可测量、可评估的指标，为顶层设计和整体规划提供了量化的目标。顶层设计从全局和战略的高度对实验中心进行了总体构思和设计。整体规划则是在顶层设计的基础上，对实验中心进行具体的规划与布局。新文科实验中心的顶层设计和整体规划与发展定位和建设目标之间存在紧密联系。

（一）厘析顶层设计和整体规划的内涵

顶层设计是学校站在新文科建设发展的全局高度，以系统论、控制论和协同论为理论依据，采用全局视野、整体思维和系统方法，对新文科实验中心建设进行的全局性思考、前瞻性谋划和总体性布局，旨在促进学生的个性化学习和多元化发展、理论教学与实践教学相结合、创新活动与社会实践相衔接、立德树人与实践育人相协调，进而推动文科教育回归以生为本、知行合一、创新为要、育人为先的根本。新文科实验中心顶层设计的核心内涵为，确立新文科实验中心的教育教学理念，注重立德树人、实践育人与三全育人，坚持以学生为主体、教师为主导，重视学生个体差异性和发展全面性；谋划新文科实验中心的跨学科交叉融合，创设跨学科实践教学课程，重构新文科实践教学体系，注重学生跨学科素养、跨行业实践、跨领域创新的培养；布局多跨协同的组织架构和管理机制，破除传统学科专业壁垒，创新校企、校地、校所、校校与国际合作交流的协同育人机制，构筑事务共商、资源共建、利益共享、合作共赢、风险共担的实践育人共同体等。

整体规划是顶层设计的具体化和实施路径，是对新文科实验中心各个方面建设的全面布局，涉及硬件设施、软件资源、课程体系、师资队伍、对外合作与服务等诸多内容。在硬件设施规划方面，根据新文科发展需要，对实验室、实训室等空间布局、环境布置、文化设置、硬件配置和设施装置等进行整体设计，同时兼顾时效性、先进性和拓展性；在软件资源建设方面，依据实验教学等核心功能要求，对实验教学平台、在线课程平台、实验资源平台、实验管理平台、实验资源库和数据库等进行系统规划，以支撑个性化、多样化实验教学、实践育人及科研创新需求，以及智能化、人性化实验管理与实践服务需求；在课程体系设计方面，面向学生全面发展，注重知识融合、能力复合与素质综合，增设创新性、设计性和综合性实践课程，重构新文科实践课程体系，支撑学生实践创新能力和解决实际问题能力的培养；在师资队伍组建方面，以"三全育人"为导向，加强人才引进、师资培养和教师发展，注重专任教师与辅导员相配合、理论课师资与实验课师资相融合、校内教师与校外导师相整合，组建一支专兼结合的双师型实践师资队伍，确保实践育人质量和水平不断提升；在对外合作与服务方面，以资源对接为驱动，加强与地方、行业及企业合作，联合开展人才培养，联合攻关实际项目，构建"政产学研用"协同育人共同体，提升实验中心对外服务能力与合作水平。

（二）把握顶层设计和整体规划的要义

顶层设计和整体规划的要义在于强化对新文科实验中心建设的战略引领性和发展导向性，注重完备性与协同性、前瞻性与创新性、可操作性与可持续性、文化性与育人性等相结合，致力于建设学科融合、资源整合与功能复合的新文科实验中心，为培养具有跨学科素养、跨界整合能力、多元创新思维的复合型文科人才提供有力支撑。

（1）在战略引领和方向指引上，顶层设计需要从高等教育新文科发展全局的视角，站在学校发展战略的高度，对新文科实验中心建设进行前瞻性谋划和高层次布局，确立新文科实验中心服务于哪些学科专业、面向哪些行业产业、提供哪些功能服务、培养什么样的人和怎样培养人等，为新文科实验中心建设提供方向引领和宏观指导。

（2）在完备性与协同性上，整体规划需要全面考虑新文科实验中心在连接学院、学科、专业等育人主体上的协同性，在支撑人才培养、科学研究、社会服务和文化传承等功能上的完备性，以及在整合实践基地、实验平台、创客空间、创新项目等实践资源上的完整性，确保新文科实验中心主体的协同性、功能的完备性和资源的完整性，实现整体效能与效益的最大化发挥。

（3）在前瞻性与创新性上，顶层设计和整体规划需要把握未来科技和教育的发展趋势，引导新文科实验中心建设充分运用智能科技手段，更新实验设施、设备及平台，拓展、完善实验中心功能与服务，创新实践育人模式、方法与手段，确保实验中心不断改进、持续领先，以期更好地支撑培养契合新时代需要的复合创新型文科人才。

（4）在可操作性与可持续性上，顶层设计和整体规划既需要满足当前需求，又需要兼顾未来发展；既要指导新文科实验中心的具体建设与管理工作，又应契合未来教育发展态势和科技进步发展趋势；确保实验中心能够长期保持稳定运行和持续发挥作用，实现新文科实验中心建设的有效性和可持续性。

（5）在文化性与育人性上，顶层设计和整体规划需要坚持以立德树人为导向，创设具有学校特色、学科优势、以人为本、多元融合的实验空间，营造积极向上、开拓进取、勇于创新和开放合作的实验文化，注重科创项目、社会实践、自主实践与课内实践相结合，挖掘实验中心文化育人与实践育人功能，推进新文科实验中心文化性与育人性的有机结合。

第二节　生态化重构

生态化是指运用生态学原理，通过周密安排和精心设计，使得系统内部各要素之间，以及系统与环境之间保持动态平衡，进而实现系统的生态协调、和谐共生与可持续发展。而生态化重构则是利用"生态化"手段，对系统进行根本性的要素配置、结构调整、功能优化，以实现系统更高水准的生态平衡和更可持续的和谐共生。新文科实验中心建设的生态化重构路径，即以生态学原理为指导，利用"生态化"手段，对实验中心进行全面、系统、创新性重构，强调实验中心内部各要素之间的相互关联、相互作用、协同发展，以及它们与外部环境的和谐共生，推动实践教育资源的优化配置、实践教育环境的生态平衡、实践教育管理的高效运行，构建一个具有自组织、自适应和自主发展能力的新文科实验中心生态系统。

一、构建多元融合的实践教育资源生态

对新文科实验中心建设而言，多元融合的实践教育资源生态是以学生多元发展需求为核心驱动，打破组织机构壁垒，破除学科专业边界，加强国际合作交流，打造事务共商、资源共建、利益共享、合作共赢、风险共担的协作命运共同体，促进实践教育资源跨主体、跨学科、跨文化、多维度、多渠道、多类型地全面整合，进而构建一个开放、共享、多元、融合的实践教育资源生态体系，为培养具有跨学科素养、跨行业能力、跨领域创新的复合型文科人才提供强有力的支撑。

（一）打破组织壁垒，促进跨主体实践教育资源整合

新文科实验中心建设要实现跨主体实践教育资源的有效整合，关键在于打破校内外组织机构之间的壁垒，制定各方共同的目标愿景与行动计划，建立高效顺畅的信息渠道与互动平台，组建紧密协同的合作项目与工作团队，设立共建共享的资源平台与长效机制。

（1）制定符合各方利益的资源整合目标愿景与行动计划。以新文科实验中心为核心主体，组织各学院（系、部）、各部门，以及政府机构、行业、企业、研究院所、兄弟高校等，共商各方在新文科人才培养、科学研究、社会服务和文化传承等职能方面的不同诉求，找寻各方诉求之间的逻辑关系与连接的关键点，合议跨主体协同机制与政产学研用合作，形成各方有机联动的行动计划和目标一致的发展愿景。

（2）建立顺畅的交流渠道和有效的互动平台。以新文科实验中心为支撑平台，建立跨主体信息交流渠道与资源互动平台；搭建专家讲坛、专题

报告、信息咨询和意见征询等信息交流渠道，畅通跨主体之间的信息交流与互动；构建市场调研、社会实践、志愿服务、顶岗实习、驻企帮扶及访企拓岗等资源互动平台，拓展跨主体之间的资源互利与互惠。

（3）创设供需匹配的合作项目和组建紧密协同的工作团队。以新文科实验中心为连接纽带，将校内外各教育关联主体连接起来，组成供需对接、合作紧密的教育命运共同体，共同开发实践教学课程，共同指导校外实习实践，联合设立科研创新项目，联合攻关企业发展难题，促进跨主体之间的协同合作，助力供需有效对接、资源有效整合。

（4）构建开放共享的长效机制和资源平台。以新文科实验中心建设为发展契机，全面梳理、盘点并规划校内外实践教育资源，与校内外部门、机构签订合作协议，明确各方权益和义务，建立基于实践教育资源共商、共建、共治、共享、共赢的长效合作机制；利用智能信息技术手段，有机整合各方实验室、实训室、实习基地、实验平台、实验课程和实践项目等实践教育资源，构建集成化、智能化、一体化实践教育资源开放共享平台。

（二）破除学科边界，促进跨学科实践教育资源融合

破除学科边界是促进知识创新和培养复合型人才的关键。对新文科实验中心而言，破除学科边界有助于促进不同学科之间的交流与合作，推动实践教育资源跨学科交叉与融合，让学生能够接触到更多元的知识、更广阔的领域，更有助于培养学生的跨学科思维和解决现实问题的能力。简而言之，破除学科边界既是新文科人才培养的应然要求，又是推动实践教育资源跨学科交叉融合的应有之义。在新文科实验中心建设过程中，学校应注重建立健全跨学科合作的体制机制，专注跨学科团队和新兴交叉学科的培育与建设，着力构建开放、包容的跨学科实践育人平台，从而促进实践教育资源的跨学科融合和新文科人才的跨学科培养。

（1）建立健全跨学科交叉融合的体制机制。以新文科建设为契机，建立跨学科工作指导委员会，下设新文科实验中心建设委员会，负责推进不同学科之间的交流互动与协同合作；健全跨学科工作评价体系和成果激励机制；设立跨学科人才培养、科学研究与社会服务等方面的评价标准、考

核办法、激励政策，引导教师跨学科组建教学与研究团队、学生跨领域参与科研创新项目。

（2）培育组建跨学科团队和新兴交叉学科。以新文科建设为驱动，运用云计算、大数据、区块链等人工智能技术，通过重组、改造、融合与创新，打破传统学科边界束缚，培育组建新兴交叉学科。由此，汇聚来自不同学科、领域的专家、学者，培育组建跨学科的教师团队，借鉴、吸收并整合不同学科的研究理论、范式与方法。而跨学科教师团队的研究项目和创新活动，又可以吸纳来自不同背景的师生参与其中，让师生可以接触到多元的学术观点和研究方法，拓宽他们的学术视野和开拓他们的研究思维。

（3）构建开放包容的跨学科实践教育平台。以新文科实验中心为开放平台，广泛吸纳来自不同学科、领域的专家、学者，定期举办跨学科领域的研讨会、工作坊、报告会等主题活动，为来自不同背景的师生提供思想交流和经验分享的机会。另外，来自不同学科教师共同开发的跨学科实验教学课程、开放实验项目和科研创新活动，又为学生提供了接触跨学科知识、跨领域问题和全方面锻炼的机会，有助于培养学生融合运用多学科知识解决实际问题的能力。

（三）加强国际合作，促进跨文化实践教育资源交融

加强国际合作是新文科人才培养的有益补充，对培养学生的国际视野和跨文化交流能力具有积极意义。对新文科实验中心建设而言，加强国际合作的目的就在于促进实践教育资源的跨文化交融，拓展新文科人才培养的国际化实践教育资源，完善新文科实践教育资源生态，以支撑学生跨学科、强实践、重创新与国际化的培养新需求。为此，我们需与国外高校或教育机构建立长期、稳定的合作关系，积极参与国际学术组织和教育联盟，设立国际交流项目和联合培养计划等，拓宽学生的国际视野，提升学生的跨文化交流能力；设立访问学者计划，邀请国外学者来实验中心开展短期访学与研究工作，共同探索新文科领域的前沿问题，促进教育交流与科研合作；联合开发课程与教材，与国际合作伙伴共同开发跨学科与国际化的实验课程与教材，借鉴国际先进的教育理念和教学方法，提升实验中

心的教育质量和教学水平；建立在线资源共享平台，定期举办国际学术会议或教育研讨会，邀请国内外学者共同探讨新文科的发展趋势，获取更多的国际化实践教育资源，促进国内、国际实践教育资源交换与交融。

二、构筑和谐共生的实践教育环境生态

和谐共生的实践教育环境生态是指在实践教育领域，教育系统内部环境之间，以及内部与外部环境之间，一种保持相互依存、相互影响、相互促进、协同发展的动态平衡状态。在这种实践教育环境下，教育利益相关方的关系是稳定、和谐与融洽的，实践教育资源是不断充实、丰富与完善的，实践教学方法与手段是不断改进与创新的，实践教育质量与水平是不断改善与提升的；学生可获得丰富的实践资源、充足的实践机会和多元的实践体验，有助于扩展专业知识与实践能力，增强环保意识、全球意识和社会责任感，培养跨学科素养、跨行业能力和跨领域思维。对新文科实验中心建设而言，构建和谐共生的实践教育环境生态，目的是培养多元化、复合型、创新性的文科人才，以提升学生适应复杂现实社会、引领未知世界发展的能力，为此需要重新规划并设计实践教育的物理环境与社会环境。

（一）实践教育物理环境生态化重构

实践教育物理环境是开展实验教学、实习、实训、科研训练，以及各类实践育人活动所需的具体场所、基础设施、仪器设备、实践资源等物质条件，是确保实践教育活动顺利进行的基本条件和物质保障。对新文科实验中心而言，实践教育物理环境涉及内容广泛，主要包括实验场所（如实验室、实训室、模拟室、案例室、实习与实践基地等）、基础设施（如桌椅、窗帘、吊顶、电源、照明、空调、网络与消防设备等）、硬件设备（如计算机、云终端、大屏、服务器与多媒体设备等）、软件资源（含在线开放实验课程、虚拟仿真实验项目、实验模拟软件和实验教学平台等）。

新文科实验中心要构筑和谐共生的实践教育环境生态，应从合理规划、安全舒适和灵活高效等方面对其物理环境进行生态化重构。首先，重视实验空间的合理布局与科学规划。根据新文科实践育人整体需要，合理布局实验室、实训室、模拟室等场所，科学规划各实验场所的功能、作用

及其所承担的育人任务等。其次,重视实验设施、设备的安全性与舒适性。在设计实验场所、采购实验设备和布置实验设施时,秉持"以人为本"的服务理念,确保所有实验设施、设备、平台均安全、可靠,实验空间环境、设施均温馨、舒适。最后,重视实验软件、硬件的先进性与灵活性。在采购实验软件与硬件时,强调技术的先进性、功能的完备性和使用的灵活性,确保学生享有学习实践的自主性和选择性,充分激发学生学习实践的积极性和主动性。

(二)实践教育社会环境生态化重构

实践教育社会环境是支撑并影响实践教育活动开展的各种社会条件和因素的总和。该环境不仅涉及实践教育活动的外部社会背景,还包括与实践教育相关的各种社会关系和网络,如与教育机构、企业、社区、政府和非政府组织等多方面的互动与合作等。对新文科实验中心建设而言,生态化重构实践教育社会环境实质上就是对实践教育环境中的社会因素和关系进行重新调整和优化,以促进实践教育环境更为和谐、包容,更有利于保障教育利益相关者和谐共处、协同发展。为此,新文科实验中心应围绕经济环境、文化环境、政策环境、技术环境与行业环境等社会因素对实践教育的影响,从促进教育利益相关方交流、互动、合作、交融、协同等维度,对实践教育社会环境进行生态化重构。

(1)深度梳理分析社会因素的作用与影响,合理作出应对之策。如依据经济发展水平状况确立实践育人重点领域,依据主流文化、价值观念确立实践育人取向,依据教育政策、法规确立实践育人实施方针,依据行业发展和市场需求确立实践育人内容目标,利用现代信息技术丰富实践育人形式与手段。

(2)加强互动交流与合作交融,促进"政产学研用"协同发展。尊重各方需求、个体差异与多元发展,营造公正、平等、友好、互助的和谐氛围,鼓励企业、社区、研究机构和各种社会组织等积极参与实践育人,为学生提供实践基地、实习岗位和专业指导等平台资源,让学生接触实际工作场景、了解行业需求、提升职业素养,推动各方形成"共商、共建、共治、共享、共赢"的和谐共生发展格局。

三、建立开放人性的实践教育管理生态

实践教育管理生态既是一种理念，又是一条行动路径。它主张走实践教育生态化管理道路，注重实践教育要素之间，以及要素与环境之间的动态平衡与和谐共生，强调实践教育管理的开放性、适应性、灵活性和整体性。开放人性的实践教育管理生态，是在实践教育管理生态的基础上，更加注重实践教育管理的开放性与人性化，强调消除传统科层化组织壁垒和封闭式管理缺陷，构建敏捷式、高效率的开放式实践教育管理模式；尊重人的差异性、独特性、多样性与全面性，建立一切为了人、为了一切人的人性化实践教育管理模式，营造一个开放、包容、灵活与人性化的实践教育管理环境。对新文科实验中心建设而言，建立开放人性的实践教育管理生态，需要大力推行开放式实践教育管理模式，不断强化实践教育管理的人本化与人性化。

（一）推行开放式实践教育管理

在实践教育管理过程中，开放式管理意味着一种积极吸纳、主动共享、兼容并包的教育管理理念，允许并鼓励多方参与实践教育管理，形成密切互动、广泛交流、紧密协作与和谐共处的教育生态管理格局，旨在促进实践资源开放共享、实践模式改革创新和教育质量持续提升。对新文科实验中心建设而言，全面推行开放式实践教育管理，主要应从思想理念、机制平台和手段方法等方面进行全方位变革。

（1）要树立开放、多元、包容的管理思想与理念。新文科实验中心应摒弃故步自封的守旧思想，突破科层管理的壁垒羁绊，树立拥抱变化、主动开放的积极心态，强调多元参与性，尊重各方差异性，重视管理包容性，关注互动交流与和谐共生，倡导践行开放、灵活和高效的实践教育管理方式。

（2）要构建全面开放的一体化实践教育管理平台与机制。建立新文科实验中心预约办法、使用规定、准入考核和安全管理等一系列管理规章制度，完善新文科实验中心全面开放体制机制，打破时间、空间及网络的约束、限制，做到实验中心设备开放、器材开放、软件开放、项目开放、数

据开放、手段开放与评价开放等一体化管理，不断拓展实验中心开放的广度与深度，全面打造无边界、开放式的实验中心。

（3）要丰富、拓展实践教育开放管理手段与方法。利用物联网、云计算、虚拟仿真等现代智能信息技术，建立智能监控系统、智能门禁系统、智能烟感系统、智能电源控制系统、智能多媒体教学平台、融合桌面云实验平台、虚拟仿真实验平台、智慧实验大数据平台、智能运维管控平台等，逐步实现实验中心开放管理的网络化、智能化与智慧化。

（二）加强人性化实践教育管理

人性化实践教育管理是以"人"为中心的管理方式，充分尊重人的差异性、独特性、多样性，以及人的需求、情感和态度，确立人在实践教育管理过程中的主体地位，旨在创造一种积极、健康、和谐的管理环境，调动人参与实践教育的积极性、主动性和创造性，支撑并促进人的全面发展与智慧成长。对新文科实验中心建设而言，不断加强人性化实践教育管理，目的在于有效支撑新文科人才培养，使其更契合对新文科人才跨学科素养、跨界整合能力和多元创新能力的培养要求。从具体实施来看，新文科实验中心要想实现人性化实践教育管理，应在思想理念、制度设计和行动举措等方面加以规划和推进。

（1）思想理念要秉持"以人为本"。在实践教育管理过程中，新文科实验中心要充分考虑和尊重人的需求、意见和建议，关注人的价值、尊严和情感，切实为师生提供个性化、多样化的实践教育管理与服务，始终将他们的发展和幸福作为实践教育管理的出发点和归宿。

（2）管理制度要保持合理性、公正性与灵活性。在实践教育管理制度设计过程中，新文科实验中心应充分考虑到人的个体性、全面性和发展性，做好师生实践教育需求、意见和建议的定期采集和分析，在此基础上及时制定或修订实践教育管理策略、制度和方法，完善人性化实践教育管理制度体系，确保实践教育管理制度制定的合理性、执行的公正性，以及对特定情况的灵活性。

（3）行动举措要契合全人发展和人的全面发展。建立实践教育管理服务平台，为师生个性化、多元化需求提供定制与推送服务，提高实践教育管理服务的便捷性与灵活性；实施全员管理教育培训，提升实验人员服务意识和管理水平，更好地实践教育管理人性化；建立实践教育管理评价系统，及时全面了解、分析师生对实践教育管理需求、意见和建议，为推进人性化实践教育管理的改进提供参考。

第三节　智慧化转型

新文科实验中心智慧化转型的内涵主要涉及实践教育环境的智慧升级、实践教育资源的智慧整合、实践教育模式的智慧创新，以及实验中心管理的智慧提升四个方面。实践教育环境的智慧升级是新文科实验中心智慧化转型的基础，它将推进软硬件设施、设备等智能化改造，为师生教与学提供更便捷、更人性化的实践环境；实践教育资源的智慧整合是新文科实验中心智慧化转型的关键，它将推进跨组织机构、跨学科专业的交叉与融合，为师生教与学提供更丰富、更多元化的实践资源；实践教育模式的智慧创新是新文科实验中心智慧化转型的核心，它将推进实践教育内容、方法与评价体系等创新，为师生教与学创设更适切、更自主化的实践模式；实验中心管理的智慧提升是新文科实验中心智慧化转型的保障，它将推进管理平台的智能升级与管理决策的数据驱动，为师生教与学提供更智能、更个性化的实践服务。简而言之，上述四方面的智慧化转型相互关联、合为一体，共同推动着新文科实验中心的智慧化转型，有效助力新文科教育的改革与创新。

一、实践教育环境的智慧升级

实践教育环境的智慧升级是新文科实验中心智慧化转型的基础，有助于改善实践教育环境，增强师生实践教与学的体验，提升学生实践学习兴趣和实践创新能力，支撑新文科实践教育内涵建设与创新发展。通过利用现代智能技术手段，新文科实验中心的硬件设备设施能实现互联通信、智能感知、自动控制等功能，软件系统平台可具备自主学习、自我画像、人性化服务等特征，进而推动新文科实验中心实践教育环境智慧升级。

（一）硬件设施的智慧化改造

硬件设施的智慧化改造是指利用各种先进的技术手段，对实验中心硬件设备设施进行改造、更新与升级，使其具备互联互通、智能感知与自动控制等功能，旨在提高实验中心设备设施的连通性、自主性、智能性与智慧性，从而更好地满足智能时代下师生对实践教育环境的个性化需求。硬件设施的智慧化改造可从以下两个方面进行。

（1）对实验中心基础设施进行智能化改造，提升实践教育环境的智能化管控水平。部署监控摄像头、烟雾报警器和智能传感器等装置，利用互联网、物联网、无线网等现代网络技术，对实验中心电源、照明灯、窗帘、桌椅、门禁、烟雾报警器、电子展板、电子班牌等基础设施，进行物联感知、信息汇聚与智能管控等方面的改造，从而确保实践教育基础设施的安全、稳定、舒适、智能与高效。

（2）对实验中心硬件设备进行智能化改造，提升实践教育环境的智能化感知体验。利用云计算、大数据、VR 和 AR 等智能技术手段，对实验中心多媒体教学系统、云桌面实验平台、数据中心平台、电子沙盘系统及跨专业综合实训中心等的相应硬件设备进行改造，引进智能讲台、智能中控、云计算中心、大数据中心、智慧电子屏、智慧云终端和智能叫号机等设备，全面提升实验中心硬件设备的智能化水平，着力满足师生实践教与学的个性化需求。

（二）软件系统的智慧化升级

软件系统的智慧化升级是指利用人工智能、大数据与云计算等新一代智能技术手段，对软件系统进行更新与升级，使其具备自动管理、智能控制、智慧决策、个性服务、虚拟交互等特征，为师生等用户提供更加便捷、更为灵活和更具个性的功能服务，以更好满足不断变化的时代需求和用户要求，进而提高服务效率、降低运行成本、增强用户体验。

（1）利用机器学习、自然语言处理、图像识别等人工智能技术，新文科实验中心管理系统可升级为智能实验管控平台，可对文本、图片、音频、视频等海量数据进行规律性学习，实现对实验课程安排、实验空间预约、实验设备管理等的自动化、智能化处理。

（2）利用大数据分析与挖掘技术，新文科实验中心可创建实验大数据平台，可处理、分析海量行为数据与实时状态数据，洞察用户行为，分析数据变化规律与趋势，对目标对象进行科学预测与判断决策，为师生提供个性化、建设性的实践教学服务，从而提升师生实践教与学的体验。

（3）利用虚拟化、云计算等技术，新文科实验中心可搭建融合桌面云实验平台，可对计算资源、缓存资源和存储资源等进行虚拟化计算和存储，可根据实际需要弹性分配资源、即时释放资源，实现对资源的集中化、精细化与高效化管控。

（4）运用 VR 和 AR 等技术，新文科实验中心可构建虚拟仿真实验教学平台，可模拟现实企业情境与真实业务流程，让学生在逼真的虚拟空间情境中完成实验模拟与流程操作，大幅提升实验的沉浸感与体验性。

二、实践教育资源的智慧整合

实践教育资源的智慧整合是新文科实验中心智慧化转型的关键，其对实践教育资源的有机组合与优化配置，可提升新文科实践教育教学的效率与灵活性。这是一个复杂的系统过程，涉及实践教育资源的收集、梳理、整合、优化和共享，是对实践教育资源进行深度分析、科学研判与合理优化的过程，需要科学把握实践教育资源智慧整合的目标与价值、策略与方法、技术与平台，以期更好地支撑实践教育资源的高效利用，服务于学生跨学科素养、跨界整合能力和多元创新思维的有效培养。

（一）实践教育资源智慧整合目标与价值

实践教育资源有不同来源之分，也有不同类型之别，呈现分散性、碎片化分布的特点。鉴于此，智慧整合的目的就是要改变实践教育资源这种无序的状态，将不同来源、类型的碎片化资源进行智能筛选、分类和整合，形成相互协调、相互配合而又自成体系的资源整体，进而满足对新文科人才培养的整体要求。对新文科实验中心建设而言，实践教育资源的智慧整合是推动新文科教育改革创新的重要路径之一。①促进实践教育资源的高效利用。智慧整合实现了对各类实践教育资源的合理整合、优化配置、集中管理，不仅可以有效避免资源的浪费，还能确保资源在最大程度上满足实践的需求。②推动学科交叉与知识创新。不同学科、领域实践教育资源的智慧整合,可以促进知识之间的交流与碰撞,进而激发新的研究思路和创新点。③提升实践教育教学质量与效果。智慧整合推动实践教育资源的数字化、体系化和智能化,让教师有机会获取更丰富、更前沿的实践资源,让学生有机会接触到更多元的创新平台和更丰富的实践机会,为教师创新实践教学方法、提高实践教学吸引力和感染力提供支撑,为学生拓展跨学科视野、跨行业能力和跨领域创新给予帮助。④增强新文科实验中心社会服务能力。实践教育资源智慧整合增进了实验中心与社会的联系,可更好、更快地将新文科成果转化为实际应用,有助于推动新文科成果在社会各领域的广泛推广与应用。

(二)实践教育资源智慧整合策略与方法

对新文科实验中心建设而言,实践教育资源智慧整合的策略与方法,在于通过高效的技术手段和科学的管理方法,将分散、异构的实践教育资源进行有机整合,实现教育资源的优化配置和高效利用,进而提升新文科实践教育的质量和效果。实践教育资源智慧整合的策略与方法有以下几个方面。①推进实践教育资源数字化与标准化。将实践教育资源进行数字化处理,并制定统一的标准和规范,以利于资源的存储、检索和共享,从而提高资源的利用率和管理的便捷性。②构筑实践教育资源一体化整合平台。利用物联网、云计算、大数据等智能技术手段,构建一个集资源采集、管理、共享、交流于一体的实践教育资源综合平台,以便整合、优化校内外各类实践教育资源,为师生提供一站式资源服务与管理。③注重跨学科资源智慧整合。以实际应用为驱动、学生需求为导向,打破学科专业壁垒,推动跨学科交叉与融合,促进不同学科领域资源的有机融合与科学整合。④加强外部优质教育资源整合。积极与企业、行业、研究机构等外部合作伙伴建立合作关系,引入优质的实践教育资源,共同开发和分享实践教育资源。⑤分步实施与持续改进。实践教育资源整合是一个长期且持续的过程,需要从某个学科或某个年级开始试点,然后逐步推广到全院乃至全校。同时,还需要建立和完善奖励、激励机制,充分调动大家参与资源整合的积极性和创造性。

（三）实践教育资源智慧整合技术与平台

实践教育资源的智慧整合离不开先进的技术支持和平台建设。利用先进的技术手段，新文科实验中心可将分散、异构的实践教育资源，进行集中存储、分类、整合与优化，实现教育资源的数字化、标准化、网络化与体系化，构建集资源管理、共建共享、智慧服务于一体的综合平台。实践教育资源智慧整合所涉及的技术有实现资源集中存储、弹性拓展与按需服务的云计算技术，实现数据驱动决策支持和个性化学习服务的大数据技术，实现智能化控制和数据采集的物联网技术，实现沉浸式学习体验的VR与AR等技术，以及实现智能资源推荐、学习行为分析和个性化学习路径推送的人工智能技术等。涉及智慧整合的平台包括：用于课程安排、教学管理和成绩管理的智慧实验教学管理平台，用于课程创建、发布、管理和实验操作、演练的智慧实验学习平台，提供资源管理、共享、检索与智能推送的智慧实验资源服务平台，以及提供在线交流、小组讨论和项目协作的智慧实验学习交流社区等。

三、实践教育模式的智慧创新

实践教育模式的智慧创新是新文科实验中心智慧化转型的核心，是指在现代信息技术的支持下，对传统文科实践教育进行优化、改进与升级，旨在实现更丰富的实践教育内容、更多样的实践教育方式和更高效的实践教育效果，进而更好地提升学生参与实践的兴趣和积极性，提高学生的实践创新能力和解决实际问题能力。实践教育模式的智慧创新，关键在于促进信息技术与实践教育教学的深度融合与应用，创新实践教育教学理念、内容及方法，提升实践教育教学质量与水平，主要可从现代教育技术应用创新、实践教育内容方法创新和实践教育评价体系创新等方面予以推进。

（一）现代教育技术应用创新

现代教育技术应用创新是在现代教育理论的指导下，利用最新的信息技术与教育教学理念，改造、更新实验方法、手段和工具，以提高实践教学效果和实践学习体验的过程。它不仅涉及技术手段的创新应用，还包括对教育模式、教学内容和教学策略的改进优化。从现实情况来看，新文科实验中心可以利用 VR 和 AR、大数据和人工智能、移动学习和在线教育等技术或手段，来实现更加多样、更为优质、更具人性的实践教育教学。①利用 VR 和 AR 技术，构筑身临其境的实践教育环境，打造沉浸式的实践教育模式，提升学生实践学习的真实感和体验感。②融合运用大数据和人工智能技术，帮助教师更好地了解学生的学习需求与问题，为学生提供定制化、个性化的实践项目和学习路径，提高实践教育教学的针对性、有效性和满意度。③推广应用移动学习和在线教育，打破时间、空间限制，构建随时随地、无边界的实践教育模式，为学生提供更多元、更可及、更便捷的实践教育资源和实践学习机会，激发学生学习的主动性和创造性。④推行线上线下混合式实践教育教学，将线下讲授、线上自学、实验演练等多个环节有机结合起来，支撑小组互动式、团队协作式、自主探究式教学，提升学生的自主学习能力、团队合作精神与创新探究意识等。

（二）实践教育内容方法创新

实践教育内容方法创新是对传统实践教育内容和方法进行优化和更新，以适应新时代背景下学生的特点和教育的要求，旨在提高实践教育质量与效果，更好地培养学生的跨学科素养、跨行业能力和跨领域创新能力。

实践教育内容创新关键要打破组织机构壁垒和学科专业边界，促进实践教学、科学研究与实际应用相结合，引入跨学科知识、研究范式和技术手段，以及新的行业知识、企业项目和现实问题，整合、更新并优化实践教育内容，开发跨学科、综合性、创新性实践教育项目，提升实践教育内容的时效性、实用性与高阶性，让学生所学更加贴近实际需求、职业要求和发展诉求。

实践教育方法创新要牢固树立"以学生为主体、教师为主导"的教育理念，充分利用多媒体技术、网络技术、智能技术等现代技术手段，着力推进信息技术与实践教育教学深度融合与应用，大力倡导案例式、项目式、情境式、探究式、互动式等新型实践教育方式，激发学生参与实践的兴趣和主动性，推动学生自主实践与深度探究，增强学生参与实践的获得感和体验感，进而提升新文科实践教育教学的效果和质量。

（三）实践教育评价体系创新

实践教育评价体系创新是对传统实践教育评价方式的革新，旨在建立更加科学、客观的评价体系，以便更好地评估学生的实践能力、创新思维和综合素质，全面、真实地反映学生的学习成果和实践效果，并为学生未来的学习与发展提供具有针对性的指导和帮助，有助于推动新文科实践教育模式创新。实践教育评价体系创新可从以下几个方面进行推进。

（1）实践教育评价标准创新。废除单一以成绩为评价标准的指标体系，建立包含实践态度、团队合作、知识应用、问题解决、创新意识和实践成果等多维评价的指标体系，确保评价标准的全面性与合理性。

（2）实践教育评价方法创新。弥补传统以考试为单一评价方式的缺陷，开拓涵盖论文撰写、作品设计、项目开发、调研报告与成果汇报等多种形式的评价方法，同时注重定量与定性评价相结合，确保评价方式的多样性与有效性。

（3）实践教育评价主体创新。避免传统以教师为唯一评价主体的片面性，引入学生自评、团队互评、企业导师评价、教师点评等多元主体评价相结合的方式，确保评价主体的全面性与公正性。

（4）实践教育评价过程创新。关注学生的实践过程和学习成长，及时发现学生在实践过程中出现的问题，并给予针对性的建议和指导；重视实践教育过程性评价，确保评价过程诊断性、指导性作用的发挥。

四、实验中心管理的智慧提升

实验中心管理的智慧提升是运用物联网、大数据、云计算等智能信息技术，对实验中心教学管理、设备管理、资源管理、数据管理、环境与安全管理等进行智能化改造、更新与升级，是新文科实验中心智慧化转型的保障，有助于确保实验中心高效、安全、规范与稳定运行，促进实验中心管理的便捷化与服务的人性化。从现实来看，新文科实验中心管理的智慧提升迫切需要管理平台的智能升级和管理决策的数据驱动，以确保实验中心朝着更加智能化与更为人性化的方向发展，进而不断提升实验中心的管理水平与使用效率。

（一）实验中心管理平台智能化升级

实验中心管理平台智能化升级的关键是要充分利用智能信息技术手段，着力改善软硬件设备设施、优化实践资源配置、健全实验安全保障、提高实验管理效率，切实提升实验中心管理的智能化与服务的人性化。从实际来看，实验中心管理平台智能化升级可从以下三个方面落实。

（1）引入智能技术和设备，提升实验中心智能化管理水平。通过选择合适的智能信息技术（含物联网、大数据、云计算、虚拟仿真及人工智能等）和智能仪器设备（含智能多媒体教学中控、智能门禁、智能监控摄像头、智能烟雾感应器和智能电源控制器等），助力实验中心实现对设备设施的自动化管理与控制，对数据信息的自动实时采集、处理与分析，对安全隐患或突发事件的智能预警、预测和应急处理等。

（2）平台集成开发与搭建，提升实验中心集中化管理水平。基于实验中心智能化升级技术方案，集成开发并搭建实验中心综合管理平台。该平台涵盖实验中心教学管理、设备管理、资源管理、数据管理、环境设施及安全管理等功能，实现对技术、设备、资源、数据及服务等的有机集成，提升实验中心管理平台的综合性、便捷性和智能性。

（3）平台持续优化与迭代，提升实验中心生态化管理水平。受实验中心内外因素的影响，实验中心管理平台难以维持一成不变。为此，我们应密切关注时代的变化、技术的进步，以及用户的诉求，针对出现的问题、潜在的风险、用户的新需求、平台的新功能等，及时对平台进行优化、更新、迭代与升级，不断完善并促进平台的生态化管理，确保平台保持平稳运行和可持续发展。

（二）实验中心管理决策数据化驱动

实验中心管理决策的数据化驱动是利用大数据分析预测手段来辅助管理决策的过程，以帮助实验中心更加科学、更为精确地作出决策，从而提高平台的管理效率和服务水平。对新文科实验中心建设而言，实验中心管理决策要想实现数据化驱动，可从数据采集与整合、数据分析与挖掘、数据驱动的决策制定与执行等三个主要方面进行推进。

（1）数据采集与整合。数据采集是数据化驱动的基础，而数据整合是数据化驱动的前提。在新文科实验中心的管理决策中，唯有确保数据采集的全面性，才能保证决策制定的科学性；唯有确保采集数据的一致性，才能保证决策制定的准确性。所以，实验中心要充分利用智能技术手段，自动实时采集实验仪器、设备、设施、资源、教学过程及用户行为等数据，并对其进行清洗、转换和整合，以清除错误、异常或重复的数据，从而确保所采集数据的完整性和准确性。

（2）数据分析与挖掘。数据分析的目的在于发现数据中的规律、趋势和异常，而数据挖掘旨在发现数据中的模式，并利用这些模式进行预测和作出决策。数据分析与挖掘应是数据化驱动的关键一环，其以数据采集和整合为基础，通常借助统计学、机器学习、专家系统与模式识别等技术，对实验过程中产生的大量数据进行处理、分析和挖掘，以发现其中的模式、趋势和关联，从而提取出有价值的信息和知识，为新文科实验中心管理决策提供参考。

（3）数据驱动的决策制定与执行。决策制定是基于数据分析与挖掘的结果进行的，且这些决策是具有科学依据、明确目标和可执行步骤的。在决策制定与执行的过程中，新文科实验中心应综合考虑数据结果、管理目标、实际可行性等多方面因素，尽量减少主观臆断和偏见；将决策转化为具体的行动计划，并在执行过程中持续对运行状态进行监控和评估，最终根据评估结果及时调整管理决策或执行策略。

第四节　绿色化发展

绿色化发展是新文科实验中心秉承绿色、环保、可持续发展理念的一种新型发展路径，涉及实践教育环境与设施绿色化、实践教育资源与平台绿色化、实验中心管理与运维绿色化等方面，旨在降低实验中心对环境的影响，提高实践资源的利用效率，培养学生的环保意识和社会责任感，推动文科实验中心绿色转型与创新发展。

一、实践教育环境与设施绿色化

实践教育环境与设施绿色化是新文科实验中心绿色化发展的本质要求。它通过采取一系列的环保措施和技术手段，减少实验中心对环境的负面影响，推动实验中心走可持续发展道路，为师生提供一个健康、安全、节能的实践空间。

（一）实验空间环境绿色化

实验空间环境绿色化旨在通过运用环保理念与技术，避免实验中心的资源浪费与环境污染，提升实验中心的整体能效与生态，确保实验人员的身心健康，为师生创设一个节能、舒适与安全的实践育人空间。在新文科实验中心建设过程中，广泛使用环保材料，如环保型建材、低挥发性有机化合物涂料等，以减少建筑材料对空间环境的污染；大量采用高效、节能电器与设备，如节能灯具、高效空调和通风系统等，以降低电器设备的能源消耗；加强室内环境质量控制，安装温控系统和空气净化设备，确保实验室温度、湿度、空气质量等符合人体健康标准，提升实验空间的舒适度；重视绿色生态氛围营造，在实验室内部及周边适当布置一些绿植、花卉或盆栽，既起到美化环境的作用，又具有净化空气的功能，同时也有助于引导师生养成绿色环保意识。

（二）实验设施设备绿色化

实验设施设备绿色化是指在实验中心建设过程中，推广使用绿色、环保、节能设施与设备，降低实验室能耗与排放，提高实验能源与资源使用效率，为师生创建一个更环保、更高效、更安全的实践教育平台，从而推进实验中心绿色转型和可持续发展。在新文科实验中心建设过程中要注意以下几点。①采用环保设备。优先使用材料环保、低能耗、低噪声、低辐射的实验设备，以降低其对环境的不良影响。②使用节能设备。优先选择具有高效能耗比和高节能技术的实验设备，以降低设备的能源消耗。③注重设备的回收与再利用。优先选择使用能够实现资源回收和循环利用的设备，以减少实验资源浪费及其对环境的污染。④重视设备维护与更新。定期维护和保养实验设施、设备，及时淘汰能效低、污染重的老旧设施与设备，加速改造，使用更环保、更节能的新型设施与设备。

二、实践教育资源与平台绿色化

实践教育资源与平台绿色化是新文科实验中心绿色化发展的必然要求。它指的是实践资源与平台应遵循环保、可持续和高效利用的建设原则，以降低环境负荷并减少对环境的负面影响，提高实践资源与平台的建设效益与运行效能，进而提升师生开展实验、实践及科研等活动的效率和效果。

（一）实践资源的数字化与虚拟化

实践资源的数字化与虚拟化是实现教育资源开放共享与高效利用的必要基础，是利用计算机、多媒体、虚拟仿真等现代技术手段，将传统实体教育资源或实践操作过程转换为数字格式或虚拟形式的过程，为师生提供更灵活、可重复、易扩展的实践资源支持。拓展来看，实践资源数字化就是将模拟信号或物理实体的实践资源转换为数字形式，使其能够顺利地被计算机处理、存储、检索、编辑和共享。数字化实践资源不受时空限制，使其更加易于获取和传播。而实践资源虚拟化则是使用 VR 和 AR 技术，在软件平台中对真实问题情境、业务流程和岗位角色等进行虚拟创设，让学生在虚拟创设的情境中进行沉浸式模拟、无限制实践，从而降低实践教育成本，提高实践的安全性、可及性与普及性，提升学生实践的体验感与获得感。

（二）实践资源平台的开放与共享

实践资源平台开放与共享的基础是平台开放，目的是实现资源共享。在实施过程中，实践资源平台开放与共享的关键是要破除组织机构壁垒和学科专业边界，建立、完善资源开放与共享的生态系统，形成共商、共建、共治、共享、共赢的合作机制，实现对课程、教材、案例、项目、设备、软件及工具等资源的开放与共享，以提高实践资源的开放性、共享度和利用率。深入来看，实践资源平台开放意味着资源边界壁垒被有效打破，资源的获取、整合与共享得以实现，促进资源优势互补与动态平衡。而实践资源平台共享扩大了资源的辐射面和受益面，使得受益用户不再局限于学校、学院或实验室内部，还覆盖了所有有需求的社会公众，加速了资源推广与传播，提升了资源的利用率，避免了资源的重复建设和浪费，有助于实验中心形成资源共建、共享生态。

三、实验中心管理与运维绿色化

实验中心管理与运维绿色化是利用先进的智能信息技术和现代化的管理策略，降低实验中心运营能耗，减少废弃物排放，避免资源浪费和低效利用，扩大资源开放与共享，从而实现实验中心经济与环境效益的双重提升。

（一）实验中心管理绿色化

实验中心管理绿色化坚持以环保、节约和可持续发展为指导理念，通过建立绿色管理制度和推行绿色管理方式等举措，以降低实验中心能耗以及其对环境的负面影响，提升实践教育资源的利用效率和使用效益，从而支撑文科实验中心管理变革与创新。①要加强绿色管理制度的建立和完善。制定严格的资源管理规定，包括纸张、电力、算力等资源的合理使用和节约措施，减少能源、资源浪费；制定完善的废弃物分类、回收和处理制度，推广废弃物回收再利用的具体措施，确保废弃物得到合理、妥善处理；制定合规的绿色采购政策，确保所采购的实验仪器、设备、软件及材料等均符合环保标准。②要严格落实绿色的管理方式。贯彻执行绿色管理制度，落实绿色资源管理、采购管理和废弃物管理规定；引入智能技术手段，对实验中心的传统管理方式进行改造、升级，优化管理流程，提高管理效率；引导师生加入绿色管理行动，营造人人参与绿色环保的氛围，全面推进实验中心绿色管理转型。

（二）实验中心运维绿色化

实验中心运维主要是指实验中心网络、系统、设备等的运行和维护。实验中心运维绿色化是强调运用环保、节能、节约的方式，对实验中心相关系统的运行进行维护和管理，以确保实验中心高效、安全、稳定地运行。从实际来看，新文科实验中心运维绿色化主要可从以下三个方面推进。①实验中心网络运维绿色化。选择具有节能模式的网络设备，确保其在非高峰时段能自动进入低功耗模式；合理规划网络分段和路由，减少数据传输跳数和延迟等。②实验中心系统运维绿色化。根据实际需求，合理配置系统资源，避免过度配置造成浪费；选用具有节能模式的操作系统、虚拟化技术等，以降低系统运行能耗。③实验中心设备运维绿色化。选用能效高、排放低的实验设备，及时更新老、旧设备；定期维护和保养设备，确保设备高效、安全运行，延长设备使用寿命。

第六章 新文科实验中心建设方法

第一节 以协同为抓手,整体推进实验中心建设

协同是一个在许多领域都存在的概念,它强调的是不同个体或组织之间为了共同的目标而进行的合作与配合。在组织管理领域,协同指的是不同部门、团队或成员之间,通过有效的沟通和合作,共同完成任务或目标。在实验中心建设语境下,协同特指各部门、组织、机构之间紧密配合与高效合作,以确保实验中心各项建设任务的顺利完成,并最大化发挥整体效能。简而言之,协同的核心是合作与共赢。它要求参与者建立互信、明确分工、有效沟通,并共同承担责任和风险。鉴于此,以协同为抓手整体推进新文科实验中心建设,目的在于探寻一种全面、系统且高效的建设方式。该方式不仅注重各参与者之间的互信、合作与共赢,而且强调各参与者须具有全局观念和系统思维;注重不同部门、组织和机构间的紧密合作,促进人员、经费及资源等全面协同,推动各项建设任务顺利、高效完成。

一、人员协同:创立新文科实验中心建设委员会

新时代迫切需要新型文科人才,而新型文科人才离不开跨学科、跨专业的培养,亟须打破组织机构的壁垒和学科专业的边界,促进跨机构、跨学科、跨文化的交叉与融合。而这种交叉融合最核心的部分,是要建立不同组织之间的人员协同,以实现彼此互信、需求互动与行为互助,形成各方共商、共建、共治、共享与共赢的新格局。人员协同是推动新文科实验中心整体建设的核心支撑,而创立新文科实验中心建设委员会(以下简称实验中心建委会)是高校整体推进新文科实验中心建设的必然选择,以

此推动不同组织之间的人员协同，并为经费协同和资源协同打下坚实的基础。

（一）实验中心建委会的创立原则

实验中心建委会的创立原则以多元包容、专业权威为基础，遵循决策民主透明、机制灵活适应的要求，保持开放合作的态度，着眼于实验中心长期、可持续发展，以推动新文科实验中心的整体化建设与高质量发展。

（1）多元性与包容性原则。委员会成员应来自多元化学科、具有多样化背景，不仅要包括文科，还要涵盖理、工、农、医等学科；不仅要包括学术界专家，还要涵盖学校、政府、行业、企业及校友等相关方代表。

（2）专业性与权威性原则。委员会成员应是来自各领域的专家、学者，具备深厚的学术背景和丰富的实践经验，既能把握新文科教育的基本规律、前沿动态与发展趋势，又能指导相关行业、企业的生产实践和规划发展。

（3）民主性与透明性原则。委员会应遵守决策的民主性、公开性与透明性，确保每位成员都有参与决策、发表意见和建议的权利，避免出现个人强权主义和一言堂现象。

（4）灵活性与适应性原则。委员会应具备灵活性和适应性，能够根据实验中心建设的实际情况，灵活调整工作策略和重点，适应新文科创新和社会发展的需求。

（5）开放性与合作性原则。委员会应保持主动开放与合作的态度，积极寻求与外界同行或企业等开展合作、交流，鼓励委员会成员积极参与国内外相关学术研讨与交流。

（6）可持续性发展原则。委员会应着眼于实验中心的长期、可持续发展，注重实验中心自我完善与发展能力建设，确保其能够持续为新文科教育改革、创新与发展提供支撑。

（二）实验中心建委会的组织结构

实验中心建委会由领导机构、工作小组、秘书处等三个部分构成，其中领导机构负责委员会工作统筹、指导，工作小组负责委员会不同类型工作的推进，秘书处负责委员会的日常行政工作，三者合力推动新文科实验中心的建设。

（1）领导机构。下设委员会主任、副主任和顾问等。主任全面负责委员会工作，通常由具有较高学术地位和管理经验的专家担任；副主任负责协助主任处理日常工作，并在主任缺席时代行主任职责；顾问一般邀请国内外知名学者和行业专家担任，负责为委员会提供咨询和建议。

（2）工作小组。根据新文科实验中心建设的工作实际，可下设资源建设工作小组、对外合作工作小组等。资源建设工作小组主要负责实习基地、软硬件平台、实验设施等规划、协调与统筹；对外合作工作小组主要负责实验中心与各方合作的洽谈、推进，以及其他对外交流活动的筹划、安排等。

（3）秘书处。下设秘书长和秘书。秘书长负责协调各部门之间的工作，确保委员会日常运转顺畅；秘书负责协助秘书长处理文书工作、会议安排等行政事务。

（三）实验中心建委会的运行机制

实验中心建委会的运行机制应根据新文科实验中心的实际情况和需求进行制定和调整，在运行过程中应保持一定的灵活性和适应性。一般情况下，其大致可以分为决策机制、协调机制、沟通机制、资源整合机制、评估改进机制等。

（1）决策机制。对于一般事项的决策，通过委员会会议进行商议表决；对于重大事项的决策，设立投票环节进行现场表决；对于决策的结果，设立公示和意见反馈环节，允许发表不同意见、建议，确保决策过程的公正与透明。

（2）协调机制。根据委员代表的角色、身份，确立各委员的权力与职责，建立基于工作小组架构的多元协调机制；针对需要协调的事项或问题，依据各委员的权责，确立各方任务和行动，委员会跟进监督与评估。

（3）沟通机制。利用即时通信工具，建立微信群、QQ群、钉钉群、腾讯会议等，建立网络通信机制，确保委员代表日常交流渠道畅通；定期召开委员会全体成员会议，提供信息分享、问题探讨和行动协商的线下沟通机制，确保委员代表问题决策渠道畅通。

（4）资源整合机制。建立资源开放共享平台，将校内、外各类实践资源进行统一管理和调配；建立"政产学研用"合作平台，加强与政府部门、行业企业、研究机构等的合作，争取外部资源的帮助与扶持。

（5）评估改进机制。设立评估小组或引入第三方评估机构，定期开展工作评估；建立监督机制，确保委员会的工作符合既定目标和计划，及时调整偏离方向的工作。

二、经费协同：设立新文科实验中心建设基金

新文科实验中心建设是一项系统性工程，包括设施升级、设备采购、平台更新及资源开发等诸多方面，需要大量的资金投入。但是，社会经济发展进入新常态后，高校的建设经费也随之出现了紧缩，用于支持新文科实验中心建设的经费相对有限。所以，高校设立新文科实验中心建设基金（以下简称实验建设基金），寻求企业赞助、社会捐赠等多元化资金来源显得非常必要。这不仅有助于汇聚各方零散建设资金，为实验中心建设提供稳定的资金支持；同时，也有助于推动实验中心与社会各界进行合作，提升实验中心服务社会的深度和广度。可见，经费协同是推动新文科实验中心整体建设的关键所在，而设立实验建设基金是促进经费协同的有效途径。

（一）实验建设基金的设立

实验建设基金的设立需要经历发起筹备、章程制定、初始资金筹集等主要流程。第一步，基金的发起筹备。由发起人或筹备小组向登记管理机关提交相关材料，包括发起人协议书、基金章程草案等；只有当这些材料被审核通过后，实验建设基金才可以开始进入筹备工作。第二步，基金章程的制定。基金章程是基金设立和运行的基础性文件，需明确规定实验建设基金的目标宗旨、业务范围、组织机构、资金管理和使用原则等，确保基金为新文科实验中心建设专项使用，且基金的使用遵循相应的法律与法规。第三步，基金初始资金的筹集。实验建设基金在设立之初，需明确主

要的资金来源渠道，制定相应的筹款策略，设定一个初始筹集目标，以确保基金有足够的启动资金。

（二）实验建设基金的运行

实验建设基金应成立管理机构、制定运行规则，以确保基金的正常运行，发挥基金的最大效能。①召开基金成立大会。审议通过基金章程和管理机构设置等事项；选举产生理事会和监事会成员，负责基金的日常管理和监督。②制定资金筹集计划和使用策略。通过公开募捐、定向捐赠、企业赞助等方式筹集资金，同时积极争取政府部门资金的支持和投入。③设立项目资助机制。以项目化方式支持基金使用申请，制定项目申报流程和评审标准，确保资助的公平、公正和有效性。④建立科学的预算管理制度。对基金的收入和支出进行严格的预算控制；加强财务监督，确保资金的使用透明、合规、合法。

（三）实验建设基金的管理

实验建设基金必须健全管理制度，保持信息公开与透明，实施运行监督与评估，推进持续改进与优化。①建立完善的实验建设基金管理制度。制定人员管理、财务管理、项目管理等制度，确保基金各项工作有据可依、有章可循、规范运作。②保持实验建设基金信息公开透明。定期公布基金的使用情况和财务报告，接受基金各参与方监督和审查，确保基金的透明度和公信力。③开展实验建设基金运行监督与评估。设立专门的监督机构或委托第三方机构，对基金的运行情况进行监督和评估，及时发现问题并进行整改，确保基金的稳健运行和持续发展。④推进实验建设基金持续改进与优化。根据社会环境变化和基金运行结果，及时调整基金管理、运行策略与办法，通过持续改进、优化不断提升基金的管理水平与运行效率。

三、资源协同：建立新文科实验中心开放共享平台

传统文科实验室分散管理、封闭运行，造成实践资源重复建设、低效利用的现象普遍存在且日益突出。新文科的本质要求是高校培养跨学科人

才，打破组织机构壁垒和学科专业边界，实现资源整合、开放与共享。由此可见，资源协同是新文科本质的内在要求，其关键在于构建新文科实验中心开放共享平台，将实验中心设备、设施、软件、平台及数据等资源进行数字化整合，推进实践资源跨组织机构、跨学科专业开放与共享，为新文科人才培养、科学研究与社会服务提供有力支撑。因此，资源协同是推动新文科实验中心整体建设的本质要求。

（一）建立资源协同机制

高校应与政府机构、行业、企业、研究机构和用人单位等保持紧密的合作关系，建立信息交流与互动机制，促进各方信息与资源共享，提升协同效率与合作效能；明确资源整合目标与方向，制定资源整合规则与策略，确保资源协同符合共同目标和利益；规范资源开放流程，明确资源推送、清洗、整合、反馈与开放等要求，确保资源合理推送与合规开放；建立资源共享规则，明确资源使用权限和规范，确保资源合规利用、高效共享、避免浪费。

（二）构建资源开放与共享平台

利用物理网、云计算、大数据等现代智能技术手段，高校构建新文科实验中心资源开放共享一体化平台，以满足实验教学计划、实验教学大纲和实验教学日历等实验教学档案，实验课程、实验案例、实验项目和实验教材等实验教学资源，学科竞赛、创新课题、创业项目和社会实践等实践育人资源，以及实验室责任体系、实验室管理制度和实验仪器设备运行规定等实验管理资料的数字化、网络化处理与整合，支撑实践资源的全面开放与高效共享，极大提高了实践资源的利用率与受益面。

（三）注重数据安全和知识产权保护

资源开放与共享并非允许侵权，不注重知识产权保护。相反，高校在推行资源开放与共享的同时，应更加重视用户隐私安全和知识产权保护。否则，资源开放与共享将会隐患无穷，不会长久。所以，我们要建立健全数据安全保障机制。采用先进的数据加密技术，设立严格的访问控制机制，及时发现和消除安全隐患，以确保用户隐私数据安全。我们还要建立完善知识产权保护机制，采用数字水印、加密技术等手段来防止盗版和侵权行为，利用大数据和人工智能技术来监测和追踪侵权行为，以防止知识产权纠纷的发生。

第二节 以育人为根本，重构实践育人生态体系

随着社会的快速发展和科技的不断进步，社会对人才的跨学科素养、实践能力、创新思维、国际视野和社会责任感等要求越来越高，以知识和技能培养为主的传统实践教育方式已不合时宜。所以，变革实践教育方式已迫在眉睫，是高校顺应时代发展趋势和提升人才培养社会契合度的现实要求。实践育人作为高校落实"立德树人"根本任务的重要路径之一，通常以实验中心作为主要载体，通过形式多样的实践活动，将理论知识与现实社会进行有机结合，让学生更好地接触社会、了解社会并融入社会，提升学生的动手能力、创新思维和解决实际问题的能力，并逐渐形成正确的人生观、世界观和价值观，进而促使学生成人并最终成为智慧之人。可见，以育人为根本重构实验中心实践育人生态体系，是高校在新时代背景下应对实践育人方式变革的必然选择和应有之义。它坚持以人为本、全人教育等理念，以新文科实验中心为载体，通过明确实践育人目标、强化实践育人环节、优化实践育人资源、健全实践育人保障等举措，构建一个为了学生、尊重学生、发展学生并成就学生的实践教育生态体系。该体系为学生提供更加贴近实际、更具挑战性和创新性的实践育人环境，强调对学生跨学科素养、跨界整合能力、多元创新思维和社会责任感等方面的培养支撑，以促进学生自主学习、多元发展与智慧成长。

一、更新实践育人理念

理念是行动的先导。实践是检验真理的唯一标准，也是培养学生实践能力、创新思维和解决问题能力的重要途径。实践育人的核心在实践，关键在育人，中心是学生。重构实践育人生态体系，首先必须更新实践育人

理念。根据当前高等教育发展趋势,为落实立德树人根本任务,强化教育思想引领,我们提出运用人本主义教育人、钱学森大成智慧启迪人,树立双元实践育人思想。其中,人本主义教育思想强调以学生为中心的教育理念,以发展学生潜能和价值为目标,重视学生情感、价值和追求,倡导对学生实施全方面、全方位的教育;钱学森大成智慧教育思想关注学生的全面发展,重视学生创造性培养和智慧思维养成,注重科学与艺术的结合、微观与宏观的结合,把理、工、文、艺结合起来对学生进行全面系统的教育,让学生在不断变化而又错综复杂的情境训练中,不断获得新发现,发展新思维。综上所述,我们应更新实践育人理念,坚持育人为本、树立学生中心、强调全面发展、重视学以致用,助力学生成人并最终成为智慧之人,以适应当今时代变化和应对未来世界挑战。

(一)坚持育人为本

实践育人即通过实践教育方式育人,育人是本质,实践是形式。所以,更新实践育人理念必须牢牢抓住育人为本这根准绳。新文科肩负为国家培养有道德、有品行、有理想、有信念、有情怀、有情义、有素质、有能力的社会主义建设者和接班人的重任,而实践育人是高校落实立德树人根本任务的重要路径,因此新文科实践育人必须坚持育人为本,并将立德树人贯穿实践育人的全过程。为此,新文科实践育人应关注社会热点,保持与时俱进,立足中国国情,扎根中国大地,弘扬中国精神,塑造中国价值,注重学生品德修养,强化学生价值引领,拓宽学生国际视野,提升学生综合素养,引导学生树立正确的人生观、世界观和价值观,培养学生的道德品质、家国情怀与社会责任感,增强学生的公民意识、诚信意识与团队意识。

(二)树立学生中心

人才培养是高校的基本职能,立德树人是高校的根本任务。无论是人才培养还是立德树人,树立学生中心都应是高校办学必须遵守的基本原则,否则高校便容易偏离其育人的办学初心。新文科实践育人树立以学生为中心的理念,即要尊重学生的差异性、多样性、主体性和创新性,了解学生的个性、特点、兴趣和需求,以满足学生的多元发展和智慧成长为出发点和落脚点，为学生提供个性化、多样化与多元化的实践育人服务。①构建以学生为主体的实践活动。设计与真实世界紧密相连的实践项目，让学生在实践中内化知识、提升能力、感悟成长；开设跨学科、跨领域的创新项目，培养学生的跨学科素养、创新思维和团队精神。②创设新型的师生关系。转变教师角色，从传统的知识传授者变为学生学习的引导者、合作者和促进者；尊重学生主体性，加强学生自主学习、主动实践与深度探究，鼓励敢于发表自己的观点、见解。③创新实践教育方法与手段。倡导案例式、项目式与情境式等实践教育方法，促进现代信息技术与实践教育深度融合，增加学生参与综合性实践与创新性实践的机会，培养他们的自主学习能力、实践创新能力和团队合作精神。

（三）强调全面发展

新文科实践育人强调人的全面发展，注重学生知识、能力、素质和价值观的全面发展培养，包括扎实的专业知识、批判性思维、创新能力、团队协作、跨文化交流以及良好的道德素养和社会责任感。强化学生全面发展，新文科实践教育可从以下四方面落实。①注重知识与技能的全面发展。为学生提供学科竞赛、科研项目、创意设计、创新实训及创业孵化等多样化的实践机会，支撑学生开展跨学科知识学习与实践创新，培养学生跨学科素养与跨领域技能，促进学生知识、技能全面发展。②重视道德品质和价值情怀涵养。鼓励学生参与助研、助教、助管及志愿服务等社会实践活动，让学生在实践中体验生活、反思学习、融入社会、感悟人生，进而树立正确的道德观、价值观与情怀观，培养学生的道德品质、家国情怀与公民意识。③关注情感与心理健康。在实验中心设置学生心理咨询服务站，为学生提供心理咨询和辅导服务，给予学生充分关爱与支持，帮助学生树立积极的人生观和正向的人际观，增强学生适应社会的心理和解决问题的信心。④增强人性发展能力。将文艺活动、体育健康、社团活动、志愿服务及国际交流等融入实践育人教育，培养学生的兴趣爱好与身心健康，拓展学生的学习形式、生活方式和国际视野，提升学生的人际交流能力、团队协作能力和跨文化交流能力，助力学生平稳步入社会、学会经营生活、正确认知自我。

（四）重视学以致用

新文科实践育人重视学以致用，关注学生实践能力的培养和综合素质的提升，注重将学生所学知识转化为解决现实问题和应对未知挑战的能力。新文科实践育人可从以下四个方面落实学以致用。①强调实践教学。加强实验、实习、实训等实践教学环节，让学生在真实情境中进行实践锻炼，提升他们的实操能力和专业技能。②鼓励创新思维。引导学生参与科研项目、创新实验等活动，培养学生的创新意识和创造能力，推动他们不断探求新知和创新思维；③注重社会服务。开展志愿服务、支教、支农、社会实践等公益活动，提供学生亲身体验生活、了解社会的实践机会，增强他们的社会责任感和历史使命感。④注重产教融合。引入企业实际项目、实习岗位、实践基地等实践机会，让学生更加贴近工作实际和职业岗位，提升他们的岗位胜任力和就业竞争力。

二、重构实践育人目标

目标是行动的指南。倘若目标不明确，行动便会失去前行的方向。因此，对于重构实践育人生态体系而言，高校在更新实践育人理念之后，便应重构实践育人目标。依据马斯洛需求层次理论，参照欧美21世纪人才核心素养、中国学生发展核心素养，对标教育部学科专业类教学质量标准，我们重构新文科实践育人目标，可从满足自然人发展的基本素质、专业人发展的综合能力、未来人发展的高阶素养等三个层次的需求，以及跨学科素养、跨界整合能力、实践创新能力、国际视野和社会责任感等五个方面的能力，进行整体设计和系统建构。

（一）知识与技能深度融合

知识与技能深度融合不仅要掌握扎实的专业知识，而且还要将这些知识与操作技能进行结合，达到理论与实践的和谐统一。这种深度融合隐含着三重意义。①理论知识的实际应用。学生能够在实际操作中找到专业知识对应的应用场景。②技能操作的理论支撑。学生能够理解技能操作背后的原理，知道这样做的结果、效果和影响。③知识与技能的相互促进。在学生运用技能处理问题时，可以从中获得新的经验和知识。反过来，这些新获得经验和知识又可以进一步促进学生技能的提升。如此一来，知识与技能在实践中始终保持相互促进、深度融合、螺旋上升。

（二）跨学科素养与跨界整合能力协同推进

跨学科素养是跨越多个学科整合知识、方法和技能，以及运用这些整合的知识、方法和技能去解决实际问题的一种综合素质。跨界整合能力是跨越不同领域、行业或产品进行整合的能力。两者均强调整合、综合的能力与素质，鼓励以更全面、多维的视角去理解、分析与解决现实问题。跨学科素养与跨界整合能力相辅相成，跨学科素养为跨界整合能力提供必要的基础和知识，而跨界整合能力则是跨学科素养在实际问题解决中的拓展和应用，两者共同促进学生的全面发展。要协同提升跨学科素养与跨界整合能力，我们可从以下几个方面入手。①建立跨学科的学习机制。组织跨学科的实验课程和实践活动，鼓励师生共同探索不同领域的学科知识、研究方法与技能。②促进跨领域的交流与合作。搭建跨领域的交流平台与合作项目，鼓励不同学科背景的人员共同参与项目研究合作。③构建良好的组织文化。营造开放、包容、协作的文化氛围，鼓励师生进行广泛的交流合作。

（三）实践能力与创新思维同步提升

实践能力是在实际操作中展现出的综合能力，不仅包括动手能力或操作技能，还包括决策能力、团队协作、问题解决、批判性思维等方面。实践能力是现代社会中不可或缺的一项技能。而创新思维是一种能够创造新的想法、观点或方法的思考方式，它强调从不同视角探究问题，寻找更优解决方案，以提高工作效率或产品价值。实践能力和创新思维相互关联、互为促进，我们可通过积极参与实践，保持好奇心、探索精神以及多元化思考，寻求交叉学科的学习机会，实现实践能力与创新思维同步提升。

（四）跨文化交流与全球视野整体增强

在日益全球化的今天，跨文化交流和全球视野都越来越重要。无论是在商务、旅游、教育领域，还是在日常生活中，人们都需要通过跨文交流来增进对彼此的了解和认识,进而促进文化多样性发展和国际交流合作。而全球视野是指站在全球化、国际化的高度,以开放、包容和协作的精神来看待世界,推动全球发展与共同进步。通过加强外语学习、了解不同文化,以及参与国际项目、短期访学或留学等实践活动,增强跨文化交流能力,拓宽全球视野,促进职业发展和加强国际竞争力。

(五)道德素养与社会责任感显著增强

道德素养和社会责任感是个人品格的重要组成部分,道德素养是社会和谐稳定的重要基石,社会责任感是个体对社会的义务、责任和担当。一个人道德素养的好坏,体现在他对待自己、对待他人和对待社会的态度和行为上;而一个人的社会责任感,则体现在他对社会问题的关注、对公共利益的维护,以及对社会进步的贡献上。通过家庭、学校和社会的协同联动,引导学生关注社会问题、参与社会公益活动、维护社会公平正义,可以显著增强其道德素养与社会责任感。

三、强化实践育人环节

实践育人环节是实践育人生态体系的核心,其包括实验教学、实习实训、社会实践、学科竞赛、科创项目、创新实训、军事训练与劳动教育等内容,是通过实践活动来培养和提升学生综合素质、能力的一系列教育过程。实践育人的目的在于弥补传统课堂教学的不足,让学生通过实践来巩固、内化知识,提升解决实际问题的能力,培养批判性思维和创新精神,以便应对社会变化、顺应未来需求。所以,强化实践育人环节是新文科重构实践育人生态体系的必然要求。

(一)优化实践课程

传统文科实践育人存在实践课程比重不足、实践教学内容陈旧、理论与实践衔接不够紧密等缺陷,亟须通过优化实践课程来强化文科实践育人环节。因此,新文科教育应对实践课程进行合理规划与科学设置,提升实践课程在人才培养方案中的比重,让学生享有充足的实践教育机会与选择,以深化对理论知识的理解,提升知识应用能力与实际操作技能;定期更新实践课程教学内容，开发跨学科、跨领域的实践课程，设计更多综合性、设计性与创新性实验，提升实践课程的高阶性、创新性、挑战度，更好地支撑学生的跨界整合能力和多元创新思维培养。

（二）完善实习实训

实习实训是学生了解行业、熟悉企业、体验岗位的重要途径与方式，是文科实践育人不可或缺的重要环节。同时，它也是文科实践育人的突出短板，存在基地数量不够、导师经验不足、实践内容粗浅、实践过程敷衍等问题。为此，新文科教育应加强校企合作与产教融合，通过供需对接、优势互补与资源共享等方式，共建更多数量、更加稳固、更为优质的校外实习实训基地，大量聘请行业专家、企业高管、业务精英等担任学生校外实践导师，引入企业案例、实际项目、岗位见习与顶岗实习等拓展实习实训内容。

（三）改进社会实践

社会实践是学生深入社会、了解国情、体察社情、体验民情、积累社会阅历、增进社会理解和感悟个人价值的重要途径，对培养学生的社会责任感、团队合作精神和实践创新能力均具有重要作用。但是，高校当前开展的社会实践，普遍存在形式单一、内容空洞、过程随意、效果不佳等问题。针对于此，新文科教育亟待开展社会实践的深层变革。一是深入走访工厂、乡镇、街道、社区和乡村等基层一线，开展社会调查、生产劳动、志愿服务、公益活动和科技服务等，不断丰富新文科社会实践的内容和形式；二是重视学生参与社会实践的态度、能力、表现及结果，重视社会实践的过程性评价与终结性评价、定量评价与定性评价相结合，强调学生评价、教师评价、社会评价等多种评价方式相结合，不断提升社会实践评价的科学性与合理性，进而确保社会实践过程的规范性和严谨性，提升学生参与社会实践的积极性和主动性。

（四）促进创新创业

创新创业实践是学生在教师的引导下，结合所学专业知识，积极参与创新性项目研究和创业活动的一系列实践过程，包括市场调研、商业计划制定、产品或服务的开发与推广、团队管理与运营、风险评估与控制等环节，对培养学生的创意思维、创新精神和创业能力均具有重要作用。现阶段，高校普遍存在创新创业实践课程不足、创新创业实践导师欠缺、创新创业实践平台有限等状况，亟待加强并促进创新创业教育实践。为此，新文科实践育人要重视科教融汇，引导、鼓励教师将科研项目转化为创新实践项目，将科研成果转化为创新实践课程，从而促进科研深度反哺教学，夯实创新创业实践教育；要强化产教融合，与行业协会、产业联盟、合作企业共建创新创业实训平台，制定政策扶持、资金支持和奖励激励等机制，创立名家创新创业讲坛，为学生创新创业实践配备充足的实践平台、提供富足的实践机会，促进产业与教育深度融合，助力学生创新创业能力的培养。

（五）健全学科竞赛

大学生学科竞赛是由学校、学术团体或其他组织机构举办的，针对某一学科或跨学科领域的竞赛活动。它是高校实践育人不可或缺的重要组成部分，不仅可以提升学生的专业素养和创新能力，还能够培养学生的团队精神、合作能力与多元思维，为学生的全面发展打下坚实基础。由于受文科学科竞赛种类不多、专业对口竞赛数量偏少，以及与课程教学的融合度不够、协同不力等因素的影响，高校的文科学生参与学科竞赛的积极性不高、学科竞赛受益面不广、效果不佳。为此，新文科实践育人要培育、拓展并壮大文科学科竞赛，加大学科竞赛宣传与推广力度，完善学科竞赛组织与管理，加强学科竞赛指导与支持，注重科创实践、产教合作与成果培育，完善学科竞赛奖励激励机制，不断健全文科学科竞赛体系，着力提升文科学科竞赛的质量与水平。

四、优化实践育人资源

实践育人资源是实践育人活动得以开展的基础和支撑。它主要存在于高校内部，以及与高校相关联的社会机构和社会组织当中，其内容包含实践教学资源、社会调查资源、创新创业资源、劳动教育资源、综合实践活动资源及助学与研学实践教育资源等，在实践育人生态体系中具有举足轻重的作用。为了充分发挥实践育人资源的作用，新文科应加强对实践育人资源的开发、整合与利用，形成有效的资源共享机制，提高资源的利用效率。同时，注重资源的更新和升级，以适应不断变化的育人需求和社会变化。

（一）实践育人资源开发与利用

实践育人资源开发与利用是对教育资源进行挖掘、识别、清洗、整合与运用的过程，涉及对教育资源的全面梳理、科学分类、合理配置和高效利用，旨在通过科学合理地开发与利用教育资源，实现教育资源的共建共享与互利共赢，为学生提供更多的实践资源、实践平台和实践机会，促进他们的多元发展与全面提升。新文科该如何进行实践育人资源的开发与利用呢？①明确实践育人资源优化目标。注重实践育人资源的创新性和前瞻性，全面梳理、分析现有和潜在的实践育人资源，摸清各类资源的数量、分布与特点，依据新文科实践育人的要求，制定实践育人资源开发与利用的目标。②推进实践育人资源优化配置。注重实践育人资源的实效性和可持续性，基于新文科实践育人目标，合理优化、配置实践育人资源的数量与结构，避免资源的低效利用、浪费与滥用。③拓展实践育人资源开发利用。注重实践育人资源的多样性和互补性，与校外机构、行业、企业和社会组织等加强合作，共建实践育人基地，共同组织实践育人活动，共同开发实践创新项目，进一步拓展实践育人的资源和空间，为学生提供丰富、多样的实践育人资源与平台。

（二）实践育人资源更新与升级

实践育人资源的更新与升级主要是对实践育人各类资源进行持续改进和优化，以提供更加先进、完善、多样化的实践育人空间、环境和平台，从而提升实践育人的质量和效果。具体来看，新文科对实践育人资源的更新与升级，可以从以下几个方向来推进。①提升数字化与信息化。引入 VR、AR、混合现实（Mixed Reality，MR）等新技术，创建虚拟仿真实验项目或平台，创新实践育人方法和手段；利用在线教育技术、工具与平台，提供线上远程实践和模拟实践的环境，使学生能够随时随地进行实践,提升学生参与实践的自主性和自由度。②凸显专业化与特色化。结合所属区域特色、高校办学类型与学科专业优势,对实践育人资源进行再梳理、再凝练,更新改造实验空间、环境设施、硬件设备、软件系统和文化设计等,打造专业化、特色化的实践育人资源与平台。③兼顾国际化与全球化。与国外知名高校、研究机构等保持合作,拓展国际教育资源,开展交流访学、联合培养等国际合作项目,为学生提供可靠的海外实习、访学与交流机会,有力支撑学生跨文化交流能力与国际视野的培养。

五、健全实践育人保障

实践育人保障是确保实践育人活动能够顺利进行,而采取的一系列支持和保障措施,主要包括政策保障、人员保障、经费保障和安全保障等,旨在为学生提供一个安全、稳定、可靠的实践教育教学环境,更好地支撑并服务复合创新型文科人才培养。

(一)加强政策引导支持

政策在实践育人保障中起着重要的引导和支持作用。在重构实践育人生态体系时,我们必须加强政策引领支撑,健全实践育人政策保障。①加强宏观政策引导。政府和教育主管部门出台了一系列的实践育人政策,明确了实践育人在人才培养中的重要性与地位,为高校开展实践育人工作提供了政策依据和宏观指引。②加强中观政策支持。高校自身应根据上级教育主管部门要求,结合学校办学实际,制定实践育人的发展规划、实施意见和行动计划,为新文科实践育人教学计划和活动方案的制定提供支持,进而确保新文科实践育人的前瞻性、严谨性和针对性。③完善微观政策。各专业应根据学校实践育人的政策规划,建立健全自身的实践育人政策。如完善实践育人评价体系,健全实践育人评价标准和方法,客观、公正、全面评价实践育人效果,夯实各专业实践育人政策保障。

(二)完善实践师资队伍

实践师资队伍是保障实践育人工作正常开展的核心。对新文科而言,完善实践师资队伍既要关注现有实践师资的培养,又要注重外部优秀人才的引进，以期构建一个结构合理、能力出众、发展稳定的实践师资队伍，为提升实践育人效果、培养实践创新人才、推进实践教育改革提供保障。①我们应重视现有实践师资的专业发展与培训。加大对现有实践师资的培养，开设新进教师研修班与青年教师研修班，制定青年教师助讲培养制度和专业发展规划，定期开展专家培训报告、实践教学沙龙、示范观摩课等培训活动，不断提高实践师资的教学能力与水平。②我们应加强专兼职优秀实践师资的引进。大力引进具有丰富实践经验、卓越管理能力、突出业务水平的行业专家、技术能手，作为新文科实践教育的兼职老师，形成专兼结合、校内外协同的实践师资队伍结构，不断充实、完善新文科实践师资队伍，为新文科实践育人提供坚实的师资保障。

（三）确保经费稳定投入

经费是高校开展实践育人不可或缺的关键资源，其投入的水平很大程度上决定了高校实践育人的效果。而经费的投入不仅是指经费的数量和规模，而且还涉及经费渠道的稳定性和可持续性。鉴于此，高校应增强新文科实践育人经费投入的稳定性。①高校要争取政府财政投入。将新文科实践育人经费列入政府财政专项预算，确保政府投入作为经费稳定来源的渠道，并逐年稳定增加经费投入的数量。②高校应设立专项经费。将新文科实践育人经费纳入高校年度财务预算，明确经费使用规范，实行专款专用，确保实践育人正常开展与有效运行。③高校应拓宽经费来源与渠道。积极争取社会各界的支持和资助，鼓励社会捐赠、企业赞助、校友资助等，为实践育人的经费投入提供有益补充。

（四）强化实验安全保障

实验安全保障是高校开展实践育人的基础、底线要求，也是实验中心管理最重要、最关键的环节，对确保实验人员安全、实验设备安全和实验环境安全等具有重要作用。因此，加强实验安全是高校健全实践育人保障的重中之重。①我们要建立、完善实验安全管理制度。制定全面的实验室安全管理制度和操作规程，其内容包括实验中心安全责任体系、实验仪器设备管理、实验软件平台管理等，确保实验室各项工作有法可依、有章可循。②我们要加强实验安全教育与培训。定期对实验人员、实验教师、上课学生和其他进入实验室的人员进行实验安全教育、培训和准入考核，提高大家的实验安全意识、隐患处理能力和实验操作技能，确保他们了解并遵守各项实验安全管理规章。③我们要强化实验安全检查与隐患排查。定期开展实验室安全的检查、巡查与督查，及时排除实验安全隐患，建立完善应急处置方案，确保实验中心安全、稳定、高效运行。

第三节 以需求为驱动，构建智慧实践服务平台

在新的时代背景下，面对用户个性化与多样化的需求，以及新文科跨学科交叉、数据驱动与融合创新的特点，传统文科实验室的组织方式、服务方式及管理方式已无法适应新的变化。为此，新文科实验中心应以学生、教师的实际需求为出发点，利用云计算、大数据、人工智能等先进的技术手段，采集、分析用户需求、业务需求及环境数据等多维度信息，集成、整合多学科、多类型、多渠道的实践教育资源、工具与平台，构建集实践资源管理、实践教学支持、实践数据分析与反馈、实验中心管理等功能于一体的综合性平台，以便为用户提供智能化、个性化与便捷化实践育人服务。对学生而言，该平台提供个性化与多样化的学习实践机会，有助于培养学生的跨学科素养、综合实践能力和多元创新思维；对教师而言，它提供精准的实践教学、管理与服务支撑，有助于辅助教师开展实践教学改革创新、提升实践育人效果；对实验中心而言，它提供对实践教育资源、设备、设施等智能管理与控制，有助于优化实践教育资源配置、提高实验中心管理效能等；对学校而言，它提供实验教学与现代信息技术深度融合创新的生动实践，有助于推动新文科实践教育教学的综合改革与创新发展。

一、明确平台目标与定位

目标是定位的具体化，反映定位的方向和重点；定位是实现目标的基础和保证，定位的准确性直接影响目标的实现效果。目标与定位是相互关联、相互支持的。所以，就智慧实践服务平台构建而言，新文科实验中心

需采用科学的方式方法来确立平台的目标与定位，为平台建设提供正确的方向和指引。

（一）确立平台目标与定位的方法

对新文科实验中心建设而言，确立智慧实践服务平台的目标与定位是一项系统工作，需要从教育发展趋势、学校发展战略、用户需求分析、学科优势特色等多方面进行考虑，再经由座谈讨论、专家论证、评估改进等环节，最终确立平台的目标与定位。

（1）了解新文科教育发展趋势。通过关注政策导向、分析市场需求和就业变化，借鉴国际经验，参与学术交流研讨，全面把握新文科教育发展的动态与趋势。

（2）分析用户需求。通过问卷、访谈、座谈与观察等方式，收集学生、教师、学校管理者、家长及用人单位等教育利益相关者对平台的期望和需求。

（3）对接学校发展战略。结合学校的办学理念、特色优势和发展目标，明确平台在学校整体发展战略中的地位和作用，确保平台的目标定位与学校发展战略相契合。

（4）融合学科优势与特色。发挥学科师资、平台、项目等资源优势，充分彰显学科在育人、科研及服务等方面的特色，确保平台的目标定位与学科的优势特色相适切。

（5）组织讨论与专家论证。组织学校相关部门和人员，就平台的目标与定位进行集体研讨、交流，形成初步方案；随后，再邀请教育、技术等方面专家，对平台的目标与定位进行论证、评审，提出专业的修改意见和调整建议。

（6）定期评估与持续改进。定期收集用户需求与使用意见，分析平台运行的状态与效果，及时发现平台目标与定位存在的问题，并对其予以修正、调整，还要对平台进行优化，以确保平台始终保持与时俱进的发展态势。

（二）确立智慧实践服务平台定位

对新文科而言，智慧实践服务平台定位是其发展的重要基础，它指明了平台的发展方向、目标受众以及所提供的功能与服务等。因此，要确立智慧实践服务平台的定位，新文科实验中心应该从平台的发展方向、目标受众、功能服务等方面加以分析。

（1）明确平台发展方向。随着科技的飞速发展和产业的深刻变革，新文科智慧实践服务平台应朝着技术融合与创新、学科交叉与融合、实践教学与科研结合、示范性与国际化并进等方向发展，据此制定有针对性的发展策略和计划，避免盲目发展或偏离初心。

（2）明确平台受众用户。由于新文科教育是一种跨越学科边界、培养复合创新文科人才的新型教育，这就决定了新文科智慧实践服务平台的受众用户必定是跨学科专业、跨组织机构的，涉及不同学科专业的学生、教师，以及不同部门职员、不同学生家长、不同机构用户等。

（3）明确平台服务功能。为学生提供多样化的实践资源、机会和场景，以及个性化的实践学习支持和服务；为教师提供丰富的实践教学资源和工具，帮助他们进行实践教学设计，创新实践育人方式；整合校内外优质实践教育资源，包括课程、师资、实践基地、实践项目、企业案例等；提供科研数据支持、文献检索与项目合作等服务，促进科研支持与学术交流等。

（三）确立智慧实践服务平台目标

目标是指期望达到的具体成果和效果。新文科智慧实践服务平台的目标在于构建一个集资源整合、实践教学、科研支持、学术交流于一体的综合性平台，以推动文科教育的创新发展，提升文科人才培养质量。

（1）促进实践教育资源整合优化。打破校内外资源壁垒，整合、优化新文科实践育人资源，包括课程、师资、实验设备、实践基地等，实现优质实践教育资源的集成、开放与共享。

（2）强化新文科实践育人环节。提供丰富多样的实践教育资源、工具和机会，如模拟实训、虚拟实验、创新项目、学科竞赛及社会实践等，让学生在沉浸式实践体验中深化对理论知识的理解，提升学生的跨学科素养、实践创新能力和解决实际问题的能力。

（3）推动文科教育与信息技术深度融合。利用物联网、云计算、大数据和虚拟仿真等现代信息技术，创设智能化、虚拟化、沉浸式实践育人空间，创新实践育人模式和实践教学方法，推动文科教育朝着数字化、智慧化方向发展，实现文科教育与信息技术深度融合。

（4）促进跨学科融合与交流。打破学科壁垒，拓宽学术视野，激发创新灵感，基于平台建立跨学科互动交流机制，促进不同学科、不同领域之间的交叉与融合，推动文科领域的学术繁荣和创新发展。

（5）提升新文科教育的国际化与影响力。以实验中心为重要载体，与国际优秀教育机构和科研团队合作交流，引入国际先进实践教育理念和资源，鼓励师生参与国际学术交流和实践合作项目，提高学校的国际知名度与社会影响力。

二、规划平台功能与需求

功能是平台所能提供的具体服务或操作，需求是用户对平台所期望达到的目标或解决的问题；功能是平台为满足需求而设计的，需求是功能设计的基础和依据。换而言之，平台的功能应围绕用户需求进行设计和开发，从而确保功能能够真正解决用户的问题并满足他们的期望。在规划新文科智慧实践服务平台功能与需求时，我们需要深入了解和分析用户的需求，根据用户的需求确定平台的核心功能，并通过不断优化和完善功能来满足用户不断变化的需求，以确保平台功能服务的适用性和可持续性。

（一）智慧实践服务平台需求

新文科智慧实践服务平台需求主要来自高等教育利益相关者，包括学生、教师、管理人员、家长、用人单位及社会公众等，旨在分析、收集相关用户借由平台所期望达成的愿望或想要解决的问题。

（1）学生需求。实践学习资源的多元化与个性化需求，实践能力与创新思维培养、提升的需求，个性化学习路径推送与学习进度管理的需求，跨学科、跨领域学术交流互动与参与的需求，以及平台使用的灵活性、便捷性与友好性等方面的需求。

（2）教师需求。实践教育资源获取与共享的需求，实践育人效果与实践互动体验提升的需求，实践教学方法与手段创新的需求，实践教学组织与管理优化的需求，学术交流与科研合作增强的需求，以及个性化技术支持与培训服务的需求等。

（3）管理人员需求。学生管理与个性化指导的需求，实践教学服务与团队协作管理的需求，实践教育资源管理与共享的需求，大数据分析与决策支持的需求，以及平台管理与安全保障的需求等。

（4）家长需求。家校沟通与协作的需求，孩子学习进展与表现及时了解的需求，孩子身心健康关注与保障的需求，以及学习资源与方法优化建议等方面的需求。

（5）用人单位需求。精准选拔与招聘人才，学生实践能力评估与考查，校企合作与协同育人，员工学习与发展支持，以及对员工的实践表现、学习成果等进行评价和反馈等方面的需求。

（6）社会公众需求。实践教育资源免费获取的需求，知识普及、能力提升与文化传承的需求，跨领域合作与交流的需求，以及社会责任与公益服务的需求等。

（二）智慧实践服务平台功能

新文科智慧实践服务平台功能主要用于满足平台关联用户的需求，通过整合实践教育资源、提供在线实践与模拟、数据分析与决策支持、交流与合作平台以及个性化服务等，为目标用户提供全方位、个性化与智能化的功能服务。

（1）智慧实践教学。该平台提供创建、编辑和发布实践课程，管理课程内容和学习进度，以及学情分析、资源定制、工具辅助等教学备课功能，支持教师进行个性化实践教学设计；提供随机点名、任务分组、成果展示等教学组织功能，提升实践教学的参与性、互动性与合作性；提供作业提交、在线测试、在线评估等教学考评功能，支持对实践教学效果的及时评价、反馈。

（2）智慧实践学习。该平台提供丰富的实践资源，支持学生进行在线课程学习、实践案例研讨、学术交流探讨等；提供基于学生学习兴趣、偏好与需求智能推荐实践资源、实践项目和实践活动等功能，满足学生个性化、自主式实践学习需求；提供远程实验、在线协作等功能，支持学生进行跨地域、跨时空的实践学习；提供虚拟仿真、情景模拟、案例分析等多样化实践环境，支持学生进行虚拟化、沉浸式模拟实践，增强学生参与实践学习的体验感与获得感。

（3）智慧实践管理。该平台提供实时显示实验室环境监测数据及安全预警信息，远程查看、分析实验室现场实时运行画面与状态数据，支撑对实验室软硬件设备、设施进行远程集中智能管控；提供用户注册和登录功能，确保平台的安全性和用户信息的准确性；提供在线客服和帮助文档，协助用户解决在使用过程中遇到的问题。

（4）资源整合与共享。该平台允许用户上传实践教育资源，包括实验课程资料、实践教学案例、实践学习报告、学科竞赛案例、创新实践项目、学术文献及专家讲座等；提供对实践教育资源的采集、清洗与分类等功能，打破机构、学科及专业之间的资源壁垒，实现基于用户需求逻辑的资源整合与汇聚，为平台关联用户提供开放、便捷的实践资源共享服务。

（5）数据分析与决策。该平台提供对实践教学、实践学习和软硬件运行等数据的采集与汇聚，支持对学生实践学习行为与成果、教师实践教学过程与效果、软硬件设备使用状态与运行效率等进行大数据挖掘与分析，为学生的个性化学习、教师的精准化教学及管理者的科学化决策提供支撑。

（6）科研支持与学术交流。该平台提供开放式机房、高性能计算机，以及丰富的科研工具、软件和数据等实践资源，支持研究者进行科学研究与数据分析；提供项目协作、文档共享、交流空间等功能，促进研究者之间的科研合作、学术交流、经验分享，以及知识的共享和创新。

三、设计平台技术与架构

新文科智慧实践服务平台以物联网、云计算、大数据和人工智能等为核心技术，以感知层、网络层、平台层、应用层和交互层为基础架构，同时兼具安全性、易用性、高可用性和可扩展性等技术特点，旨在为文科实践育人提供强有力的技术支持和平台支撑。

（一）智慧实践服务平台技术

新文科智慧实践服务平台所涉及的技术，主要包括物联网与传感器、云计算与存储、大数据分析与挖掘、人工智能与机器学习、VR 与 AR、安全隐私保护等，都为新文科实践育人提供了强大的技术支撑。

（1）物联网与传感器。为实验仪器、设备及设施互联互通提供支持，实时监测实验环境温度、湿度及光照等，使平台能够实现实时数据采集和远程智能控制。

（2）云计算与存储。为实验中心提供弹性、可伸缩的计算资源管理，以及海量数据的存储空间，能应对高并发、突发性、个性化的用户需求，确保平台的高性能和稳定性。

（3）大数据分析与挖掘。为实验中心提供海量数据的收集、清洗、转换、建模、挖掘及可视化，可洞察学生的学习行为、学习需求和学习效果，为教师提供精准的教学反馈和改进建议。

（4）人工智能与机器学习。为实验中心提供模拟和执行人类智能任务的能力，包括学习、推理、感知、决策等，能实现自动化、智能化与个性化的实践管理与服务，提升平台的用户体验和运营效率。

（5）VR 与 AR。为师生提供身临其境的实践空间与环境，让平台能够虚拟仿真高危险、高成本、复杂性的沉浸式现实业务情境，提升实践教学的真实感、体验感和获得感。

（6）安全与隐私保护。为实验中心提供数据加密处理和用户访问控制的机制，确保平台数据的安全性和用户隐私的保密性，切实保障用户的合法权益。

（二）智慧实践服务平台架构

新文科智慧实践服务平台架构包括感知层、网络层、平台层、应用层和交互层五个层次。每个层次都有其特定的功能和作用，它们相互关联与作用形成一个有机整体，共同为新文科实践育人提供全方位、智能化的服务支持。

（1）感知层。利用物联网、传感器和智能设备，确保实验仪器、设备与设施的互联互通、智能感知，实时采集实践环境数据、设备运行数据及用户行为数据等，同时也可实时接收后台用户对其下达管理与控制指令。

（2）网络层。利用互联网、无线网等通信技术，将感知层采集到的数据传输到平台进行处理和分析；同时，确保数据传输过程中的安全性和稳定性，防止数据泄露或篡改。

（3）平台层。负责对海量数据进行高效、安全存储，对采集到的数据进行处理、挖掘和分析，以及提供用户管理、权限控制、资源调度等服务。

（4）应用层。提供模拟实验室、虚拟仿真平台、创客空间、在线实践课程、实践智能辅导等实践应用，提供数据挖掘、数据分析、数据可视化、辅助决策等应用工具，提供学生个性化学习定制，以及教师个性化教学设计，为用户提供丰富多样的实践服务与体验。

（5）交互层。提供友好的 Web 界面和移动 App，提供师生在线交流、学习讨论和项目合作，提供便捷的信息查询、反馈等服务，提供与平台交互的接口，方便用户随时随地访问和使用平台服务。

第四节　以绿色为宗旨，筑牢可持续性发展保障

随着全球环境问题的日益突出，绿色环保已成为当前社会普遍关注的焦点，各行各业都需要承担起环境保护的社会责任。新文科实验中心作为高等教育的有机组成部分，是复合创新型文科人才培养的重要实践平台，也应积极践行绿色环保理念。对高校而言，新文科实验中心以绿色为宗旨筑牢可持续性发展保障，既是高校高质量发展的必然要求，又是新时代文科建设与教育改革的必由之路，有助于引导师生树立绿色环保意识，养成健康生活习惯，提升公民意识和社会责任感。在新文科实验中心建设过程中，高校要坚持绿色环保理念，通过确立绿色发展目标、制定绿色发展规划和健全绿色发展制度等行动，促使实验中心合理利用资源、减少能源消耗和废弃物排放，营造绿色生态的实践环境与育人氛围，进而保障实验中心实现绿色、可持续发展。

一、确立实验中心绿色发展目标

新文科实验中心坚持绿色、环保与可持续发展理念，目的在于推动实

践环境、实践方式和管理运营的绿色化转型，从而推动实践育人方式的绿色改革与创新，最终达成培养学生绿色环保意识和可持续发展素养的目标。

（一）推动实验中心可持续发展

秉承绿色发展理念，坚持环保优先和资源节约原则，我们着力构建一个低碳、环保、高效利用的实践育人环境，着力营造一种绿色、健康、积极向上的实践育人氛围，着力打造一个绿色、生态、平衡发展的新文科实验中心，达成实践育人与环境保护的和谐统一，推动新文科实验中心实现长期、可持续发展。

（二）培养新时代绿色文科人才

以绿色发展理念为引领，我们将绿色理念融入新文科实践教育之中，通过绿色实践育人活动的开展，帮助学生树立环保意识，践行绿色低碳生活方式，向他们传授在节能减排、资源循环利用、生态环境保护等方面的知识与技能，促使他们在实践学习体验中理解、反思人与自然的和谐共生关系，进而培养具有绿色思维、环保素养和强烈社会责任感的新型文科人才。

（三）实现实验中心绿色化运营

秉持绿色、环保、可持续的理念，我们引入先进的环保技术和设备，对实验设施设备进行绿色改造和全面升级，降低实验能源消耗，减少废弃物和污染物产生，最大化避免对环境的负面影响，以达到高效、环保的运营状态，打造一个环境友好、资源节约、高效可持续的实践育人环境。

二、制定实验中心绿色发展规划

新文科实验中心的绿色发展规划是一个全面而系统的计划，旨在通过绿色建筑、节能设备、环保材料的使用，以及绿色运营管理、绿色科研与教学、绿色文化推广等手段，构建一个环保、高效、可持续发展的实验中心。该规划不仅关注新文科实验中心建设、运营中的环保问题，还致力于培养学生的绿色环保意识和可持续发展思维，最终目标是实现新文科实验中心的绿色转型与可持续发展。

（一）创建绿色实践环境

采用绿色、低碳、环保的建筑材料和实验材料，以及实验仪器、设施和装置等，集约、节约实验资源与耗材，节省实验成本，减少实验仪器、设备与设施的损耗，降低实验室运营对实验空间与环境的负面影响，创建一个安全、环保、无毒、无害的绿色文科实验中心，为师生实践提供安全、健康的实践环境保障。

（二）推广绿色实践方式

推行案例讨论式、小组互动式、团队项目式等实践教学方式，利用智能技术手段，采用微型实验、模拟实验、仿真实验等代替传统实验，优化实践活动流程与实践育人环节，减少实践育人过程的设备损耗、资源消耗与能源浪费，降低实践育人成本与实验中心运营成本，推广、践行绿色化实践育人方式。

（三）践行绿色科研实践

搭建跨学科、跨领域合作研究平台，整合各方优势资源，实现资源共享与优势互补；引入新的研究技术、新的研究方法和新的研究范式，拓宽文科研究的视野，加强文科研究的深度，促进文科与理科、工科、农科、医科等实现深度交叉与融合，推动新文科研究绿色转型与创新发展。

（四）推行绿色管理运营

建立健全实验中心绿色管理运营制度体系，规范、约束实验室运行使用、实验仪器设备利用、实验资源能源消耗、废弃物回收利用等用户行为；推行实验室绿色化管理与运营，降低实验室运行对环境的负面影响，提高实验资源的利用效率和效益。

（五）培养绿色环保意识

坚持绿色、环保与可持续的发展理念，促进该理念与教师实践教育教学深度融合，引导学生从环境角度出发思考问题和参与实践，培养他们的绿色思维和低碳行为，让他们在学习实践过程中潜移默化地形成绿色、环保意识和可持续发展思维。

三、健全实验中心绿色发展制度

为贯彻绿色实践育人理念，降低实践对环境的负面影响，提高实践资源利用效率，培养学生绿色思维和环保意识，新文科实验中心围绕绿色实验规范、环保教育培训、绿色评价体系和激励机制等方面，建立健全绿色发展制度，以期实现实验中心的绿色运营和可持续发展。

（一）制定绿色实践规范

为践行绿色发展理念，减少环境污染和资源浪费，新文科实验中心制定了一套实践操作指南和行为准则规范。该规范对实验材料的选择、实验方法的应用、废弃物的处理及节能减排措施等方面作出明确规定，以确保实验中心绿色运营和学生环保素养全面提升。

（1）实验材料选择。优先选择可再生、可降解的实验材料，减少使用一次性的易耗品或塑料制品。

（2）实验方法优化。鼓励采用低污染、低能耗的实验方法，优化实验设计以减少资源消耗和废弃物产生。

（3）废弃物处理。严格执行废弃物分类制度，确保有害废弃物得到专业处理。

（4）节能减排。采用节能型实验设备和照明系统，减少能源消耗；科学、合理安排实验时间，避免设备长时间空转或无效运行。

（二）加强环保教育培训

对新文科实验中心而言，加强环保教育培训是实现实验中心绿色、可持续发展的重要保障之一。通过制订培训计划、丰富培训内容和创新培训方式等，新文科实验中心可有效提高师生的环保意识和技能水平，为实验中心的绿色转型和可持续发展提供保障。

（1）制订培训计划。根据实验中心的实际情况，结合师生的实际需求，制订全面、系统、可行的环保培训计划。

（2）丰富培训内容。培训内容要涵盖环保基础知识、绿色实验技术、废弃物处理方法等，同时增加相关案例分析、实践操作等环节，以提高培训的实用性和趣味性。

（3）创新培训方式。采用专家报告、绿色环保沙龙、实践操作演练等多种形式进行培训，确保师生能够全面、深入地理解并掌握绿色、环保知识和技能。

（三）完善绿色评价体系和激励机制

为激发师生积极参与绿色发展和环保活动，新文科实验中心通过建立、完善一套用于评估其绿色发展水平的评价体系，设立相应的奖励措施与激励政策，助力新文科实验中心绿色转型和可持续发展。

（1）制定综合评价体系。确立全面反映新文科实验中心绿色发展的评价指标体系；设定合理的评价标准，确保评价的公正性和有效性；定期进行绿色评价，及时发现问题并进行改进。

（2）设计奖励政策和激励机制。根据绿色评价结果，设立多层次、多类型的奖励激励体系，包括奖学金、荣誉称号等；提供绿色发展项目专项资金，鼓励师生提出并实施具有创新性和实用性的绿色项目。

第七章　新文科实验中心建设架构

系统架构、功能架构和技术架构共同构成新文科实验中心的建设架构，它是新文科实验中心的整体建设蓝图。系统架构是新文科实验中心建设的整体结构和总体布局，描绘整个实验中心的组成结构、运作机制以及与其他系统的关系，为功能架构和技术架构的设计奠定基础，提供指导。功能架构是新文科实验中心建设的核心价值所在，定义了实验中心应提供的各项功能和服务，而这些功能的实现需要依赖于技术架构的技术支持和保障。技术架构是新文科实验中心建设的基础和前提，给出了实验中心所采用的硬件架构、网络架构、数据架构和软件架构，为功能架构的实现提供技术保障。可见，系统架构、功能架构和技术架构之间相互依存、互为支撑。在实际建设过程中，我们需要充分考虑三者之间的逻辑关系，重视它们之间的协调一致和高效运作，以确保新文科实验中心建成一个可支撑跨学科、跨领域人才培养、科学研究及社会服务的综合性实践平台，成为培养具有跨学科素养、跨界整合能力和多元创新思维的新型文科人才的重要基地，为文科领域的教育变革、科研创新和高质量发展提供强有力的支撑。

第一节　系统架构

系统架构是新文科实验中心建设的整体结构和总体布局（见图7-1）。它以数字化、智能化、智慧化为手段，以跨组织、跨学科、跨领域为路径，以实验教学、实践育人、科研创新和社会服务为宗旨，揭示实验中心的内在组成结构、高效协同机制及其与外部系统之间的紧密联系，从而形成以实验中心为纽带的教育利益相关者与其周围环境、资源及系统等要素和谐共生的实践教育生态体系，构筑新文科教育命运共同体。首先，系统架构明确了新文科实验中心的组成结构。该结构涵盖由校外组织机构、校内部门院系和关联学科专业等构成的新文科教育利益相关者，以及实验中心的设备设施、数据资源和软件平台等多个方面。它们共同构成集人才培养、科学研究与社会服务等功能于一体的文科综合实验平台。其次，系统架构揭示了新文科实验中心的协同机制。该机制以教育利益相关者为切入点，通过创建实验中心指委会和学科、专业、支部一体化管理委员会（以下简称三位一体管委会），促进"政—产—学—研—用"协同育人和教学、科研、党建深度融通、耦合，形成新文科教育跨组织机构、跨学科专业协同命运共同体，实现各方资源高效利用、供需无缝对接、人员密切协同。最后，系统架构定义了新文科实验中心与外部系统之间的生态关系。该关系表现为实验中心与外部系统之间一种主动开放、交叉融合、协同合作、和谐共生、动态平衡的紧密关系，有助于促进万物互联、信息互通、数据互享、资源互补、发展互促的新文科实践育人生态体系的形成，推动学科、专业交叉与融合发展，支撑新文科教育改革、创新与可持续发展。

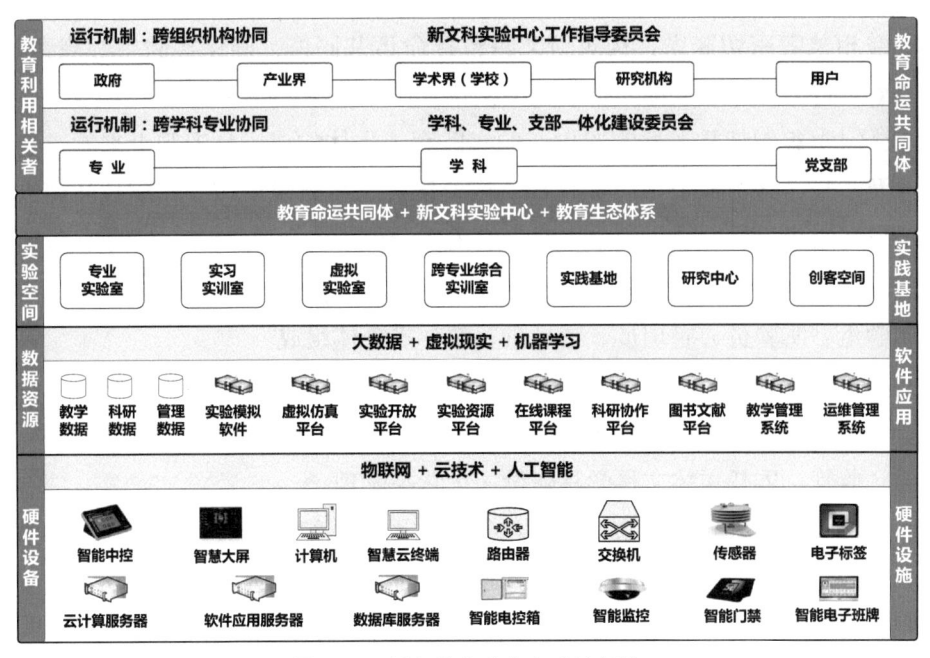

图 7-1 新文科实验中心系统架构

一、组成结构

组成结构是新文科实验中心系统架构的根基,反映实验中心各组成部分或子系统的构成情况,以及它们之间的相互联系和作用关系,主要涉及组织架构和资源结构两个部分。其中,组织架构关注的是新文科教育利益相关者,展现的是以实验中心为纽带,校外组织机构、校内部门院系和关联学科专业等育人主体供需对接、利益共享、风险共担、合作共赢的新文科教育命运共同体;资源结构关注的是新文科实验中心的设备设施、软件平台和数据资源等,表现为以新文科人才培养为核心,资源优化配置、结构动态平衡、发展绿色可持续的新文科实践育人生态体系。

(一)组织架构:新文科教育命运共同体

实验中心既是新文科实践育人的重要平台,又是连接新文科育人主体的桥梁和纽带。对新文科实验中心而言,组织架构包含实验中心的实践育人主体构成、隶属关系和管理体系等多个方面(见图7-2),旨在促进教育利益相关者密切联系,构筑新文科教育命运共同体,确保实验中心规范、高效运行,更好地支撑复合创新型文科人才培养。

(1)组织架构关联实验中心的实践育人主体构成。从宏观上来看,它涉及学校、地方政府、行业机构、产业协会、科研院所、合作院校和用人单位等组织机构;从微观上来看,它由实验中心、学院/系部(学科/教研室、专业)、教务处、合作处、团委、科技处、设备处等部门,以及其所属学生、实验员、管理员、辅导员、教师等个体组成。

(2)组织架构关联实验中心的隶属关系。通常,实验中心被高校设置为相对独立的教辅与科研部门,隶属于学校,受实验室与设备管理处指导、监管,委托主体文科学院建设、运营与管理。

(3)组织架构关联实验中心的管理体系。从结构上看,它分设实验中心领导层,以及教学与科研服务团队、技术支持与服务团队、行政管理与服务团队;从内容上看,它包含实践教学与育人、双创项目与实训、实践设备与资源、实验开放与安全等内容。

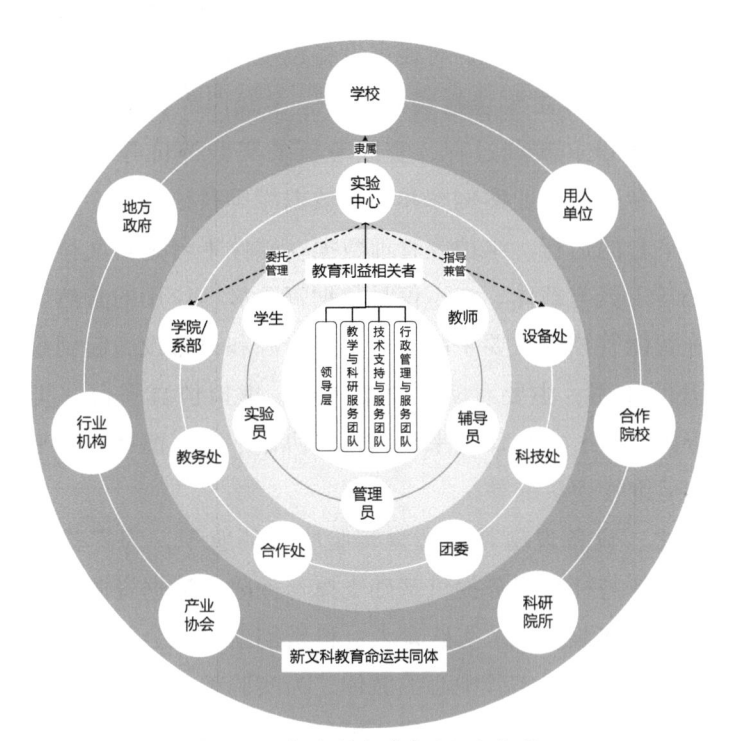

图 7-2　新文科实验中心组织架构

综上可知，新文科实验中心的组织结构以教育利益相关者为线索，以实践育人为核心，以高效运行为目标进行优化与重构，有机连接校内部门、院/系与校外组织、机构，促进各方供需对接、利益共享、风险共担、合作共赢，从而形成新文科实验中心命运共同体。

（二）资源结构：新文科实践育人生态体系

新文科实验中心的资源构成涵盖设备设施、数据资源和软件平台等诸多方面，它们彼此依赖、相互支撑、互为促进、融为一体，形成动态平衡、和谐共生的新文科实践育人生态体系。具体来看，设备设施是新文科实验中心正常运转的重要基石与保障，对数据资源的存储与利用、软件平台的部署与运行等均具有不可或缺的支撑作用，包含路由器、交换机、传感器、电子标签、智能电控箱、智能监控、智能门禁和智能电子班牌等基础设施，智能中控、智慧大屏、计算机、智慧云终端、云计算服务器、软件应用服务器和数据库服务器等重要设备。数据资源是新文科实验中心提质、增效的核心引擎与智慧，对促进设备设施的充分利用和软件平台的高效运行起推动作用，主要包括实践项目、实践课程、创新创业实践、学科竞赛、社会实践、实践过程、实践考核及实践评价等教学数据，科研项目、论文、专著、专业案例库和学科数据库等科研数据，以及设备、设施、软件及平台的运行、维护等管理数据。软件平台是新文科实验中心功能发挥的必备工具与载体，它不仅是数据资源深度应用的必然要求，而且是设备设施智能管控的重要手段，对数据资源和设备设施起到整合、优化和应用提升的作用，主要有实验模拟软件、虚拟仿真平台、实验开放平台、实验资源平台、在线课程平台、科研协作平台、图书文献平台、教学管理系统和运维管理系统等。

简而言之，设备设施是新文科实验中心的躯干，为实验教学、实践育人、科研创新与社会服务提供基础支撑与保障；数据资源是新文科实验中心的大脑，为实验教学、实践育人、科研创新与社会服务提供指导与建议；软件平台是新文科实验中心的肢体，为实验教学、实践育人、科研创新与社会服务提供智能工具与手段。可见，设备设施、软件平台、数据资源之间存在相互依存、互为促进的生态关系，共同支撑实验中心功能发挥与效能提升，形成新文科实验中心资源生态结构体系（见图7-3）。

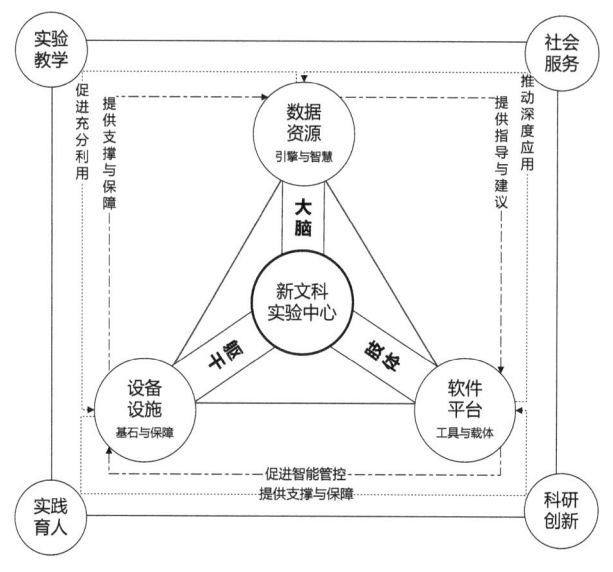

图7-3 新文科实验中心资源生态结构体系

二、协同机制

协同机制是新文科实验中心系统架构的筋脉（见图7-4），它是一个多维、多元协同合作体系，对维系实验中心稳定、高效、有序运转具有关键作用。从宏观层面看，该机制表现为跨组织机构的协同，通过创设实验中心指委会，打破政府、产业界、学术界（学校）、研究机构、用户的组织藩篱，以及党政机关、科研机构、学院（系、部）、群团组织、教辅部门、附属单位的职能约束，促进各方资源开放共享、职能有效衔接、供需无缝对接、人员密切配合，实现"政—产—学—研—用"协同育人。从微观层面看，该机制表现为跨学科专业的协同，通过建立"三位一体管委会"，打破教学、科研、党建的条块割裂和专业、学科、支部的资源壁垒，促进专业复合、学科交叉、支部协同、资源汇聚，实现跨专业、学科、支部协同育人。简而言之，跨组织机构协同、跨学科专业协同是新文科实验中心系统架构协同机制的两个层次，跨组织机构协同为新文科实验中心提供校内与校外组织单位联系、校内机构部门衔接的机制，跨学科专业协同为新文科实验中心提供资源统筹配置、学科交叉融合的机制；两者相辅相成、缺一不可、融为一体，共同助力新文科实验中心协同育人命运共同体的构成。

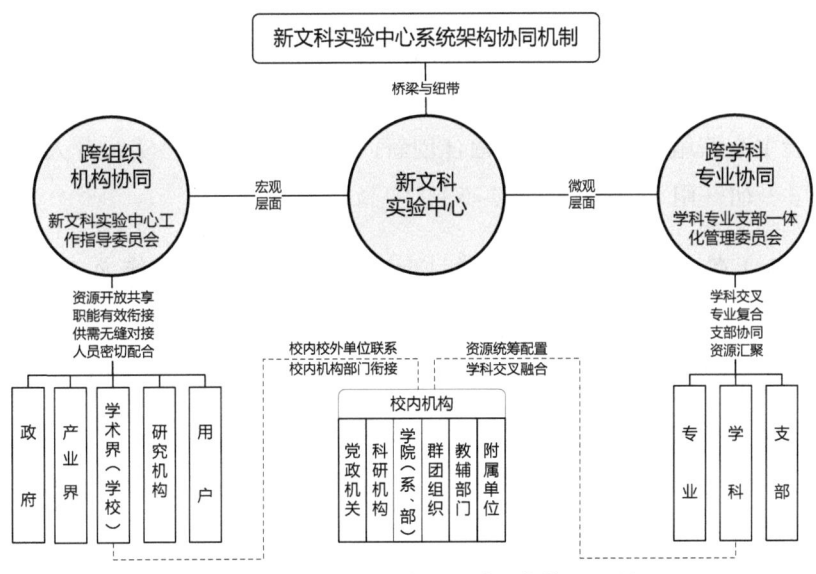

图7-4 新文科实验中心系统架构协同机制

（一）跨组织机构协同：新文科实验中心工作指导委员会

跨组织机构协同是站在人才培养的宏观层面，从新文科实践育人全链条、全要素的角度切入，以实验中心为桥梁、纽带，以复合创新型文科人才培养为核心目标，创建实验中心指委会，通过明确目标、制订计划、定期会议、项目合作、联合攻关和持续改进等方式，打破校内外组织界限和制度约束、校内部门机构职能条块和资源分割，释放各方资源优势，推进各方信息互通、数据流通、业务联通、资源融通、人员相通，达成各方信息聚合、数据融合、业务耦合、资源整合、人员配合，实现各方资源共享、优势互补、业务衔接、供需对接、任务协同与合作共赢的整体目标。

实验中心指委会作为跨组织机构协同的一种机制，是一个由政府领导、教育专家（含校领导）、行业领袖、知名学者和用人单位等多方面人员组成的咨询、指导与协调机构。它不仅关联政府（政策、制度、资金、平台）、产业界（行业协会、产业联盟、典型企业）、学术界（学校）、研究机构（智库、研究院、研究所）及用户（个人、用人单位、用人企业）等校内外组织，而且涉及党政机关、科研机构、学院（系、部）、群团组织、教辅部门及附属单位等校内机构；负责协调统筹政府的政策引导与资金扶持、产业界的实际问题和市场需求、学术界的知识储备和智力支持、研究机构的科学研究和技术研发、用户的成果转化与技术应用；促进政策链、产业链、教育链、创新链、人才链"五链"有机衔接与深度融合，推动实验中心跨组织机构协同与融合创新，全面支撑新文科实践育人"政—产—学—研—用"协同（见图7-5）。

（二）跨学科专业协同：学科专业支部一体化管理委员会

跨学科专业协同是站在人才培养的微观层面，结合学校内部新文科实践育人的一体化问题，通过创建三位一体管委会等机制，化解传统学科专业资源壁垒、教学科研融汇乏力以及教书育人联动不足等困境，推动学科、专业、支部资源共享、职能联动、协同育人，为复合创新型文科人才培养提供稳健、一体的机制支撑。

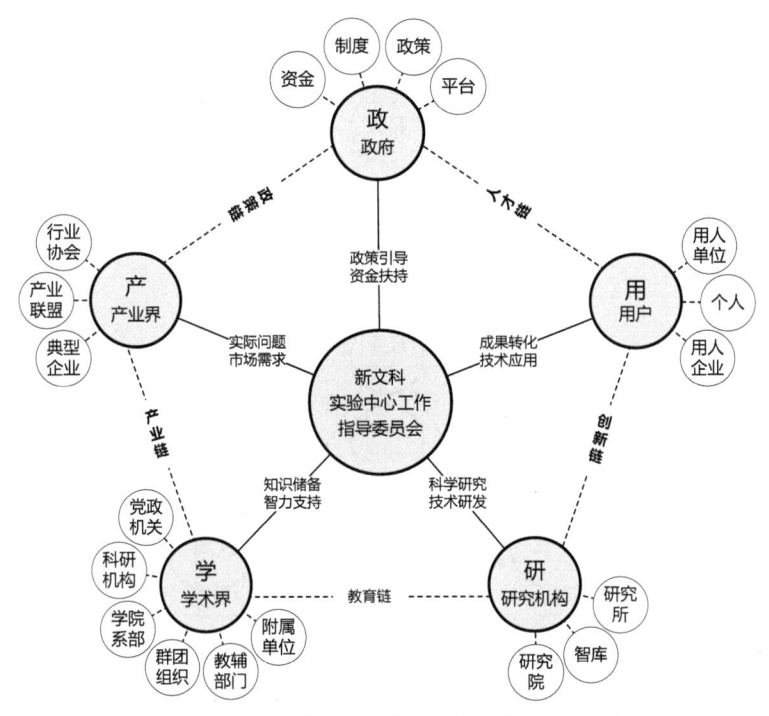

图 7-5　新文科实验中心跨组织机构协同机制

三位一体管委会作为新文科实验中心跨学科专业协同的一种机制，目的在于推动学科、专业、支部的组织一体化、经费一体化、职能一体化和考核一体化；设置学科专业负责人岗位（兼党支部书记），对学科建设与科学研究、专业建设与人才培养、支部建设与思政育人负总责，促进学科、专业、支部的组织一体化；以学科为单位预算、核拨年度建设经费（含专业、支部建设），学科专业负责人主管学科经费开支与核销，促进学科、专业、支部的经费一体化；以学科专业负责人为纽带，推动教学科研深度融汇、教书育人紧密联动、科研育人深度融合，引导学科（科研）为人才培养提供知识、方法与科创训练，专业（教书）为人才培养提供技术、能力与素质锻炼，支部（育人）为人才培养提供思想、情怀与价值锤炼，实现知识、能力、素质、价值一体化培养，促进学科、专业、支部的职能一体化；出台学科专业负责人岗位年度述职与考评制度，将学科建设与科学研究、专业建设与人才培养、支部建设与思政育人统一纳入考核范围，采取综合考核与评定，考核结果与学科专业负责人年度考核挂钩，促进学科、专业、支部的考核一体化（见图7-6）。

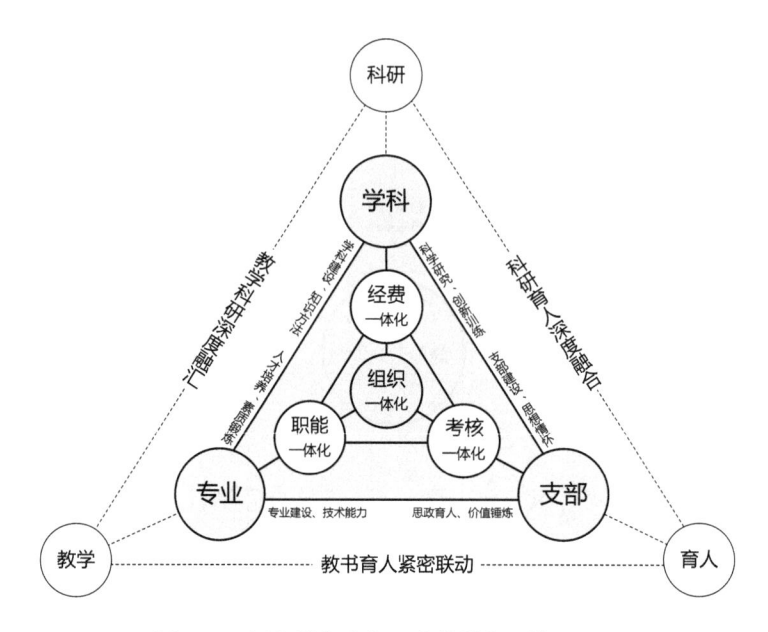

图7-6　新文科实验中心跨学科专业协同机制

第二节　功能架构

功能架构是新文科实验中心建设的核心价值所在，主要包含实验教学、实践育人、科研创新与社会服务等四大功能，它们相互关联、互为支撑、融为一体，共同构成新文科实验中心的核心功能体系。

实验教学是新文科实验中心的基础功能。通过改造、升级与再优化，新文科实验中心拥有先进的实验设备设施、完备的实验软件平台和丰富的实践资源，可为学生提供开放式、多样性与个性化实践环境，让他们在沉浸式实践体验中巩固知识、深化理解，提升洞察、分析、解决现实问题能力，增强学生的团队沟通与协作能力，培养学生的跨学科素养和批判性思维。

实践育人是新文科实验中心的核心功能。通过创设社会调查、田野考察、志愿服务等实践活动，新文科实验中心可为学生提供类型各异、形式多样、内容丰富的实践机会，让他们在实践活动中培养公民意识、团队意识、实践能力和创新思维，提升学生的综合素质、价值情怀和社会责任感。

科研创新是新文科实验中心的关键功能。通过跨组织机构与跨学科专业的协同合作，实验中心为项目开发、技术交流及学术探讨等科技创新活动的开展提供支撑，汇聚众多优秀人才、研究团队与科创项目，为学生创新实践提供大量的优秀导师和难得的机会。这不仅有助于促进学科交叉与融合，而且有助于推动研究方法技术创新和推进实验技术集成应用，培养具有创新精神、创意思维和创造能力的新型文科人才。

社会服务是新文科实验中心的重要功能。通过与政府、行业、企业、社区等保持紧密合作，新文科实验中心为科技咨询服务、科技成果转化、社会教育培训和文化传承创新等社会服务的开展提供重要平台。这不仅有助于为政府、企业等提供决策参考和智力支持，而且有利于解决社会问题、履行社会责任、推动社会和谐发展。

可见，实验教学为实践育人提供了拓展基础，实践育人为科研创新提供了融合路径，科研创新为社会服务提供了应用成果，社会服务则为实验教学提供了创新需求，该四大功能保持相互关联、相互融合、相互支撑、相互促进，共同形成良性循环、螺旋发展、和谐共生的新文科实验中心功能架构（见图7-7）。

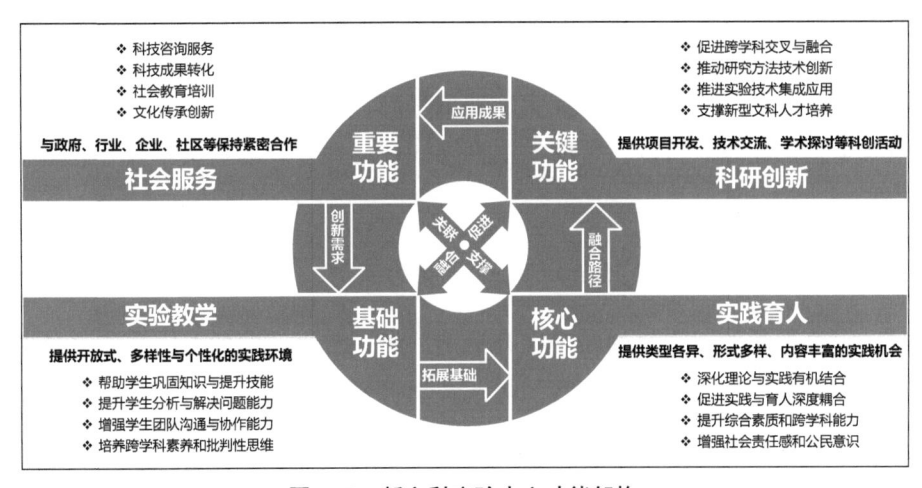

图7-7 新文科实验中心功能架构

新文科实验中心建设的理念逻辑、路径方法与内容架构
——浙江农林大学经济管理省级重点实验教学示范中心探索与实践

一、实验教学功能

实验教学是新文科实验中心的基础功能。对新文科而言,实验教学是一种以实验中心为主要载体的创新教学方式,常设基础性、专业性、综合性、创新性等递进式实验层次,运用案例分析式、小组互动式、实地调研式、情境模拟式、虚拟仿真式等实验方法,通过亲身参与实验操作、流程演练、情境模拟、角色扮演等实验手段,深化学生对理论知识的理解与应用,破解传统文科教育重理论轻实践、理论与实践脱节等问题,增强学生的动手能力、观察能力、分析能力、解决问题的能力,以及团队精神、跨学科素养和批判性思维。新文科实验中心应为实验教学的实施,提供完善的实验设备设施、齐备的实验软件平台、灵活的实验计划安排、丰富的实验教学资源、个性的实验教学方案和智慧的实验教学管理等,以此支撑实验教学发挥以下功能作用。

(一)帮助学生巩固知识与提升技能

新文科实验中心为实验教学提供了完善的实验条件和沉浸的实验体验,通过实验教学展开实验操作、流程模拟、问题探究与体验反思,有助于学生加深对知识的理解、原理的领悟及现象本质的把握。同时,在实验教学中,学生通过亲自操作实验设备或软件平台,亲身扮演岗位角色,全程模拟业务流程,真实处理岗位业务,有助于其提升专业技能和业务能力。可见,在实验教学中,巩固知识和提升技能是相互关联、互为促进的,巩固知识为技能的提升奠定了理论基础,而提升技能又进一步巩固和拓展了知识体系。所以,帮助学生巩固知识与提升技能是实验教学的基本功能。

(二)提升学生分析与解决问题能力

实验教学的根本目的在于提升学生分析、解决问题的能力。新文科实验中心为实验教学提供了丰富的实践教学资源、实践创新项目与实际应用案例,有力支撑了实验教学对学生分析与解决问题能力的提升。在新文科实验教学中,教师围绕特定的现实问题,结合学科理论与专业知识,创设

大量的综合性、设计性实验项目，将理论知识与现实问题进行有机整合；通过全程参与实验项目、亲身模拟问题情境，综合运用观察、比对、统计、分析、推理和演绎的方法，深入理解、把握问题背后的事物本质，掌握分析、解决问题的关键技能方法，从而不断提升自己分析、解决实际问题的能力。

（三）增强学生团队沟通与协作能力

实验教学作为新文科实验中心支撑的一项基础功能，对增强学生的团队沟通与协作能力具有明显效果。①实验教学常常涉及任务分工、小组讨论、资源共享等环节，学生在这些环节中可以学会如何与人交流想法、分享观点、协调意见，从而有效提高学生的团队沟通能力。②实验教学往往以小组形式开展，每个小组成员有着不同的实验任务和共同的实验目标，这种小组实验有助于培养学生的团队协作精神，增强学生的团队凝聚力与使命感。③在实验过程中遇到的任何问题和挑战都离不开团队力量的参与，需要团队成员共同讨论、集思广益、各施所长、相互协作来解决问题、化解风险，这个过程也增强了学生的团队沟通与协作能力。

（四）培养跨学科素养和批判性思维

新文科实验中心是跨学科专业的重要实践平台，为培养学生的跨学科素养和批判性思维提供了有力支撑。在新文科实验教学中，老师常常会引入大量的实际项目或案例进行模拟实验，以引导学生跳出单一学科框架和固有思维定式，鼓励学生从多学科、多领域的角度统筹运用多种理论、技术、方法和手段，批判性、创新性地提出自己独特的想法、见解和解决方案，进而逐步形成自身更为完整的理论体系和更加多元的思维模式。可见，培养学生的跨学科素养和批评性思维，既是新文科实验中心建设的应然之策，又是新文科实验教学的实然之境。

二、实践育人功能

实践育人是新文科实验中心的核心功能。对新文科而言，实践育人是实验教学的扩展与深化，是思政教育与专业教育的深度融合，也是对学科实践、跨学科实践和综合实践的强化；它通过社会调查、田野考察、志愿服务、科技服务与劳动锻炼等实践活动，帮助学生将理论知识与实际问题、学习成才与涵养成人进行有机结合，深入理解学科理论，深刻洞察社会现象和人类行为，提升学生跨界整合能力、多元创新能力和解决问题的能力，并形成正确的世界观、人生观、价值观，以支撑培养适应新时代发展需求的新型文科人才。所以，新文科实践育人应具有深化理论与实践有机结合、促进实践与育人深度耦合、提升综合素质与跨学科能力、增强社会责任感和公民意识等主要功能，以满足新时代、新变化对文科人才培养提出的新需求。

（一）深化理论与实践有机结合

新文科教育旨在培养适应新时代发展需求的复合创新型文科人才，而独立思考、分析并解决实际问题是复合创新型文科人才必备的素质与能力。所以，新文科实践育人既要注重引入实践案例和实际问题，又要注重理论知识的实际应用和持续创新，深化理论与实践的有机结合，让学生将理论应用于实际沉浸式情境中，通过亲自操作、全程模拟和亲身体验，不断加深对理论的理解、知识的应用、情境的分析和人性的把握，从而不断更新、完善自身的理论体系和实践能力。

（二）促进实践与育人深度耦合

文科的本质在于育人。然而，受功利化办学思想的影响，文科教育逐渐迷失了其育人的初心。所以，新文科的根本使命就是要回归育人，致力于服务人的自由而全面的发展，培养具备社会适应力、生活洞察力与未来前瞻性的新型文科人才。实践作为新文科人才培养的必要环节，唯有将其与育人进行深度耦合，才能确保新文科实践育人既关照到实践的属性又兼顾到育人的要义，从而达成在实践中深化育人、在育人中提升实践的目的，而不至于让新文科人才培养又重新走上传统文科教育的老路。

（三）提升综合素质与跨学科能力

新文科之"新"在于守正创新，在坚守育人本质的基础上，注重学科交叉与融合，运用新理论、新技术、新方法改造、重组、更新传统文科。新文科实践育人应体现新文科守正创新的基本要义，具备提升学生综合素质与跨学科能力的功能。所以，新文科实践育人不仅要注重理论知识的传授，更要强调知识的综合应用与跨学科整合，设计综合性、跨学科、跨领域的实践项目；通过流程模拟、角色扮演和亲身体验等实践方式，引导学生综合运用不同学科的知识、技术和方法分析、解决实际问题，从而提升自身的综合素质和跨学科能力。

（四）增强社会责任感和公民意识

新文科的本质在于育人，目标是培养理想信念坚定、爱国情怀深厚、思想品德高尚和能力素质全面的社会主义建设者和接班人。可见，增强学生的社会责任感和公民意识是新文科育人的应有之义，也是新文科实践育人不容忽视的重要功能之一。新文科实践育人应创设社会考察、田野调查、社区服务、公益活动、劳动锻炼等多样化实践活动，提供更多让学生深入了解社会现象、深度关注社会问题、深刻理解社会责任的机会，引导他们关爱他人、关心社会、热爱公益、乐于奉献，增强社会责任感和公民意识，争当有担当、有责任感和使命感的新时代公民，立志为中国特色社会主义现代化强国建设贡献力量。

三、科研创新功能

科研创新是新文科实验中心的关键功能。从内涵来看，科研创新是指在科学研究中，通过新的思路、方法或技术，对未知领域进行探索，或对已知问题进行新的阐释和解决的过程。对新文科实验中心而言，通过集聚多学科理论知识、研究方法及研究范式等，运用新一代人工智能技术，推动跨学科交叉与融合、研究方法技术创新、实验技术集成应用，拓展文科研究的广度和深度，通过科研创新深化文科教育改革，以培养具有跨学科素养、批判性思维和多元创新能力的新型文科人才。

（一）促进跨学科交叉与融合

新文科实验中心既是一个跨学科的教学平台，又是一个跨学科的科研平台。新文科实验中心打破了传统的科层壁垒、职能界限和资源制约，是真正意义上多方共商、共建、共治、共享与共赢的协作平台。基于该平台，新文科的科研创新可以跨越组织机构和学科专业的边界，开展跨组织的校企合作、跨机构的学术交流、跨学科的项目研究、跨专业的创新实践等，推进不同学科背景的师生合作、不同学科专业的知识交叉、不同学科领域的技术融合，进而促进跨学科的交叉与融合，拓展新文科研究的内容与视角，开创新文科研究的范式与方法。

（二）推动研究方法技术创新

新文科实验中心作为一个综合性、开放性的实践创新平台，引入并应用了大量先进的科技手段，配备了较为完备的实验设备、软件及平台，打破了传统学科专业的界限，促进了多学科的深度交叉与融合，为新文科研究方法与技术创新奠定了坚实基础。例如，云计算、大数据、机器学习与人工智能等新技术应用，为文科研究提供了新的视角与方法，有助于探索文科研究的新路径。另外，多学科深度交融的环境，为不同领域知识、技术的相互碰撞与结合提供了有利条件，有助于创造性产出新的研究思路与方法。

（三）推进实验技术集成应用

对新文科科研创新而言，实验技术集成应用是指实验中心在科研过程中，积极探索并实践多种实验技术的交叉融合应用。这种集成应用不仅可以提升实验效率，而且能够拓展研究的深度和广度。例如，大数据分析与可视化、机器学习与人工智能、VR与AR等技术的集成应用，有助于构建跨学科、综合性、可视化的实践创新平台，大幅减少实验的重复劳动，沉浸式模拟复杂的实验环境，可视化分析海量的实验数据，从而显著提高实验效率、拓展实验范围、提升实验准确度与可靠性。

（四）支撑新型文科人才培养

新型文科人才是指具有跨学科素养、跨界整合能力和多元创新思维的时代新人，其既能处理复杂问题，又能应对陌生情境，肩负着建设中国特色社会主义现代化强国的重要使命。新文科实验中心科研创新为学生创设了大量的创新项目和实践机会，而且这些项目与机会基本上都来自社会的实际问题或应用情境，具有鲜明的跨学科性和跨领域性，涉及前沿理论技术和研究方法手段。这有助于引导学生深入关注社会现象和问题，增强学生的社会责任感和使命感；有助于激发学生创新能力，使学生勇于探索、尝试新理论、新技术和新方法，不断拓宽自身的专业知识、实践能力和综合素质，提升跨学科素养、跨界整合能力和多元创新思维。

四、社会服务功能

社会服务是新文科实验中心的重要功能。对新文科实验中心而言，社会服务功能主要是指其在人文社会科学研究和应用领域，利用其在平台、资源、技术和人才等方面的优势，为社会提供有益支持、帮助和服务的能力。这种能力主要体现在以下四个方面。①新文科实验中心为社会提供科技咨询服务，助力政府、企业和非营利组织做出科学决策。②新文科实验中心为社会提供成果转化服务，推动人文社会科学成果朝着产业化和市场化方向进行应用转化。③新文科实验中心为社会提供教育培训服务，帮助社会相关从业者提升专业素养和实践能力。④新文科实验中心为社会提供文化传承服务，向公众弘扬、传播优秀的传统文化和科技文化。简而言之，通过社会服务，新文科实验中心可以与社会保持紧密联系，促使其深入了解社会需求，开展有针对性的科研及服务，快速完成科研成果转化，化解社会相关现实困境，从而产生积极的社会效应。所以，社会服务功能对新文科实验中心具有重要的作用和意义，是其实现自身价值、推动社会进步不可或缺的一环。

（一）科技咨询服务

科技咨询服务是新文科实验中心利用其专业的科研团队、丰富的科研资源和先进的科技手段等，为外部机构或个人提供专业的科技建议和解决方案，帮助他们解决实际问题并推动各自业务高质量发展。作为连接学术研究与实际业务的桥梁之一，新文科实验中心为外部机构或个人提供了科技咨询平台，客户经由该平台向科研专家提出科技服务需求，专家在调研、分析需求的基础上为客户定制解决方案，提供方案实施技术支持和跟踪服务，并通过数据分析、模拟实验的方式优化调整方案，确保咨询建议的科学性和实用性，助力客户的业务发展取得更大的突破和更好的效益。

（二）科技成果转化

科技成果转化是对科研成果进行后续试验、开发、应用、推广，直至形成新产品、新工艺、新材料，发展为新产业、新服务等活动的过程。这是一个复杂而系统的过程，需要政府、企业、高校和研究机构等多方合作。新文科实验中心作为一个跨组织机构平台，与政府、企业和研究机构等均保持着紧密联系，可以无缝承担起科技成果转化的功能。通过"政校企"与"产学研"的合作方式，新文科实验中心可为科技成果转化引入政策扶持、产业支持和技术支撑，创造良好的科技成果转化条件，确保科技成果转化与政策导向相一致、与市场需求相结合、与技术发展相适应，推动科技成果实现快速转化和应用。

（三）社会教育培训

社会教育培训是新文科实验中心利用自身设备、资源、人才及成果等优势，面向社会提供的系统化、专业性教育培训服务，旨在培养具有新人文精神、跨学科素养、跨界实践能力和多元创新思维的新时代文科人才。新文科实验中心通过系统调研、梳理社会人员对新文科领域知识、技能、素养的教育培训需求，分类设计跨学科、综合性、创新性实践培训课程，面向在校学生和社会各界人士（含公务员、企事业单位员工、社会组织人员等），开展专家讲座、案例分析、研讨会、实践模拟、实地考察等形式多样的教育培训活动，以满足不同人群为适应新时代社会变化而产生的学习需求和发展要求。所以，社会教育培训既是新文科实验中心培养新时代文科人才的重要手段，又是其履行社会责任、服务社会发展、承担社会服务功能的重要途径。

（四）文化传承创新

新文科实验中心作为贯彻新文科守正创新建设理念的生动实践，担负着高校传承与创新中华优秀传统文化的重要使命。文化传承与创新既是对中华优秀传统文化的弘扬与传播，也是对新时代人类文化、价值追求和精神世界的发掘与重塑，体现了对以人为本、求真、求善、求美、为人、成人等理念的关注与重视。具体来看，新文科实验中心通过邀请专家、艺术家和科学家等知名人士，以举办讲座、展览、文化活动和实践体验等形式，向在校学生及社会公众弘扬、传播中华优秀传统文化，宣传、推广先进新兴文化，以培养大家的文化自觉和文化自信，增强大家的民族认同感和凝聚力，进而推动文化的传承、创新与复兴。

第三节 技术架构

技术架构是新文科实验中心建设的基础和前提。它遵循模块化与层次化的设计理念，注重系统的安全性、稳定性、灵活性、可扩展性和可维护性，包含硬件设施架构、网络通信架构、数据中心架构、软件体系架构等组成部分，为实验教学、实践育人、科研创新和社会服务等核心功能的实现提供技术支撑。对新文科实验中心而言，硬件设施架构指的是实验中心基础物理设备和设施的总体结构或布局，包含实验室空间布局与环境规划、实验室设备设施规划（含实验室安全设施、实验室文化设施、实验室家具电器、实验室强电弱电设施、实验室教学设备等）和服务器机房设备设施规划，为实验中心正常运转提供必要的物质基础支撑；网络通信架构指的是实验中心内部及其与外部通信网络的布局和结构，包括实验室网络布局架构、实验室网络拓扑结构、实验室网络通信协议及实验室网络安全策略等，为实验中心内、外部网络通信提供有效的桥梁纽带支撑；数据中心架构关注的是实验中心数据的存储、管理、分析和可视化等，涉及数据库、数据仓库、数据挖掘工具、数据分析平台和数据可视化工具等，为实验中心管理决策提供强大的数据处理支撑；软件体系架构指的是实验中心内所有软件系统的组件、模块、接口以及它们之间的交互方式，涵盖智慧实验教学平台、实践资源共享平台、融合桌面云平台、智慧实验大数据平台、智慧实验开放平台及智慧运维管理平台等，为实验中心业务开展及其管理运行提供完备的平台支撑。

简而言之，在新文科实验中心技术架构中，硬件设施架构、网络通信架构、数据中心架构、软件体系架构是相互依赖、相互影响的；硬件设施架构为网络通信架构、数据中心架构和软件体系架构提供物质基础；网络通信架构为数据中心架构和软件体系架构提供通信支持；数据中心架构为软件体系架构提供数据支持；而软件体系架构则基于硬件设施架构、网络通信架构和数据中心架构，实现实验中心的各项功能和业务需求（见图7-8）。

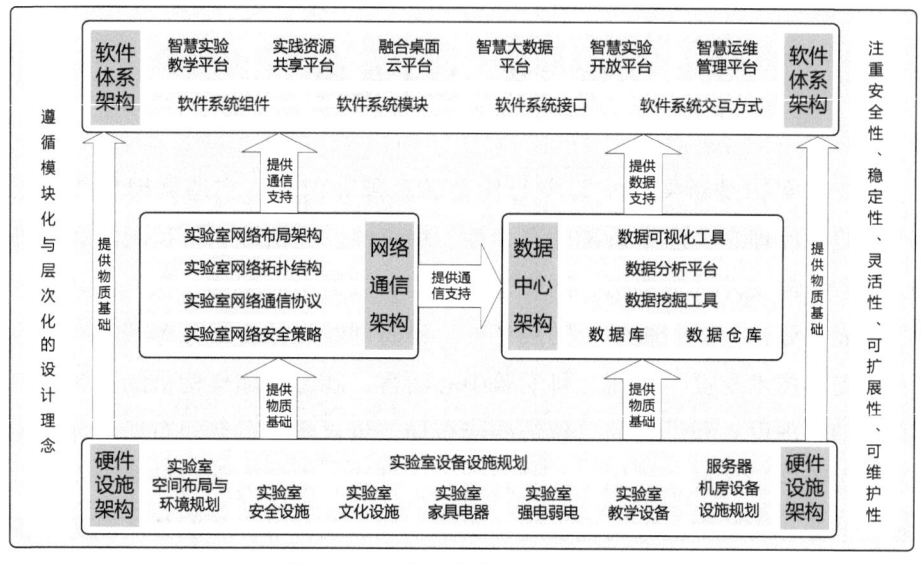

图7-8 新文科实验中心技术架构

一、硬件设施架构

硬件设施架构是新文科实验中心基础物理设备和设施的总体结构或布局，包含实验室空间环境规划布局、实验室设备设施规划配置和服务器机房设备设施规划设计等三个方面，旨在支撑实验教学、实践育人、科研创新和社会服务等核心功能。在设计硬件设施架构时，我们应坚持功能需求导向，以复合创新型文科人才培养为驱动，助力推动跨学科知识融合、跨领域能力整合、跨专业素质复合；坚持资源共建共享，打破学科资源壁垒，构建实验资源共享平台；坚持智慧化改造升级，引入人工智能技术，打造智慧型、综合性文科实验室；坚持模块化与层次化设计，分模块规划硬件设施，分层次设计模块功能，确保信息顺畅传递、业务高效处理。同时，我们还需遵循安全性与可靠性优先、稳定性与可扩展性并重、开放性与兼容性并行、先进性与实用性结合等基本原则，确保实验室硬件设备设施安全可靠、平稳运行、架构开放、伸缩性强、技术先进、经济实用，为构建具有生态性、综合性和可持续的新文科智慧实验中心提供基础条件支撑。

（一）实验室空间环境规划布局

实验室空间环境的规划布局关系到实验中心的运行安全、功能发挥和未来发展，是新文科实验中心立足当下、着眼长远的基础性建设工程。为此，我们应致力于创设一个学科文化浓厚、功能结构完善、空间布局合理、环境规划科学的新文科实验中心（见图7-9）。

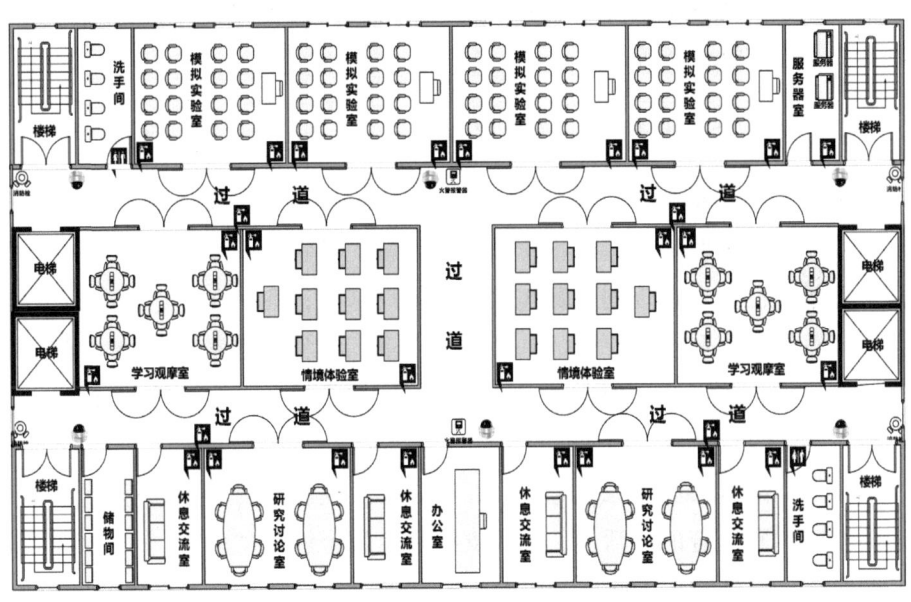

图7-9　新文科实验中心空间环境规划布局

在布局实验室空间过程中，我们应进行整体谋划、科学布局，做到模拟实验区、研究讨论区、情境体验区、学习观摩区、休息交流区、物品储存区和办公服务区等的功能清晰、布局合理、联通便捷；楼层上下实验室类型、功能有所区分，类型、功能相同或关系紧密的实验室优先放置在同一楼层，使用频率高、人员参与多的实验室优先放置在较低楼层；在尊重不同学科专业实验类型客观区别的同时，注重跨学科专业实验的功能整合与空间组合，促进不同学科专业的相互交流、渗透与融合。

在规划实验室环境过程中，我们要关注实验室的安全、舒适、环保和可持续发展等方面的需求，科学配置防火器材（烟雾探测器、灭火器、灭火毯等）、防盗装置（防盗门、摄像头、监视器等）、逃生装备（手套、护目镜、安全绳等），以及火灾报警器、逃生路线图、应急照明灯、安全出口标志等；精心营造新文科文化，在地面、墙面和顶面等装饰设计时融入学科专业特色元素，在色彩、光照及材料选择时契合新文科实验特点，创设舒适、温馨、宁静的新文科实验文化氛围；广泛选用节能环保建材，使用 PVC（Polyinyl Chloride，聚氯乙烯）地板或耐酸碱瓷砖、低 VOC（Volatile Organic Compounds，挥发性有机化合物）墙面涂料、石膏板或金属板吊顶、双层中空钢化玻璃和夹胶安全玻璃门窗，配备通风系统、节能灯具和其他节能设备等。

（二）实验室设备设施规划配置

对新文科实验中心而言，实验室设备设施是其承担人才培养、科学研究与社会服务等职能的基础物质条件，在新文科实验中心建设过程中占据非常重要的位置。在规划配置实验室设备设施时，我们在坚守硬件设施架构设计总体思路和基本原则的基础上，着重围绕实验室家具电器、强电弱电和仪器设备等三个方面，进行针对性规划和系统性设置，旨在打造一个功能完备、智慧开放、高效运行的新文科实验环境。

在规划配置实验室家具电器时，我们要关注课桌椅使用的舒适性、移动的便捷性和组合的灵活性，确保支撑师生的个性化"教""学""练"等实验要求；关注空调、暖气、灯具等电器的功率和能耗，确保实验室电器设备的低碳排放、绿色节能。

在规划配置实验室强电弱电时，我们要分开设置动力用电与实验用电供配电线路；对供电可靠性要求较高的设备，采用双路电源末端配电装置；对电压稳定性要求较高的设备，采用交流稳压电源供电；选用符合国家标准的优质材料，严格按照设计要求进行弱电线路敷设、连接等；建立良好的接地系统，确保弱电系统、设备的防雷和抗干扰性；配置、预留合适的接口位置，方便后期弱电设备的拓展使用。

在规划配置实验室仪器设备时，我们要综合考虑实验室的功能性、安全性和智能化等多方面的要求，配备高性能的计算机、工作站或智慧云终端，以及相关的专业仪器和设备，支撑师生教学、科研、社会服务平稳、高效开展；配置物联网、无线网、智能监控系统、智能门禁系统和智能电子班牌等，确保实验室安全运行与智慧开放；购置智能中控系统、自动升降讲台、智慧电子白板、智慧大屏和智能无线话筒等，推动实验室全面改造升级与智慧转型。

（三）服务器机房设备设施规划设计

服务器机房设备设施是新文科实验中心运转的中枢系统，为实验教学软件运行、科研数据处理和业务管理决策等功能发挥起到决定性支撑作用，是实验中心建设的核心基础工程。所以，服务器机房设备设施的规划设计具有极高的原则和严苛的要求。

在环境设计方面，服务器机房选址要远离易受灾区域，避免受地震、水灾或火灾等自然灾害的影响；选择明亮、宽敞、干燥的空间环境，预留一定余量的未来拓展空间；有稳定的电力供应，良好的通风系统、灭火系统、防雷系统、门禁系统、防静电与防爆装置等，防止灾害发生。

在设施规划方面，服务器机房采用独立的电源供电，配备两台配电柜分别用于市电和UPS供电，配置UPS不间断电源和发电机组，确保服务器机房供电稳定，避免因电力波动对设备造成影响；配置精密空调，实时监控并智能调控机房温度、湿度等环境参数；配置标准机柜，分区、分柜布置服务器、存储设备等，机柜之间保持一定间距，确保机柜有散热和通风的空间；沿顶棚经线槽、镀锌钢管铺设动力、照明电线和电缆，每条线路上标贴去向和功能。

在设备配置方面，服务器机房选用高性能的服务器，运行特定的业务应用或软件平台，托管相关的网站或网络应用，提供高效的数据存储、处理等，满足实验中心业务功能需求；选择成本效益高、稳定可靠的存储设备，存储和管理海量文件、数据等资源，为师生提供快速资源访问和共享服务，支撑实验中心日益扩张的资源及服务需求；配置大容量、高性能的交换机和路由器，连接不同网络和设备，实现数据路由的选择和转发，以及数据信息的高速交换，确保实验中心网络通信的高速、畅通；综合考虑经费预算与性能要求等因素，配置适切的负载均衡器、防火墙、入侵检测系统和虚拟专用网络等，确保网络请求得到均匀分配、数据流进出得到实时监控、用户隐私和数据安全得到有效保护，避免因服务器过载而导致服务中断，未经授权访问而遭受外部攻击或信息泄露等。

二、网络通信架构

网络通信架构是新文科实验中心内部及其与外部通信网络的布局和结构，是确保实验中心网络通信顺畅、高效、安全的重要基础设施，在促进信息流通、保障数据安全、支持教学科研等方面具有重要作用。新文科实验中心网络通信架构是一个多层次、多组件的复杂设施系统；其规划设计主要涉及实验中心网络布局架构、实验中心网络拓扑结构、实验中心网络通信协议和实验中心网络安全策略等方面内容；遵循先进性与成熟性、安全性与可靠性、开放性与可扩充性、可管理性与可维护性等基本原则；坚持以用户规模、设备数量、数据流量和网络应用等实际需求为设计驱动，按照"核心层、汇聚层、接入层"三层网络架构，设计一个有线网、无线网、物联网全面覆盖，且稳定性、可靠性、安全性、可扩展性和易管理性俱佳的高性能通信网络，以满足实验中心人才培养、科学研究与社会服务等各项业务平稳、高效开展的网络通信需求（见图7-10）。

（一）核心层

核心层是新文科实验中心网络通信架构中最高级别的层次，位于整个网络架构的中心位置，呈星形网络拓扑结构布局（见图7-10）。核心层以高性能、高带宽的交换机为核心节点，采用万兆光纤双链路设计，部署两台核心交换机（如华三万兆交换机S6520X-54QC-EI），提供高带宽、低延迟和高可用性的数据传输能力，连接不同的汇聚层和业务服务器（如应用服务器、数据库服务器、存储服务器、云计算服务器等）；配备高性能、高安全性的路由器设备，以满足实验中心与外部网络间的数据传输和路由

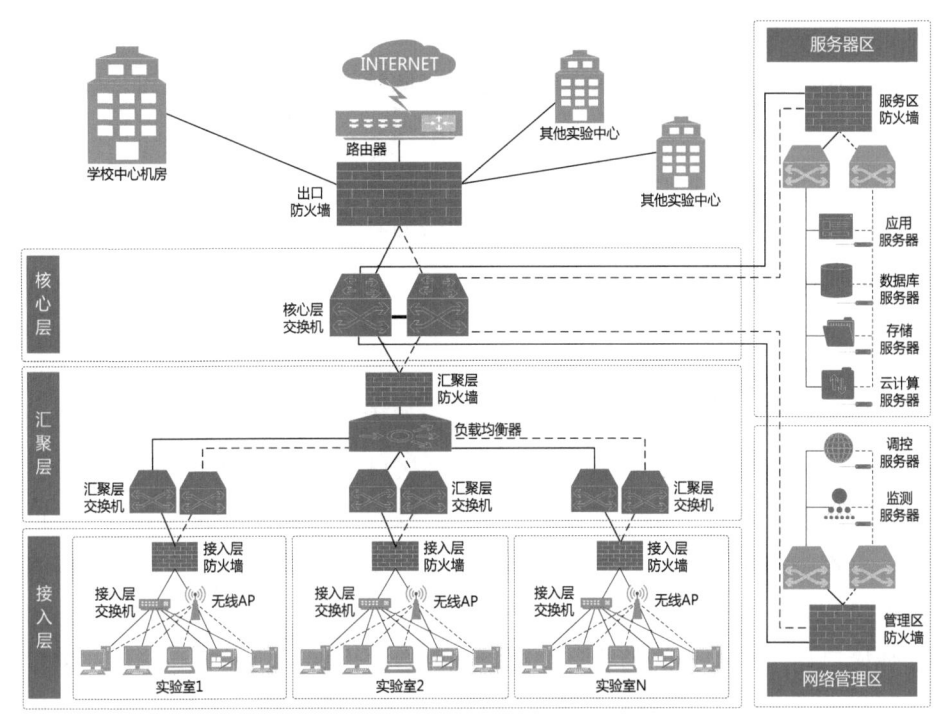

图 7-10　新文科实验中心网络通信架构

选择等需求；配置具有高效过滤和防护能力的防火墙设备，在核心交换机与外部网络之间进行部署，用于网络安全防护和访问控制，确保实验中心内部网络免受外部威胁；部署网络管理系统（Network Management System，NMS），用于实时监控核心层设备的状态、性能、故障等，及时发现并解决运行问题，确保实验中心网络稳定运行。

（二）汇聚层

汇聚层又称分布层，位于新文科实验中心网络通信架构的接入层与核心层中间，连接接入层和核心层，起到承上启下的作用，主要由汇聚层交换机、光纤链路、防火墙、负载均衡器及其他辅助设备构成（见图 7-10）。汇聚层交换机是汇聚层的核心设备，用于连接接入层交换机和核心层交换机，通常采用三层交换机或堆叠式交换机，支持 VLAN（Virtual Local Area Network，虚拟局域网）划分、路由、安全控制等功能，以满足大量的数据转发、汇聚需求和不同实验室之间的隔离要求，具有高性能、高带宽、高可靠性和高安全性等特点；汇聚层交换机之间以及与接入层和核心层的连接均使用万兆光纤链路，以提供高带宽、低延迟的数据传输能力，确保数据的快速、稳定传输；在汇聚层中配置防火墙，可以阻止未经授权的访问和恶意攻击，保护接入层网络免受威胁；负载均衡设备用在汇聚层中，可以实现网络流量的均衡分配，以提高网络的吞吐量和性能，避免单点故障和性能瓶颈。

（三）接入层

接入层位于新文科实验中心网络通信架构的底端，为用户提供有线和无线接入（如以太网、Wi-Fi等）的直接接口，与用户的计算机、服务器或其他终端设备直接相连（见图7-10）。接入层交换机是接入层的核心设备，负责将用户设备连接到网络，具有低成本、高端口密度的特性，以满足大量用户设备的接入需求。接入层的接口有物理接口和逻辑接口之分，物理接口用于连接不同的物理线路，主要有以太网接口和光纤接口；逻辑接口用于实现网络隔离和带宽提升，主要有VLAN接口和聚合接口。接入交换机的端口还有上行端口和下行端口之分，两者具有不同的特性和应用场景。上行端口为光口，用于连接汇聚层交换机或路由器等上层网络设备；下行端口为光口或电口，用于连接用户设备，如计算机、服务器等。另外，根据实验中心的实际需求，接入层还可能包括一些功能设备，如防火墙、安全设备等，以提供更高级别的安全控制和访问控制，确保只有授权的设备才可以访问网络，并防止未经授权的访问和数据泄露。

三、数据中心架构

对新文科实验中心而言，数据中心架构是一个关键的基础设施，在整合与标准化数据、实时批量处理数据、简化数据访问管理、加速数据分析挖掘、支持业务决策创新等方面发挥着重要作用，具有数据采集与整合、数据存储与管理、数据处理与分析、数据可视化与展示、数据共享与协作等功能，有助于促进新文科跨组织数据聚合、跨学科知识融合及跨领域技术整合，从而满足新文科实验教学、实践育人、科研创新和社会服务等业务开展的多元化数据需求，更好地培养适应新时代需要的复合创新型文科人才。数据中心架构作为新文科实验数据中心设计和构建的核心，是一个多层次、模块化的复杂系统结构；在规划设计时，我们应以业务需求为导向，立足当前，兼顾长远，整体规划，按照"数据采集层、数据处理层、数据存储层、数据服务层、数据应用层"等五个层次进行分层设计；同时，遵循灵活性与可扩展性、安全性与可靠性、标准化与规范化等并重原则，确保数据中心架构的合理性、先进性和可持续性，为新文科实验中心改革发展提供完整、稳定、高效的数据支撑（见图7-11）。

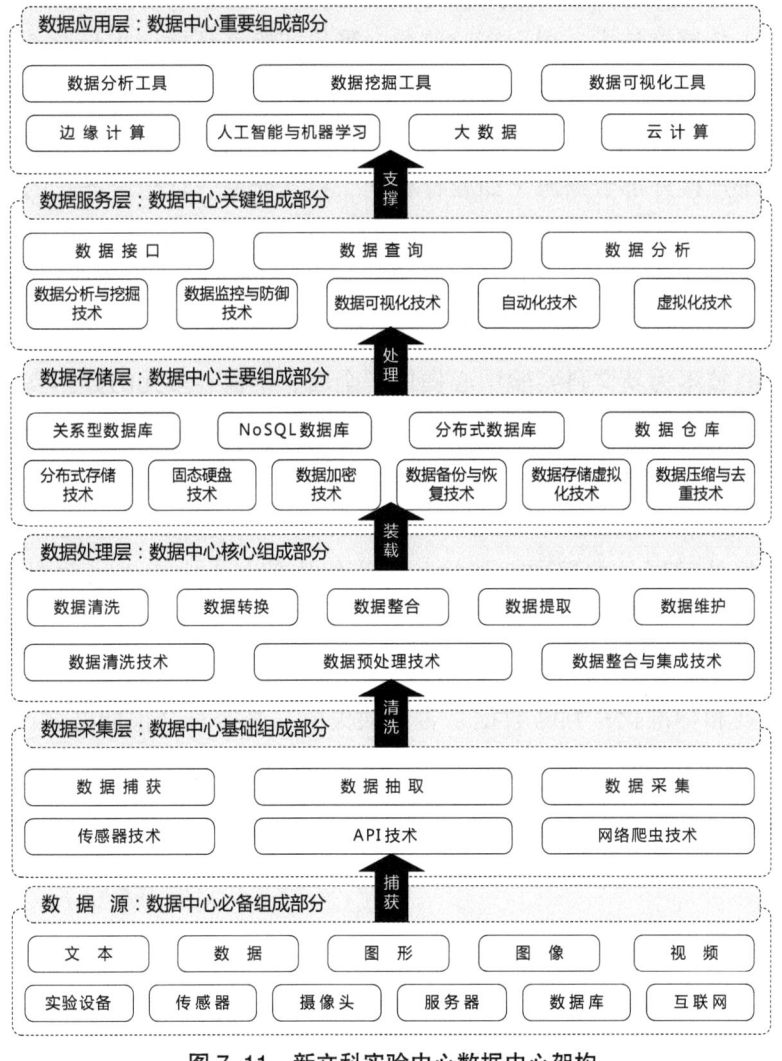

图 7-11 新文科实验中心数据中心架构

（一）数据采集层

数据采集层是数据中心架构的基础组成部分。它负责从数据源中捕获、抽取和采集数据，对不同来源、不同类型、不同格式的数据在逻辑上或存储介质上进行汇聚。对新文科实验中心而言，数据源主要来自实验设备、传感器、摄像头、服务器、数据库、互联网等不同载体，包含文本、数据、图形、图像、视频等结构化与非结构化的数据（见图7-11）。数据采集的关键技术主要有以下几项。

（1）传感器技术。用于实时监测、采集实验室环境、实验设备状态等数据，确保实验环境条件的可靠性、稳定性和安全性。

（2）API（Application Programming Interface，应用程序编程接口）技术。用于连接外部数据源（如教育教学、科学研究、社会服务、图书文献等数据库），实现数据的自动采集和交换。

（3）网络爬虫技术。用于从实验中心外部网络的专业网站、平台等，获取与新文科实验教学或科学研究等相关的数据。

这些技术为新文科实验中心提供了全面、丰富、多元的数据支持，进而有效地保证了数据的相对完整性、准确性和时效性。

（二）数据处理层

数据处理层是数据中心架构的核心组成部分。它负责将数据采集层采集的原始数据，进行清洗、转换、整合、提取和维护等操作；通过数据类型转换、数据编码调整和数据字段映射等操作，对原始数据进行清洗、转换和标准化；判断数据是否有缺失值、是否符合预期格式或范围、是否包含异常值或错误数据，进一步检验清洗后数据的完整性、一致性和有效性，旨在提高新文科实验中心数据的质量，为师生提供更准确、更全面和更有效的数据支持（见图7-11）。数据处理的关键技术主要有以下几项。

（1）数据清洗技术。采用OpenRefine、Wrangler、Smartbi等技术工具，通过过滤、去噪等清洗方法，去除原始数据中错误、冗余和无关的信息，提取出有效数据。

（2）数据预处理技术。采用 NumPy、Pandas、Excel 等技术工具，对清洗后的数据进行缺失值填充、异常值处理、数据格式转换等处理，以适应后续的数据分析或挖掘需要。

（3）数据整合与集成技术。采用 ETL（Extraction Transformation Loading，数据抽取、转换、加载）技术工具（如 Talend、Informatica、Kafka、Stitch 等），对不同来源、不同类型、不同格式的异构数据进行整合集成，以更好地满足实验中心业务功能需求与可持续发展。

这些技术支撑数据清洗、整合、转换、提取和维护，为新文科实验中心业务开展和管理决策提供了高质量的数据基础。

（三）数据存储层

数据存储层是数据中心架构的主要组成部分。它负责将数据处理层预处理好的数据装载到数据分析平台，并根据业务处理需要，将数据分别存储到不同的存储介质中，如关系型数据库（Oracle、SQL Server、MySQL 等）、NoSQL 数据库、分布式数据库（Cassandra、HBase、MongoDB 等）和数据仓库（Olap、Hive 等）；提供高性能的数据存储、事务性数据存储、热数据存储，以及数据备份和数据灾难恢复等功能（见图 7-11）。数据存储的关键技术主要有以下几项。

（1）分布式存储技术。采用分布式存储系统（如 HDFS、GFS 等），实现存储容量的线性扩展。

（2）固态硬盘技术。采用固态电子存储芯片阵列技术（如 FLASH、DRAM 等），提高数据存储性能和访问性能。

（3）数据加密技术。采用数据加密和密钥保护（如 DES、3DES、AES 等）手段，保障数据的安全性和完整性。

（4）数据备份与恢复技术。将数据备份到不同的存储介质或远程位置，用于解决数据丢失和恢复问题。

（5）数据存储虚拟化技术。将物理存储资源抽象成逻辑存储资源，用于提高存储资源的利用率和性能。

（6）数据压缩与去重技术。对数据进行压缩和去重处理，用于节省存储空间和提高数据传输效率。

这些技术为新文科实验中心数据提供了集中存储、安全管理和高效利用功能，确保了数据的安全性、完整性和可靠性。

（四）数据服务层

数据服务层是数据中心架构的关键组成部分。它负责为新文科实验中心不同应用及使用对象提供数据接口、数据查询和数据分析等服务，支持分布式数据处理与负载均衡、服务功能扩展与集成、自动化运维与智慧管理等，旨在为实验教学、实践育人、科研创新和社会服务等各项业务的开展，提供强大的数据支持和服务保障（见图7-11）。数据服务的关键技术主要有以下几项。

（1）数据分析与挖掘技术。利用关联规则、聚类分析、文本挖掘、时间序列分析等方法，从海量数据中提取有价值的数据和信息。

（2）数据监控与防御技术。利用入侵检测系统（Intrusion Detection System，IDS）、入侵防御系统（Intrusion Prevention System，IPS）和数据泄露防护（Data leakage prevention，DLP）技术，检测和阻止非法入侵行为，识别和阻止敏感数据泄露。

（3）数据可视化技术。利用Tableau、Power BI、Python、R及Gephi等数据可视化技术工具，帮助用户更好地理解和分析数据，科学、准确地做出决策。

（4）自动化技术。通过自动化脚本和工具（如Ansible、Puppet、CI/CD等），实现对平台的自动化管理和部署，提高数据中心运维效率。

（5）虚拟化技术。通过虚拟化软件或硬件，创建多样化、个性化的虚拟实验环境，实现资源的优化配置和高效利用。

这些技术共同构成了数据服务层的核心，满足了新文科实验中心更加复杂、更为多样的数据服务需求。

（五）数据应用层

数据应用层是数据中心架构的重要组成部分。它主要负责将经过处理和分析的数据转化为新文科实验中心实际业务的应用价值；运用数据分析、数据挖掘和数据可视化等技术工具，对实验大数据进行深度挖掘和分析，发现数据中存在的潜在规律和变化趋势，为新文科实验中心业务应用和管理决策提供可靠的数据支撑（见图7-11）。数据应用的关键技术主要有以下几项。

（1）边缘计算。将数据处理、存储和服务功能移近数据产生的边缘位置，以降低数据传输的开销和延迟，提高数据处理的效率。

（2）人工智能和机器学习。通过训练模型和优化算法等，实现更智能的数据分析和预测，为各领域提供更好的支持和服务。

（3）大数据。将多种大数据技术进行交叉、融合与创新，实现更高效、更智能的大数据处理和分析。

（4）云计算。将物理资源（如服务器、存储和网络设备）转化为逻辑资源，提供基础架构即服务（Infrastructure as a Service，IaaS）、平台即服务（Platform as a Service，PaaS）和软件即服务（Software as a Service，SaaS）等云计算服务模式，全面支持物联网海量数据的存储和分析。

这些技术是数据应用层的核心技术，有力支撑了新文科实验中心各项业务应用的顺利开展。

四、软件体系架构

对新文科实验中心而言，软件体系架构是支撑实验教学、实践育人、科研创新和社会服务等业务开展及其运行管理的软件系统基础结构和设计，它有助于开发人员更好地理解软件系统的整体结构、行为和约束，更有效地进行软件系统的设计、开发和维护。新文科实验中心软件体系架构是一个复杂的系统，它涉及智慧实验中心平台架构、智慧实验云平台架构和智慧实验大数据平台架构等。在规划设计新文科实验中心软件系统架构时，我们既需要考虑实验教学的灵活性，支持根据实践需求快速调整、扩展实验平台功能，以满足实践育人多样化和个人发展多元化需求；又需要考虑科研创新的跨领域性，支持不同学科的数据整合、分析方法和实验流程，以确保不同学科背景的研究人员能够共同利用实验中心平台进行研究；还需要考虑社会服务的系统性，支持项目合作、双创实践、社会培训、成果转化的实验平台服务一体化，以促进产教融合与科教融汇。

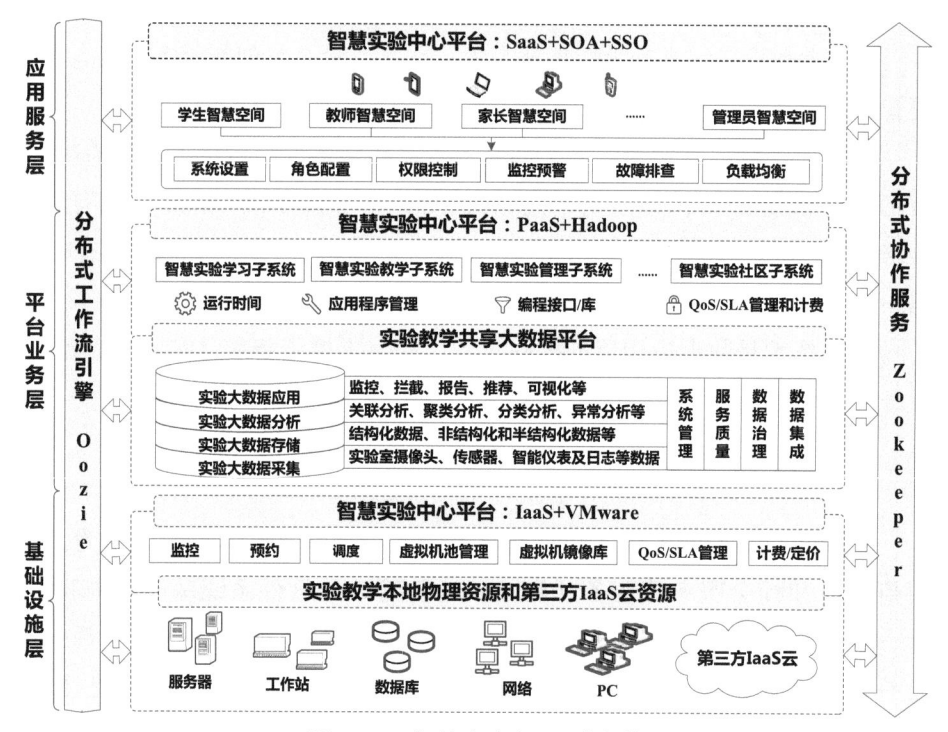

（一）智慧实验中心平台架构

智慧实验中心平台架构遵循分层设计理念，基于"云计算 + 大数据"技术开发路线，自下而上分为基础设施层、平台业务层和应用服务层，并由分布式工作流引擎（Oozie）和分布式协作服务（ZooKeeper）负责系统的任务调度、协作服务和系统数据通信（见图7-12）。

图 7-12 智慧实验中心平台架构

基础设施层采用 IaaS 云计算模型，核心是利用完全虚拟化技术（VMware）对实验教学软、硬件设施进行虚拟化，用户按需定制基础设施，包含应用服务器、工作站、终端计算机、数据库、存储及网络设施等，为部署弹性化、可扩展、可定制的计算环境提供支撑。

平台业务层采用 PaaS 云计算模型，关键是为智慧实验教学平台集成开发提供标准化云计算编程环境、编程工具和规范接口，其核心采用基于 Hadoop 生态系统大数据整体技术解决方案，可支持高稳定性、高容错率、高吞吐量、可伸缩、分布式的大数据采集、存储、分析与应用，且不受数据源、数据格式和数据类型的制约。

应用服务层采用 SaaS 云计算模型，综合运用面向服务架构（Service-Oriented Architecture，SOA）和单点登录方式（Single Sign On，SSO）的设计思想，将应用以"服务"的形式进行描述、定义和交付，基于统一、通用的身份验证框架，通过 Web 访问形式实现"一对多"的个性化共享应用。

该架构实现了云计算与大数据的有效整合与集成，既体现了云计算的弹性、透明、积木化、动态、通用和多租赁等特性，又发挥了大数据在海量分布式数据存储、多维智能化数据分析和潜在科学性数据决策等方面的优势，为智慧实验教学平台提供了可靠的架构支持。

（二）智慧实验中心云平台架构

智慧实验中心云平台架构采用 VMware 完全虚拟化技术，以 VMware vCloud、VMware vFabric 和 VMware View 作为核心框架，分别部署 IaaS、PaaS 和 SaaS，全面支撑用户的个性化定制、智慧化体验和可靠性管理（见图 7–13）。

智慧实验中心云平台（SaaS）：VMware View		
ThinApp	View Composer	View Manager

智慧实验中心云平台（PaaS）：VMware vFabric		
Hyperic HQ	ers	Rabbit MQ
	tc Server	
Gemfire Enterprise		

智慧实验中心云平台（IaaS）：VMware vCloud

vShield

vCenter		vCenter	
vSphere	vSphere	vSphere	vSphere
ESXi	ESXi	ESXi	ESXi
Storage DRS	Storage DRS	Storage DRS	Storage DRS
NetFlow	NetFlow	NetFlow	NetFlow
……	……	……	……

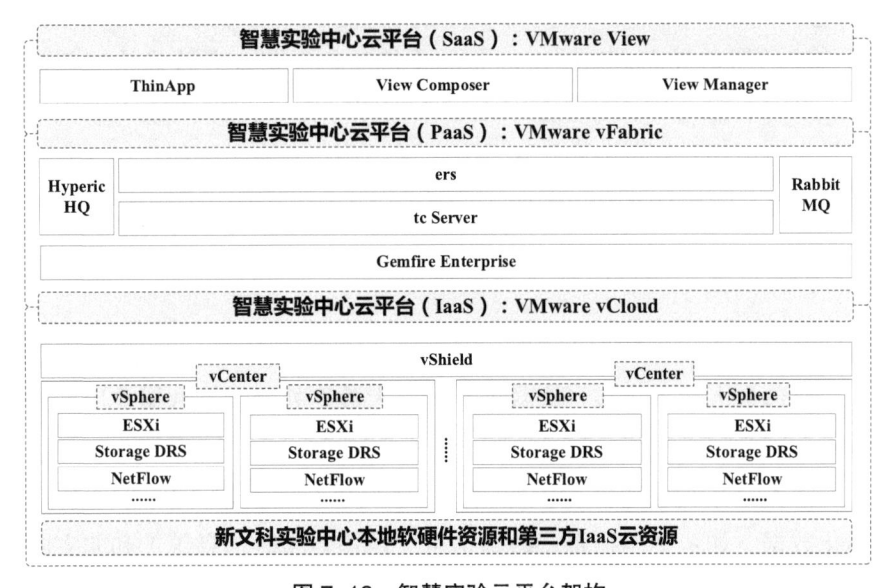

新文科实验中心本地软硬件资源和第三方IaaS云资源

图 7–13　智慧实验云平台架构

VMware vCloud 技术框架由 vSphere、vCenter 和 vShield 等组件构成。其中，vSphere 通过 ESXi、Storage DRS、NetFlow 等手段，可将计算、存储和网络资源进行虚拟化整合，有效提高资源利用率和灵活性；vCenter 是集中管理 vSphere 环境的可伸缩、可扩展平台；vShield 是为 vCenter 集成而构建的安全虚拟设备套件。

VMware vFabric 是 Spring 框架工具与 vFabric 平台服务的组合，由 Gemfire Enterprise、tc Server、RabbitMQ 和 Hyperic HQ 等组件构成。其中，Gemfire Enterprise 通过二级缓存、内存数据库、网格计算和客户端计算等方式，实现弹性、可扩展、基于内存的数据管理；tc Server 是一个高效、轻量级服务器，为 Spring 应用提供最佳的构建与运行平台；RabbitMQ 是基于 AMQP 的领先消息中间件，提供健壮、可靠的跨系统消息传递；Hyperic HQ 是一个监控程序应用基础架构，由一个中心监控服务器和一个或多个远程代理组成，支持多平台、多应用、可扩展和可定制等。

VMware View 技术框架是桌面虚拟化解决方案，可以简化桌面和应用程序管理，同时加强安全性和控制力，为终端用户提供跨会话和设备的个性化、高逼真体验，由 View Manager、View Composer 和 ThinApp 等组件组成。其中，View Manager 提供一个可提高 IT（Information Technology，信息技术）效率的管理工具来调配新桌面或桌面组，并提供一个用于设置桌面策略的简单界面；View Composer 支持从一个黄金级映像快速创建多个桌面映像，且可跨任意数量的虚拟桌面即时完成更新；ThinApp 应用虚拟化技术将应用与底层操作系统分离，减少操作系统与其他应用之间的冲突，从而提高兼容性并简化管理。

（三）智慧实验中心大数据平台架构

智慧实验中心大数据平台架构（见图 7-14）基于 Hadoop 生态系统建构，主要包含大数据采集、大数据存储、大数据处理和大数据应用四个核心构件。

大数据采集构件对实验大数据的采集提供全面支持。Sqoop 组件可将结构化数据（如：学生信息、教师信息、设备与实时信息等）和非实时数据（如：教学课件、视频、音频、图片等）采集到 HDFS、HBase 或 HIVE

图 7-14 智慧实验中心大数据平台架构

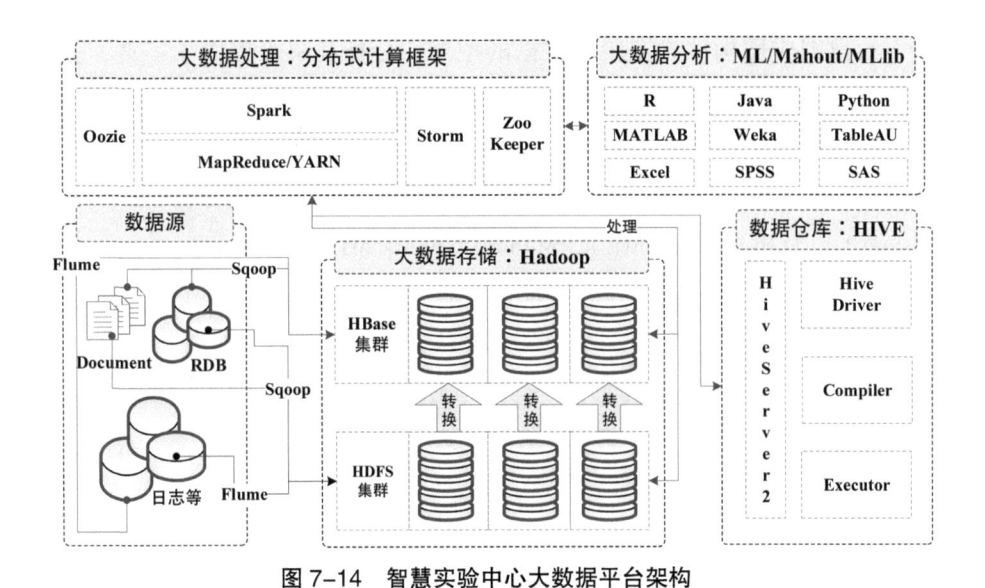

中，或者将数据从 HDFS 导出到关系数据库；Flume 组件可对实验室传感器采集的数据和视频监控的信息，以及实验教学业务日志（如：学生学习行为日志、教师教学行为日志、管理人员管理日志等）提供实时获取支持，并将数据存储到 HDFS 或 HBase 中。

大数据存储构件为实验中心的大数据存储提供了可靠的分布式存储架构。HDFS 为 Hadoop 可扩展的分布式文件系统，适用于大型、分布式、对大量数据进行访问的文件系统，采用集群的存储和计算能力；HBase 是面向列存储的 Hadoop 数据库，具有高可靠、高性能、可伸缩的特性，以 HDFS 作为其文件存储系统，利用 MapReduce 和 Spark 处理数据，利用 ZooKeeper 提供分布式协作服务；HIVE 是基于 HDFS 和 MapReduce 的数据仓库，包含一个名为 HiveServer2 的服务器，该服务器由 Hive Driver、Compiler 和 Executor 组成，旨在将 HiveQL 语言自动转换成 MapReduce 任务来执行对实验室大数据的查询和分析。

大数据处理构件为实验大数据清洗、转换、处理和分析提供健壮的分布式计算框架，包括离线批处理计算模型 MapReduce/YARN 及 Spark、实时流计算模型 Storm、分布式工作流引擎 Oozie 和分布式协作服务 ZooKeeper，这些模型均有各自擅长的应用场景，可依据实际应用灵活调用。

大数据应用构件为实验大数据的挖掘、分析和决策提供了丰富、多样化的工具和方法，如基础分析工具（Excel、SPSS、SAS）、基于机器学习的分析工具（SPSS Modeler、MATLAB、Weka）、基于可视化的大数据分析工具（TableAU、Gephi、NanoCubes）、基于编程的大数据分析（R、Java、Python）以及机器学习（ML）、Mahout、Spark MLlib 等。

第八章 新文科实验中心建设内容

第一节 实验文化建设

文化是人类创造的物质财富和精神财富的总和。实验文化作为一种具体的文化样态，意在鼓励通过实践来探索新方法和新思维，促进知识学习与理论深化，强调理论联系实际与多元创新实践。新文科实验文化建设对助力新文科实验中心开展实验教学、实践育人、科研创新及社会服务等具有积极影响，应深深根植于新文科立德树人的本质、守正创新的关键和交叉融合的要义，致力于营造环境文化、精神文化、制度文化与行为文化和谐共生的新文科实验文化生态。具体而言，新文科实验文化建设，首先，要引导文科回归立德树人初心。创设一切为了人、为了一切人的实践育人环境，着力于培养人的独立人格与高尚情操，涵养人的社会责任感与历史使命感，维护人类尊严，保护人类文明，促进人的全面、自由发展与解放，重塑求真、求善、求美、为人、爱人、仁人的新文科精神。其次，要引导文科把握守正创新的本质要求。倡导"坚守文科之本、立足中国大地、弘扬中国精神、塑造中国价值、彰显中国力量"的理论创新，鼓励"贯彻新理念、兼容新学科、结合新技术、引入新资源、搭建新载体、运用新手段、实施新模式、开辟新路径"的实践创新。最后，要引导文科抓住交叉融合的核心要义。遵循知识、能力、素质与价值并重的教育理念，鼓励学科交叉、专业复合与育人协同，着力培养面向社会、面向生活、面向未来，具有跨学科素养、跨界整合能力和多元创新思维的新型文科人才。

一、环境文化

环境文化是新文科实验文化的外在体现，指的是实验室内外部物质载体所融入的文化元素和透出的文化气息，涉及实验室的空间布局、设施布置、设备配置和装饰设计等多个方面，助力营造一个彰显全人教育、实践育人、立德树人、守正创新、兼容并蓄的实验、学习与研究环境。对新文科实验室而言，环境文化建设的重要性不容小觑，因为它能够潜移默化地影响师生的思维方式和行为习惯，进而引导、激发他们的创造力与创新力。因此，我们要全面、系统地设计新文科实验中心的环境文化，以完整、充分地彰显新文科的育人初心、创新实质和交融本质。

（1）实验中心环境文化设计要与新文科立德树人的育人初心保持契合。在实验空间上，布局应保持科学、合理，兼顾跨学科与跨领域的应用；在实验设施上，布置应保持灵活、便捷，适应个性化与差异化的需求；在实验设备上，配置应保持数量充足、性能优良，满足多样化选择与多场景应用；在实验装饰上，设计应保持清新、简约、自然而又不失温馨。简而言之，实验中心环境文化设计应充分彰显一切为了人、为了一切人的育人文化，助力新文科培养担当民族复兴大任的时代新人。

（2）实验中心环境文化设计要与新文科守正创新的变革实质保持呼应。在实验室内外部物质载体中，摄入传统文化元素、引入经典文学名著、载入优秀文科作品、融入文科思想精华，让学生在沉浸式文化体验中感受中国文化的博大精深；在实验室规划设计中，引入物联网、云计算、大数据、虚拟仿真等新一代人工智能技术，购买云算力、物联感知、虚拟现实与智慧交互等实验设备，设置案例分析室、自主研习室、创客空间、虚拟仿真室等，为学生提供自由发挥想象力和创造力的实验场所。

（3）实验中心环境文化设计要与新文科交叉融合的根本要义保持吻合。一方面，我们要拓展单一的实验文化载体，充分挖掘实验室内外部设施、设备、仪器等物质载体，以及地面、墙面、顶面等空间格局，一体化规划设计实验中心环境文化；另一方面，我们要突破传统的实验文化模式，融入多行业、多领域、多岗位等多元学科文化元素，运用文字、图片、动画、视频等融合媒体形式，采用橱窗、展板、电子屏与智慧屏等复合展示手段，充分体现新文科实验中心的交叉融合性和开放包容性。

二、精神文化

精神文化是新文科实验文化的灵魂所在，反映的是实验中心在建设运行过程中所形成的意识形态层面的内容，凝结了实验中心成员共同遵循的价值观念、精神追求、思维方式、审美情趣和行为准则等，具有鲜明的价值导向、人心凝聚和活力激发等功能属性。进一步来看，精神文化为师生发展提供价值引领，增进师生的归属感和凝聚力，激发师生的求知欲和创造力，促进师生之间的协同合作与创新实践，为新文科实验中心发展提供方向指引，推动实验中心融合改造、智慧升级和生态转型，促进实验中心的开放共享与和谐发展。简而言之，精神文化在新文科实验中心建设发展过程中发挥着举足轻重的作用，是推动实验中心不断改革与持续创新的强大动力。对新文科实验中心而言，精神文化既具备了传统文科和本土地域的特性，又反映了新时代发展的需求和理念，我们在建设精神文化时应统筹兼顾、系统谋划。

（1）我们要明确新文科实验中心精神文化建设的核心目标和定位。基于新文科育人根本、为人情怀和人文精神，结合学校自身办学积淀和服务区域经济社会发展基础，主动对接新时期国家战略与区域发展需求，明确新时代背景下学校新文科的办学目标与定位；强化精神文化价值引领作用，增强学生文化自信和创业本领，锤炼学生的思想意志品质和家国情怀，营造一种传承创新、开放包容、交叉融合、生态多元、智慧人性的精神文化，培养并提升学生的跨学科素养、跨领域思维、跨岗位能力。

（2）我们要确立新文科实验中心精神文化建设的具体内容和举措。以新文科实验中心精神文化建设的核心目标和定位为指导，全面剖析、梳理、细化并明确精神文化建设的具体内容和举措；引入传统文化元素，开设人文素养课程，举办文化体育活动，提升学生人文素养，增进学生文化自信；组织学术活动，设立创新项目，开展创新实践，引导学生参与学术研究与科研创新，提升学生的跨学科素养、跨界整合能力和多元创新能力；尊重个体差异，注重因材施教，引入智能信息技术手段，创新实践教学模式、方法，满足学生个性需求与多元发展，彰显全人教育、智慧教育与生态教育的理念。

三、制度文化

制度文化是新文科实验文化的基石保障，表面体现为实验中心一系列的规章制度、管理办法和行为准则等制度规划，实质为实验中心系列制度规范背后所蕴含的核心价值观和共同理念，是对全人发展的关照、对生命财产的敬畏、对规则秩序的尊重、对融合创新的推崇和对和谐共生的追求。制度文化常以制度规范的形式来限制人的行为，规定人的应有权益和获得权益的途径等，调动人的工作积极性和进取心，具有鲜明的约束性、保护性和激励性等特征，在规范人的行为、促进文化认同、塑造共同价值观、提升组织绩效和建立公平正义等方面均发挥着重要作用。简而言之，制度文化是确保新文科实验中心安全规范运行、智能高效管理、智慧人性服务和生态平衡发展的关键因素。为此，建设新文科实验中心制度文化，我们应从以下四个方面进行规划、实施。

（1）坚持底线思维，确保新文科实验中心安全规范运行。安全性、规范性是新文科实验中心运行的底线要求和基本诉求。通过制定实验仪器、设备及设施安全操作规程，设立实验仪器、设备及设施安全警示标识，建立实验室安全事故防范制度及应急预案，健全实验中心安全责任体系，加强实验安全教育与培训，逐步建立起安全、规范的实验中心运行制度文化。

（2）坚持效率优先，确保新文科实验中心智能高效管理。智能化、高效化是新文科实验中心管理的时代必然和现实使然。引入智能信息技术与手段、高效协作工具与平台，搭建数字化、网络化、智能化实验管理平台，建立完善实验中心管理制度体系，打破部门壁垒、资源边界和信息孤岛，逐步建立起智能、高效的实验中心管理制度文化。

（3）坚持以人为本，确保新文科实验中心智慧人性服务。智慧化、人性化是新文科实验中心服务的用户需求和必然要求。依据用户的不同需求和特点，为学生提供个性化的学习资源和辅导，为教师提供个性化的教学工具与辅助，始终将用户的需求和体验放在首位，不断提升实验中心服务质量和水平，建立完善实验中心服务体制和机制，逐步建立起智慧化、人性化的实验中心服务制度文化。

（4）坚持和谐共生，确保新文科实验中心生态平衡发展。生态平衡发展是新文科实验中心发展的目标愿景和应然之需。积极引入并推广使用绿色环保技术，充分考虑实验空间布局对周边环境的影响，尽量减少实验中心对自然环境的干扰与破坏，制定、完善实验中心发展规划与方案，确保实验中心在和谐共生理念下实现生态平衡发展，逐步建立起绿色、可持续的实验中心发展制度文化。

四、行为文化

行为文化是新文科实验文化的综合体现，指的是人们在参与实验教学、实践育人、科研创新和社会服务等活动过程中，所表现出来的行为方式、行为习惯和行为准则，以及通过这些行为所折射出的价值观念、教育理念、思维方式等深层次的文化内涵。行为文化是文化层次理论结构要素之一，它直接体现或折射精神文化的内涵，同时受到环境文化和制度文化的影响、制约。对新文科实验中心而言，行为文化是构成新文科实验文化不可或缺的组成部分，它以实验环境文化为有形支撑，以实验制度文化为无形保障，是人们践行"传承创新、开放包容、交叉融合、生态多元、智慧人性"精神文化的直接体现；它不仅关系到实验中心整体文化氛围的营造，更直接影响师生的日常行为、精神风貌的表现。为此，我们要高度重视新文科实验中心的行为文化，围绕师生的实验态度、操作习惯、生态意识和创新品质等多个方面，遵循引导为先、规范为基和参与为要等原则，通过言传身教、制度约束和活动引导等方法，推进实验中心的行为文化建设。

（1）引导师生养成严谨的实验态度。在新文科实验过程中，应遵循科学的规律与原则，坚持以数据为基础、事实为依据、调研为保障，进行科学、严谨的实验设计，确保实验步骤的合理性和实验条件的严密性，尊重实验结果的客观性和准确性，引导师生逐渐养成严谨、细致、周密的实验态度。

（2）引导师生养成规范的操作习惯。根据实验的特点和要求，制定详细的实验操作规范，明确实验步骤、操作方法和注意事项；通过讲座、演示和实操等方式，对师生实验操作安全、规范和技能进行培训与考核，确保师生全员掌握实验操作安全、规范及技能，引导师生养成标准、规范的操作习惯。

（3）引导师生养成良好的生态意识。注重绿色、节能与环保技术，以及可持续发展理念，减少实验废弃物和污染物的排放，定期清洁、整理实验环境，推广使用节能环保型实验器材，回收利用可重复使用的实验器材，引导师生逐渐养成资源节约、低碳环保、绿色节能的生态意识。

（4）引导师生养成优秀的创新品质。创设充足的实践创新机会和平台，营造宽松、自由的学术氛围。通过课程实验、项目研究、社会调研和实地考察等方式，组建跨学科、跨领域师生团队参与科研创新和实践活动，增强师生跨学科素养、跨界整合能力、多元创新思维，以及具有勇于尝试、不怕失败的精神，引导师生逐渐养成独立思考、多元思维、敢为人先的创新品质。

第二节　组织体系建设

组织体系是由若干具有不同职责、任务和权限的组织单元或个体，按照一定的结构、层次和关系组成的有机整体。这个整体具有共同的目标愿景、清晰的结构层次、明确的权责体系和具体的职能任务，以及完善的管理制度、稳定的协作关系和灵活的适应机制，以确保组织在复杂多变的现实情境下能够平稳、高效地运行并顺利达成预期的发展目标。对新文科实验中心而言，组织体系指的是新文科为适应新时代变化、新产业变革和新技术革命等现实需求，以实验中心为载体构建而成的多组织紧密衔接、多要素相互作用的有机整体；由组织结构、人员构成、运行机制和管理制度等关键要素构成，具有结构扁平化、机制灵活化和制度完备性等鲜明特征，是一个高效、灵活且自适应性强的组织管理体系；旨在打破组织机构壁垒和学科专业边界，推动学科交叉融合和资源开放共享，支撑复合创新型文科人才培养和新文科融合创新发展。由此，针对新文科实验中心组织体系建设，首先，我们应搭建扁平的组织结构，确立组织的构成、层级及其权责、任务与资源，以确保实验中心能够顺畅、高效地开展各项业务；其次，我们应组建合理的组织队伍，确立队伍人员的类型、数量与结构，以及需具备的专业资格、技能和经验等，以确保实验中心能够为师生学习、研究提供优质的服务和保障；再次，我们应创建灵活的运行机制，树立并践行绿色开放、多元协同、共建共享的管理理念,以确保实验中心能够适应不断变化、发展的现实需求;最后,我们应建立完善的管理制度,制定实验中心发展规划,健全实验安全责任体系,优化实验管理流程,修订实验操作规范等,以确保实验中心安全、稳定运行和可持续发展。

一、组织结构

组织结构是新文科实验中心组织体系建设的基础,反映的是实验中心各组成部分的排列顺序、空间位置、聚散状态、联系方式及各要素之间的相互关系。一个合理、高效的组织结构对提升组织整体运营效率、促进资源优化配置、增强组织适应能力和激励组织成员发展均具有很好的支撑作用。然而,面对当前文科实验中心呈现布点多、定位窄、规模小、资源散、条块分割明显及多头管理普遍等客观现象,新文科实验中心将难以推进学科专业深度交叉融合,也无法支撑复合创新型文科人才培养。为此,新文科实验中心亟须创建一种新型的组织结构,从设置实验中心建制、整合实验室功能、优化实验资源配置等方面,推动新文科实验中心朝着系统化、集成化与综合化方向建设改革,以确保实验中心各项业务能够顺畅、高效地运行与开展。

(一)新建制:校级新文科实验中心建制

学校应在传统文科实验中心的基础上,进一步整合、扩展实验中心职能,优化、配置文科实践教育资源,设立校级新文科实验中心,涵盖政法类、经济类、管理类、语言类、艺术类、体育类等实验分中心,下设实验中心主任、常务副主任、分中心主任(由学院、系、部分管领导兼任)、办公室主任、实验室主任(由学科、专业负责人兼任)、实验课程(项目)负责人、实验教师和实验技术管理员等角色;与学院(系、部)等教学单位保持平行,负责全校文科实验室的统筹规划、统一协调、整体建设与集中管理,配合学院(系、部)及职能部门完成实验教学、科研创新及社会服务等相关任务。另外,学校还应设立实验中心指委会,成员包括政府领导、教育专家(含校领导)、行业领袖、知名学者和用人单位等多方面人员，委员会下设主任、副主任、委员、秘书长和办公室主任等角色，以及教学委员会、学术委员会、建设委员会（第六章已做详细论述）、管理委员会、安全委员会、监督委员会及办公室等分支机构（其中办公室挂靠校级新文科实验中心），负责为实验中心重大事项决议提供建议方案，协调校内外关键资源或重要事件配合问题，全面指导、协助新文科实验中心工作开展（见图8-1）。

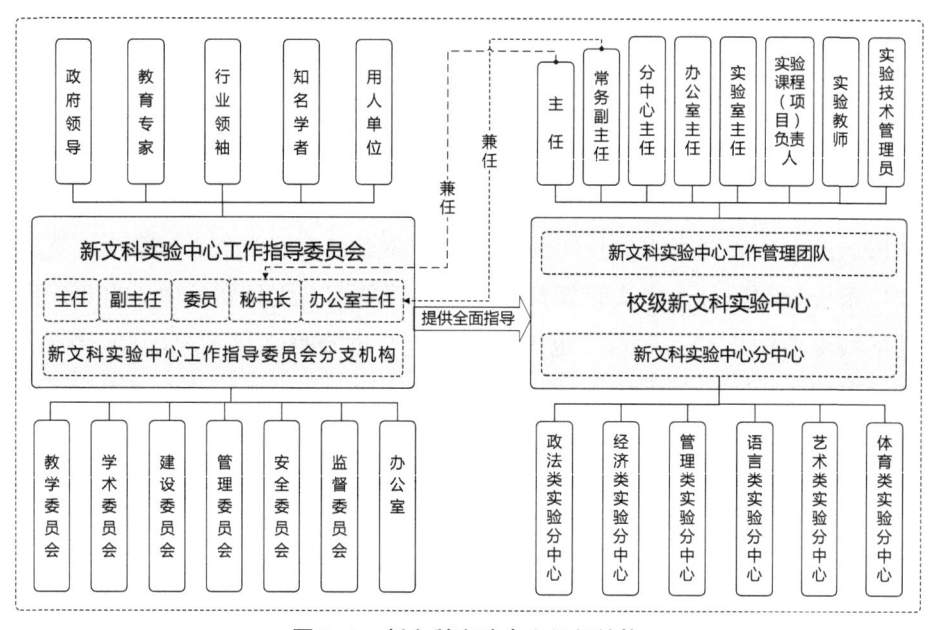

图8-1 新文科实验中心组织结构

（二）新体制：实验中心指委会与管理团队耦合管理体制

为消除文科实验中心多头管理、科层管理和低效管理的弊端，高校亟须创新构建沟通顺畅、配合默契、协同高效的扁平化管理体制。鉴于此，我们进一步精简新文科实验中心管理流程，削减管理层级，创设"实验中心指委会＋新文科实验中心工作管理团队（简称实验中心管理团队）"的耦合管理体制。该体制表面上看是由宏观决策层（实验中心指委会）和微观管理层（实验中心管理团队）构成的双层体系，但实质两者是互不隶属、深度耦合的有机整体（见图8-1）。

（1）实验中心主任兼任实验中心指委会秘书长，常务副主任兼任实验中心指委会办公室主任，实验中心主任与常务副主任均深度参与实验中心指委会的议事与决策之中，而实验中心指委会又全面负责指导实验中心工作，两者关系虽互不隶属但职能却深度耦合。

（2）实验中心指委会主要负责协调学校与校外组织机构的协作关系，实验中心管理团队主要负责协调校内职能部门与学院（系、部）、学科与专业之间的协作关系，两者职能侧重虽不同但目标愿景是一致的，都是致力于打破校内外机构及学科专业的组织边界，促进各方实现资源共享、业务协同与效能提升。

简而言之，该体制受实验中心指委会全面宏观指导，以实验中心管理团队为责任主体，由实验中心主任全权负责实验室规划、建设与管理等，统一规划建设，统筹资金投入，整体资源配置，集中组织管理；实验中心工作管理团队成员各司其职，各负其责，协助实验中心主任推进落实各项具体工作任务。可见，该体制具有结构扁平化、资源集约化与管理集中化等全方位优势，有助于最大限度地推进各方资源共享与业务协同，实现实验中心资源利用率与整体效能的最大化。

二、人员构成

人力资源是新文科实验中心组织体系建设的核心，其数量、结构、类型与质量的构成，直接反映实验中心管理的整体能力与水平，制约着实验中心发展的层次与步伐。文科实验中心当前普遍存在人员数量不足、结构不佳、水平不高和队伍不稳等现象，因此产生了运营效率降低、科研质量受损、团队协作受阻和资源浪费加剧等一些不利影响。为此，新文科实验中心亟待大力补齐人员构成短板，完善人员引进政策，健全人员发展通道，提升人员待遇水平，加强人员教育培训，不断扩充人员数量，优化人员类型结构、专兼职结构、年龄结构、职称结构和学历结构，着力建成一支有情怀、懂技术、会管理、高素质、结构合理且稳定性强的实验中心管理团队。通常，该团队既有领导、实验人员和技术管理人员之分，又有专、兼职之别，由实验中心主任、实验中心常务副主任、分中心主任、办公室主任、实验室主任、实验课程（项目）负责人、实验教师和实验技术管理人员等成员组成；各类人员分工明确、权责有别，各自职能相互衔接，彼此工作互相协同，整体形成一个关系紧密、配合顺畅、运行高效的新型团队。

（1）实验中心主任一般由学术深厚、教育资深、经验丰富，以及对新文科领域具有深刻理解的专家或学者担任，兼任实验中心指委会秘书长；拥有配置和使用实验中心人、财、物资源的权力；全面承担制定与实施实验中心发展规划、年度计划和经费预算，组织与开展实验教学、实践育人、科研创新和社会服务，以及人员聘任与考核、队伍建设与管理、日常管理与运营等职责。

（2）实验中心常务副主任一般由具有高级职称的学者或专家担任，兼任实验中心指委会办公室主任；全面协助实验中心主任开展工作；一般负责主持实验中心的日常工作与业务管理；参与编制规划、制订计划、建设团队、开展学术和推进业务等工作；同时享有相应的决策和管理权力。

（3）分中心主任一般由相关学院分管实验室工作的领导担任，是新文科实验中心工作团队的核心成员，是协调实验中心与分中心工作的关键人员；拥有参与配置实验中心资源，以及合理配置分中心资源的权力；负责主持分中心全面工作；协助实验中心主任、常务副主任开展有关工作。

（4）办公室主任一般具有丰富的行政管理经验和良好的组织协调能力，并对新文科实验中心的建设状况和发展趋势有一定认识和理解；全面负责实验中心的日常管理、资产管理、档案管理和制度建设，协助组织各类会议、活动，完成领导交办的事务等；具有参与实验中心人员管理、经费使用及资源配置的决策权力。

（5）实验室主任一般由学科（专业）负责人担任；全面负责所管辖实验室发展规划、年度计划的制订，设备、设施和软件平台的管理、维护与采购，以及实验室的教学、科研与社会服务等工作的统筹安排与管理等；具有参与配置和使用实验室人、财、物资源的权力。

（6）实验课程（项目）负责人由具有丰富实践教学经验和科研创新能力的高级职称教师担任；主要负责实验、实习、实训课程教学大纲、实验指导书的组织编写和审定，以及科研创新项目和实践教学项目等组织开发与实施等；具有合理分配实验课程或实践项目教学资源和教学任务的权力。

（7）实验教师一般由专业知识扎实、实践经验丰富的专职实验教师，理论基础深厚、教学能力突出的兼职实验教师，以及实践经验丰富，从事技术研发、项目管理或企业管理的校外兼职人员等构成，主要负责实验课程教学和实践项目实施等工作。

（8）实验技术管理员由责任心强、组织能力和协调能力突出，有较高技术素质和良好职业道德修养的人员担任，主要负责实验中心日常事务管理和专业技术服务，包含但不限于实验仪器、设备、设施、软件及平台管理与维护，实验教学、实践育人、科研创新及社会服务等工作辅助，以及文件、资料及资产的管理等。

三、运行机制

运行机制是新文科实验中心组织体系建设的关键，涵盖实验中心资源配置、团队协作、流程管理、创新激励等多个方面，是确保实验中心能够高效运行和可持续发展的重要支撑。当前，文科实验室存在多头管理或管理缺失的现象，跨部门、跨学科协同合作不力的情形，以及硬件设施、软件资源与制度文化等建设投入不均的问题，导致实验中心管理决策效率低下，资源配置合理性差，难以实现资源有效整合与效能整体提升。鉴于此，新文科实验中心亟待强化协同合作、优化资源配置、创新管理运营，构建一套敏捷式、集约化、智慧型的运行机制，以破解当前文科实验室的组织壁垒、职能边界及资源约束，推动相关各方进行职能整合、业务融合及资源共享，最大限度地实现资源高效利用及效能整体提升。

（一）敏捷式协同合作机制

敏捷式方法是一种以人为本、注重合作，可以灵活和快速响应的管理方式。通常，敏捷式事务处理机制均是建立在扁平化组织体系之上的，可以强化组织的横向联系，弱化组织的纵向关联。由于"实验中心指委会＋实验中心管理团队"的耦合管理体制具有结构扁平化、资源集约化与管理集中化等多元优势，所以该体制为新文科实验中心敏捷式协同合作机制的创建奠定了组织基础。又因实验中心指委会负责实验中心的宏观指导，对应协调学校与校外组织机构之间的关系，实验中心管理团队负责实验中心的微观管理，对应协调学校职能部门与学院（系、部）之间的关系，所以实验中心指委会为实验中心创建跨组织机构协同机制提供了支撑，实验中心管理团队为实验中心创建跨学科专业协同机制提供了支撑。

对新文科实验中心而言，创建敏捷式协同合作机制是为了实现跨组织机构协同和跨学科专业协同，本质在于破除实验中心与校内外关联主体之间的协作壁垒，化解彼此之间组织不联通、信息不畅通、数据不流通、业务不融通的困境。为此，新文科实验中心创建敏捷式协同合作机制，应以"实验中心指委会＋实验中心管理团队"耦合管理体制为基础支撑。一方面，依托实验中心指委会创建跨组织机构协同机制，为对接政府或地方的资金优势与政策需求、行业产业的资源优势与发展需求、高等学校的智力优势与育人需求、研究机构的科技优势与应用需求、企业或用户的市场优势与科技需求等各方资源与需求提供桥梁，促进政策链、产业链、教育链、创新链、人才链"五链"有机衔接与深度融合，发挥各自的人才、资本、信息及技术等资源优势，实现"政—产—学—研—用"的优势互补与紧密协同。另一方面，依托实验中心管理团队创建跨学科专业协同机制，构建跨学科专业实验平台，组建跨学科专业研究团队，开设跨学科专业实验课程，开展跨学科专业实践项目，解决不同学科专业界限明显、教育资源分散、科研创新能力不足，以及人才培养单一化等问题，促进不同学科专业知识、技能、方法及资源的相互渗透、有机融合与高效共享，实现不同学科专业的交叉融合与密切协同。

（二）集约化资源配置机制

集约化概念源于农业领域，本义是指在同一面积上投入较多的生产资料和劳动进行精耕细作，通过提高单位面积产量来增加产品总量的经营方式；后被广泛应用于社会经济领域，通过经营要素质量的提高、要素含量的增加、要素投入的集中以及要素组合方式的调整来增进效益的一种经营方式。对新文科实验中心而言，集约化资源配置即是在遵循集约化内涵要义的基础上，追求集中、节约、高效为价值取向的一种资源配置方式。它不仅强调在有限的资源条件下，使资源发挥出最大的效益；而且强调在建设与运行过程中，避免不必要的资源浪费；同时强调以较少的资源投入，获取最大的成效产出。由此可见，集约化资源配置机制即是通过集中管理、统一分配、成本控制等方式，以达到降低资源消耗、提升资源利用率、提高实验中心整体效益的一套机制，可确保实验中心高效运行与可持续发展。创建集约化资源配置机制可从以下三方面予以推进。

（1）实施集中管理，推进资源有效整合与共享使用。根据新文科实验中心总体发展规划和分阶段建设任务，统筹考虑建设资金、实验人员、仪器设备、环境设施、软件平台等有形资源，以及相关学科专业的教学资源、科研资源和社会服务资源等无形资源，对其进行科学投入、集中采购与整体建设，避免出现重复投入、重复采购和重复建设；构建新文科实验中心综合性统一资源平台，对不同来源、不同类型的分散资源进行整合，引入跨学科专业优质资源，以及产教融合与科教融汇等方面的优质资源，促进不同机构、不同领域之间合作与交流，确保资源有效整合、集中管理与共享使用。

（2）实施统一分配，提升资源利用率与整体效能。建立专门的资源统一分配与协调机制，制定明确的资源分配标准和流程，运用物联网、大数据等人工智能信息技术，通盘考虑新文科实验中心资源状况和学科专业特点与需求，同时兼顾学科专业发展的实际需求变化，制定科学的资源配置方案和灵活的资源调整策略，统一分配实验室资源，统筹落实实验室计划，合理安排各实验室的实验教学、实践育人、科研创新与社会服务等各项任务，提高实验中心的资源利用率和整体效能。

（3）实施成本控制，降低资源消耗与推进绿色运行。根据新文科实验中心建设现状，深入分析成本结构，设定明确的成本控制目标，制定全面的成本控制策略，对各项成本进行严格控制，避免经费超支和资源浪费；依据新文科实验中心发展规划，结合学校经费投入，制订合理的经费预算计划，实施严格的经费预算管理，削减不必要的经费开支，确保资金使用的合理性和经济性；注重资源集约、节约，实施废弃物回收和再利用计划，避免资源闲置和浪费，减少能源消耗和废弃物排放，确保每份资源得到充分利用。

（三）智慧型管理运营机制

智慧型管理运营机制是一种基于智能技术手段，通过集成应用物联网、云计算、大数据、人工智能等技术，对组织内部各项运营活动进行全面、高效、智能管理的模式，具有全面感知与实时监控、数据驱动与智能决策、自动化与高效化等鲜明特征，旨在提升组织管理效率、优化教育资源配置、增强科学管理决策及推动实验中心可持续发展。对新文科实验中心而言，智慧型管理运营机制是一种集成现代信息技术和智能化设备，对实验中心人、财、物（含有形资源和无形资源）、事（含业务信息与数据）等进行全面、高效、智能管理的模式。它有助于解决实验中心资源分配不均与浪费严重、数据整合困难与共享不足、管理技术落后与效率低下、安全隐患突出与风险加剧等问题，以更好地适应新时代的发展需求、提高管理效率和服务质量、促进学科交叉融合与持续创新。为此，新文科实验中心应从基础设施建设、数据管理分析、业务流程优化、智慧服务支持、安全管理防范等多个方面切入，对管理运营机制进行全面梳理、智能改造与智慧升级。

（1）改造实验基础设施，为智慧型管理运营提供条件保障。部署温度传感器、湿度传感器、门禁系统、视频监控等各类物联网设备，对实验中心环境、设施与设备进行实时监控和智能管理；建立高速、稳定的网络基础设施，确保实验中心内部与外部数据传输的平稳、畅通；引入云计算平台，为数据存储、处理和分析提供支持。

（2）搭建实验大数据平台，为科学管理决策提供智慧支撑。通过物联网设备、实验管理系统等多种渠道采集海量的实验数据，并对其进行整合和清洗，为数据分析提供高质量的数据源；利用大数据分析技术，对实验数据进行深度挖掘和分析，发现数据背后的规律和趋势，为实验中心的管理和运营提供科学依据。

（3）优化实验管理流程，为资源开放与共享提供制度支撑。简化实验预约流程，建立实验预约制度，开发在线预约平台，实现实验预约、分配及调度自动化，提高实验资源的利用率和增加实验资源的开放度；建立实验监控与评估体系，利用智能信息技术，实时监控实验过程，量化评估实验结果，确保实验操作规范和安全，提高实验结果的可靠性和准确性。

（4）构建智能服务平台，为个性化实验服务提供平台支撑。运用智能信息技术，构建智能服务推荐平台，根据用户的需求和偏好，提供个性化的实验指导和服务，提升用户体验，增强用户黏性；组建智能化技术服务团队，为用户需求提供及时、专业的技术支持和解决方案，保障实验中心服务的稳定运行，提高技术支持的效率和满意度。

（5）防范安全隐患风险，为实验室管理运营提供安全保障。通过物联网技术和视频监控系统，对实验室进行全方位安全监控，及时发现并预警安全隐患，确保实验室安全，防止事故发生；健全风险防控机制，对可能存在的风险进行识别、评估，制定相应的应对措施和预案，降低风险和不确定性，保障实验室平稳运行和持续发展。

四、管理制度

管理制度是新文科实验中心组织体系建设的基石，是实验中心管理走向科学化、规范化的基本要求，由一系列的管理框架、规范和准则构成，旨在指导、约束并优化实验中心各项管理活动和工作流程。它为新文科实验中心提供清晰的管理框架，明确各层级、部门及岗位的职责和关系，确保组织体系的平稳、有效运行；提供健全的管理规范，使得实验中心工作得以有序、高效进行，避免工作混乱或低效；提供完备的管理准则，引导实验中心成员遵循正确的行为方式，形成良好的工作氛围和文化。它不仅关乎新文科实验中心的日常运作和长远发展，还将直接影响新文科建设的成效和人才培养的质量。鉴于此，新文科实验中心应重视管理制度的建设和完善，确保其能够适应新文科发展需要，并为师生提供一个严格、规划、高效的制度环境。

（1）确立组织架构，明确实验中心管理组织结构与权责。学校成立实验中心指委会，由分管校领导担任主任、新文科实验中心主任兼任秘书长、新文科实验中心常务副主任兼任办公室主任，委员包含政府机关、行业产业、科研院所、用人单位等方面人员；新文科实验中心成立实验中心管理团队，下设若干副主任兼分中心主任、实验室主任，受实验中心指委会全面指导；形成"实验中心指委会＋实验中心管理团队"耦合管理组织架构，进一步缩减了新文科实验中心的管理层级，提升了新文科实验中心的管理效能。在此基础上，学校进一步明确实验中心指委会职责，全面指导新文科实验中心建设发展规划，确保实验中心人、财、物的有效配置；明确实验中心管理团队职责，实行实验中心主任负责制，全面负责新文科实验中心的管理、建设与运行，落实实验空间统一布局、实验设备统一配置、实验人员统一管理、实验经费统一预算、实验课程统一安排。

（2）确立安全架构，健全实验室安全管理责任体系。建立学校、新文科实验中心、分中心和实验室四级安全管理架构，以"谁主管、谁负责，谁使用、谁负责"为原则，实行"统一领导、分级负责、层层落实"责任制。

① 学校成立实验室安全工作领导小组，办公室设在实验室与设备管理处。由分管实验室安全工作的校领导担任组长，实验室与设备管理处负责人兼任主任，保卫处负责人兼任副主任。实验室安全工作领导小组负责全校实验室安全管理工作指导、协调与督查。

② 新文科实验中心成立实验室安全工作领导小组，由实验中心主任担任组长，常务副主任担任副组长，成员由各分中心主任构成，明确实验中心主任为实验室安全负责人、副主任为实验室责任人。实验室安全负责人负责制定实验中心安全管理制度、定期检查安全工作、组织安全知识学习与培训等；实验室责任人负责实验室日常安全监督、安全教育、安全隐患排查及安全措施实施等。

③ 分中心安全受相关学院（系、部）实验室安全工作领导小组管理，该领导小组由学院（系、部）院长（或主任）、书记担任组长，副院长（或副主任）、副书记担任副组长，成员由学科负责人、专业负责人、学院办公室主任、学生办公室主任、实验室主任等组成，全面领导本单位实验室（分中心）安全工作。

④ 实验房间管理者是所在实验房间的直接安全责任人，负责本实验房间的安全工作；仪器设备管理者是所管理仪器设备的安全责任人，负责该仪器设备的使用安全监管与使用人员的安全教育、考核、准入；实验指导教师在实验教学期间承担实验室安全责任；在实验室学习、工作的所有人员对实验室安全工作和自身安全负有责任。

（3）确立基本原则，完善实验室使用规定。基于新文科建设理念，根据新文科实验中心承担的职责与任务等，确立资源共享、开放服务、规范管理、安全第一、持续发展的基本原则。

① 制定实验室资源开放共享规定。对实验室资源采取集中管理、开放使用、共建共享，鼓励实验中心与其他高校、科研机构和企业开展合作、

共享资源、共同研究，制定不同资源（硬件设备、软件平台、数据库等）的共享策略和使用规定，建立实验室固定开放制度和资源共享平台。

② 制定实验室预约与登记制度。确立实验室开放时间和使用流程，推行实验室预约制度，通过线上或线下方式，提前预约实验室资源，登记实验目的、实验内容、所需资源、使用时间、使用人员等预约信息。

③ 出台实验室仪器、设备、软件及平台等操作规范与培训细则。制定详细的实验室安全操作规范与流程，鼓励使用绿色实验技术和材料，定期进行实验室安全检查，定期培训用户实验操作和安全规范。

④ 出台实验室使用违规处理与责任追究实施意见。明确违规行为的界定标准，依据违反情节的轻重给予相应处理，对违规行为采取警告、罚款、暂停使用资格等处理，情节严重者追究法律责任。

⑤ 建立实验中心评估与改进机制。结合实验中心在教学、科研、社会服务中发挥的具体作用，以及提升学校特色、办学优势等不同角度建立多维度评价体系，定期邀请专业机构、学术团体及广大师生对实验室进行评估，根据评估结果发现管理中存在的问题与不足，及时采取措施进行改进和完善，确保实验中心持续发展与不断提升。

第三节　实践育人体系建设

因受"重理论轻实践"教育思想的长期影响，高校缺乏对实践育人应有的重视，导致实践教学往往成为理论教学的附属品，实践活动时常游离在人才培养体系之外。同时，随着社会的快速发展和科技的不断进步，社会对人才的跨学科素养、实践能力、创新思维、国际视野和社会责任感等要求越来越高，传统以知识与技能培养为主的实践教育方式已不合时宜。实验中心作为高校人才培养的主要实践平台，对实践育人具有基础性保障作用。而实践育人体系的不完善性又制约着实验中心职能的有效发挥，影响实验中心的改造、升级与发展。鉴于此，对新文科实验中心建设而言，高校应以育人为根本，重构新文科实践育人生态体系，在实践育人定位上，坚持以服务学生全面发展和落实立德树人为主要目标；在实践育人理念上，秉持"人本主义教育"和"钱学森大成智慧教育"的双元指导；在实践育人规格上，遵循马斯洛需求层次理论，确立"本体素质、专业技能和未来潜能"的三维标准；在实践育人机制上，推行时空上相"契合"、能力上相"聚合"、内容上相"咬合"、组织上相"配合"的四合原则。在此基础上，全面梳理新文科实践能力体系，构建"1+3+N"实践课程体系，并依次确立实践环节、配套资源、协同机制以及相应的教学模式、方法和手段，最终形成为了学生、尊重学生、培养学生，并致力于成就学生的"一主、双元、三维、四合"的新文科实践育人生态体系。该体系为学生提供更加贴近实际、更具挑战性和创新性的实践育人综合环境，强调对学生的跨学科素养、跨界整合能力、多元创新思维和社会责任感等的培养，以促进学生自主学习、多元发展与智慧成长。

一、实践育人时空体系

实践育人时空体系以"大学四年、八学期"和"校内、校外、境外、网络"为时空维度，依据学生的知识储备特点和学习成长规律，以"四年不断线、四年一整体"为总体要求进行系统设计，以确保实践育人体系在时间和空间维度上均保持契合与衔接（见图8-2）。

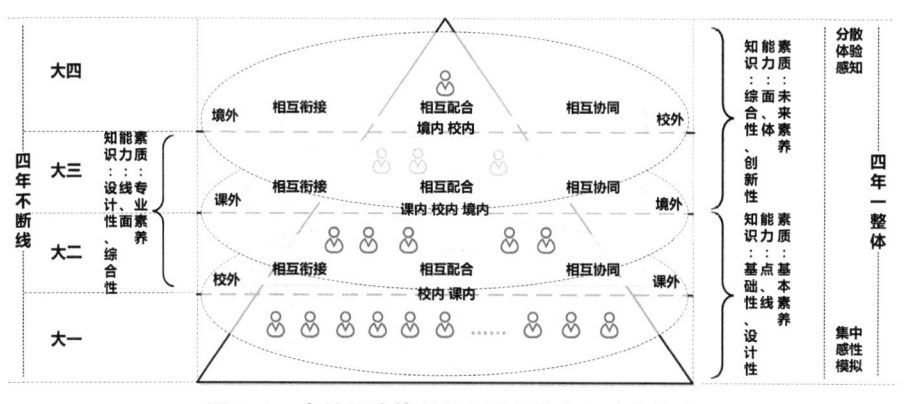

图8-2 农林经济管理新文科实践育人时空体系

从新文科实践育人时空体系构建来看，在时间维度上，实验中心依照从低年级到高年级顺序，在实践知识层面，遵循"基础性、设计性、综合性、创新性"顺序逐级递进；在实践能力层面，遵循"点—线—面—体"

方式延展聚集；在实践素质层面，遵循"基本素养、专业素养、未来素养"维度逐层复合。在空间维度上，实验中心根据课内与课外、校内与校外、境内与境外，以及线上与线下的相应关系，精心设计并处理好内外衔接、上下配合与相互协同的关系，在实践方式上做到"集中—分散、感性—体验、模拟—感知"逐渐深化，让学生在沉浸式实践中深化理解、加强训练、增进体会、收获成长。

二、实践育人能力体系

实践育人能力体系是对实践育人规格标准的具体解构，且与人才培养的实践育人课程体系保持相互呼应。在构建新文科实践育人能力体系时，一方面，我们要遵循OBE教育理念，从实践育人总体目标出发，自上而下解构实践育人规格与标准，形成"点、线、面、体"四维"聚合"的结构体系；另一方面，我们要全面梳理新文科人才实践的知识点、知识单元、课程和课程群，建立与实践育人能力"点、线、面、体"四维结构相映射的关系矩阵，逆向重构新文科人才培养的实践课程体系。

从逻辑上讲，重构新文科实践育人能力体系，首先，将课程知识点的应用抽象、提炼为实践育人能力的"点"；其次，由实践育人能力的"点"有序关联、组合为实践育人能力的"线"；再次，由实践育人能力的"线"有序交织、整合为实践育人能力的"面"；最后，将实践育人能力的"面"有序迭代、聚合成实践育人能力的"体"。所以，新文科实践育人能力体系逻辑上表现为实践育人标准与课程知识体系的关系矩阵，是一个可描述为"点—线—面—体"有机关联、相互聚合的能力体系。

以浙江农林大学经济管理省级重点实验教学示范中心为例，实践育人能力体系由海量与实践知识点存在映射关系的实践能力的"点"所构成，如语言表达、书面表达、沟通技能、团队合作等；而这些"点"的有序排列、关联，形成创新创业、生态文明意识、坚韧不拔和不断超越的意志品质、"三干"品质、"三农"情怀、社会经济调查分析、技术经济分析、农林经济核算、企业经营管理等若干专项实践能力的"线"；这些"线"的有序交织、融汇，形成农林业现代化建设、山区社会经济建设、乡村综合改革治理、农林业创新创业等人才培养四大特色的实践能力的"面"；这些"面"的有序迭代、聚合，形成支撑复合创新型农林经管人才培养总目标的实践能力的"体"（见图8-3）。

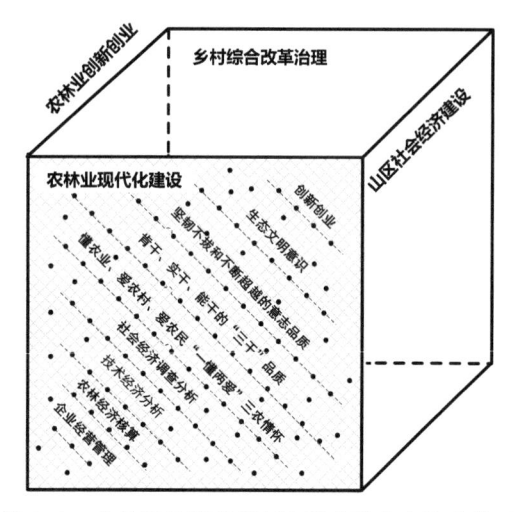

图8-3 农林经济管理类新文科实践育人能力体系

三、实践育人内容体系

实践育人内容体系的构建遵循OBE教育理念，从新文科实践育人能力体系出发，逆向设计实践任务和实践内容；同时，遵循美国学者布鲁姆提出的教学目标六层级理论，将实践育人目标细分为"记忆、理解、应用、分析、评价、创造"六个层级，设置案例教学、社会实践、课程设计、毕业实习、综合实训、毕业设计（论文）、学科竞赛、科研创新训练和创业项目孵化等实践环节加以实现。

在构建新文科实践育人内容体系时，实验中心遵照"简—繁、易—难、低级—高级、基础—综合"的设计规则，将新文科实践育人内容体系分设为基础性实践、设计性实践、综合性实践和创新性实践四个层次，与实践育人时空体系中渐进式、模块化设计保持吻合；每个层次均包含实践任务、实践目标、实践内容和实践环节等四块内容，且每块内容间保持紧密衔接与相互支撑。从整体来看，实践育人内容体系在纵向上保持阶梯递进的层次关系，在横向上保持紧密衔接的关联关系，纵、横双向形成相互"咬合"、融为一体的完整实践育人内容体系。

以浙江农林大学经济管理省级重点实验教学示范中心为例，新文科实践育人内容体系自上而下为依次递进的实践层级，自左向右为逐步具化的实践内涵，纵向与横向在形式上保持相"交织"、在内容上保持相"咬合"。具体来看，农林经济管理新文科实践育人内容体系包含基础性实践、设计性实践、综合性实践、创新性实践四个层级（见表8-1），涵盖"基本概念和基本方法、实验原理和技能方法、农林经管复杂现实问题的解决、团队精神和科研创新能力"四大实践任务，明确"能识记会理解、能分析会应用、能综合会评价、能创新会创造"四大实践目标，设置"基本素质训练、基础技能训练、专业能力训练、创新创业训练"四类实践内容，具有"实验、实习、实训、实践"四类实践环节。

表8-1 农林经济管理新文科实践育人内容体系

实践层级	实践任务	实践目标	实践内容	实践环节
基础性实践	基本概念和基本方法	能识记会理解	以基本素质训练为主，包含体育军训类实践、思政类实践、外语类实训、计算机类实验和职业规划类实训等	模拟实验、上机实训、社会实践等
设计性实践	实验原理和技能方法	能分析会应用	以基础技能训练为主，包含社会经济调查分析、技术经济分析和农林经济核算、企业经营管理等	课程实验、课程实习、上机实训和开放实验项目等
综合性实践	农林经管复杂现实问题的解决	能综合会评价	以专业能力训练为主，包含农村经济社会调查、农林经管类跨专业综合实训、种植业家庭农场经营策虚拟仿真实验、毕业设计与论文等	虚拟仿真实验、专业实习、跨专业综合实训、毕业实习和毕业设计等
创新性实践	团队精神和科研能力	能创新会创造	以创新创业训练为主，包含创新创业项目训练计划、大学生林业经济管理学术作品大赛、乡村振兴创意大赛等	学科竞赛、科研创新项目、创业实训项目、企业孵化等

基于上述实践育人内容体系，农林经管类实验中心遵照新文科教育回归育人本位、重塑新人文精神，强调求真、求善、求美，注重知识跨界、能力复合、素质多元，以及重视实践育人、环境育人、文化育人等总体要求，秉持相互交融、协同开放、共建共享总体原则，可以进一步重构农林经管类新文科实践育人课程体系。首先，切实做强农林经管类新文科人文

素养基础通识类实践教学课程群；其次，系统做实批判性思维、辩证性思维和创新性思维等高阶素养类进阶实践育人课程群；最后，持续做优"人文社会科学+"等多元、个性的特色实践教学课程群。基于此，农林经管类实验中心可逐步形成并完善"1+3+N"架构的农林经济管理新文科实践育人课程体系（见图8-4）。

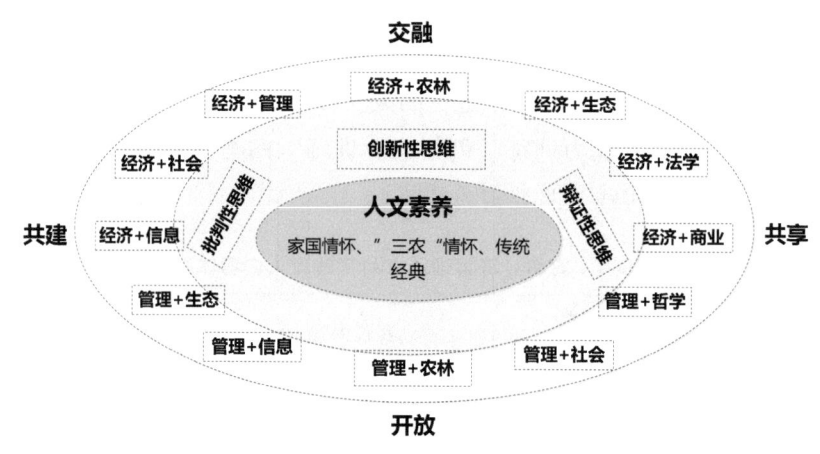

图8-4 农林经济管理新文科实践育人课程体系

四、实践育人方法体系

身处新时代，面对新形势、新挑战和新需求，新文科人才在具备自身学科专业知识、能力和素养的同时，还应具有正确的人生观、世界观和价值观，以及辩证性思维、批判性思维、创新性思维和解决复杂现实问题的能力，以便实现对文化、认知、体验、行为的整合，达成人之为人并使人成为智慧人的根本愿景，以便更好地适应未来社会变幻莫测的变化。为此，我们需要树立以人的智慧养成为宗旨的教育目标，强调人的全面化、个性化与多元化发展，强调实践育人、环境育人与文化育人相结合，紧紧围绕"转识成智"的条件和要求，积极倡导以"学生为主体、教师为主导"的实践育人理念，引导教师主动转变传统育人观念，还以学生自主学习的时间和空间，引导学生主动转变角色做学习的主人；大力推进智能信息技术与实践育人改革的深度融合，尽快让实践育人课程、资源及平台完成数字化与智能化转型升级，推动实践育人实现线上与线下相结合、虚拟仿真与现实体验相结合、能力训练和智慧输出相结合等；全面推进实践育人模式朝着建构主义方向转变，实践育人方法朝着案例式、互动式、情境式的方向转变，积极创建契合社会需要、课程实际的教学情境和实验案例，让学生通过情境体验、团队协作、动手实践及思维创新的方式，完成对复杂现实问题的解决。

对新文科实验中心而言，我们通过创建多样化的实验环境、建立虚拟仿真系统平台，促进教师开展案例式、互动式、情境式的实践育人改革，倡导并支撑学生开展自主式学习、合作式学习和探究式学习，全面提升新文科实践育人的质量与水平。

（1）案例式实践。根据实践内容和对象的不同，教师精心选择设计实践案例，创设相应情境，启发引导学生，让学生自主去学习、去分析、去发现、去思考、去解决实际问题，从而拓宽学生的思路、活跃学生的思维，促进隐性知识与显性知识的不断转化。通过案例式实践方法的引入，教师可有效地将实际生活中的问题引入实践课堂，结合学科竞赛和科研创新训练项目等形式，形成"课—赛"与"课—研"互促局面，提升学生参与科研训练和学科竞赛的积极性。

（2）互动式实践。通过营造多边互动的实践育人环境，师生、生生在平等交流与探讨的过程中，不同观点的碰撞、交融可以调动师生双方的主动性和探索性，进而有效提升实践育人效果。在实际教学过程中，教师可以选择主题探讨式互动、归纳问题式互动、精选案例式互动和多维思辨式互动等互动方式，充分调动学生参与课堂学习的积极性和创造性。通常情况下，该实践育人方法在翻转课堂、综合性实验、实习、实训等课堂形式中采用的较多。

（3）情境式实践。以案例或情境为载体，引导学生自主探究实践，以提高学生分析和解决实际问题的能力。情境式实践可视为"感知—理解—深化"三个教学阶段。第一阶段，教师通过创设画面、引入情境、形成表象让学生产生感知；第二阶段，通过深入情境、理解内涵、领会真谛让学生来促成理解；第三阶段，通过再现情境、丰富想象、深化思想让学生完成深化。

五、实践育人组织体系

课内与课外、校内与校外、境内与境外是高校实施人才培养的三类重要空间场域。以此为依据，新文科实验中心可以将传统的课堂划分为第一课堂、第二课堂、第三课堂、第四课堂（以下分别简称为一课堂、二课堂、三课堂、四课堂）。实践育人作为贯穿一课堂、二课堂、三课堂与四课堂的必备教育环节，在新文科重构实践育人生态体系的背景下，如何更加有效地进行组织，是实验中心建设一个不可回避的现实问题。为此，新文科实验中心必须首先在明确一课堂、二课堂、三课堂及四课堂概念与内涵的基础上，区分并界定一课堂、二课堂、三课堂及四课堂实践育人的主要形式；其次，明确实践育人活动开展的核心组织主体，积极组建校内、校外、境外"三位一体"且专兼结合的实践育人队伍；再次，明确实践育人活动开展所依托的主要载体或场所，着力搭建校内、校外、境外功能互补且运行稳定的实践育人基地或资源；最后，明确实践育人活动顺畅开展的有效工作机制，致力构建学科与专业、学校与企业、学校与政府、学校与学校"四位一体"实践育人机制。如此一来，新文科实验中心便已构建完成"课内与课外、校内与校外、境内与境外"有效衔接，一课堂、二课堂、三课堂、四课堂有效联动的实践育人组织体系（见图8-5）。

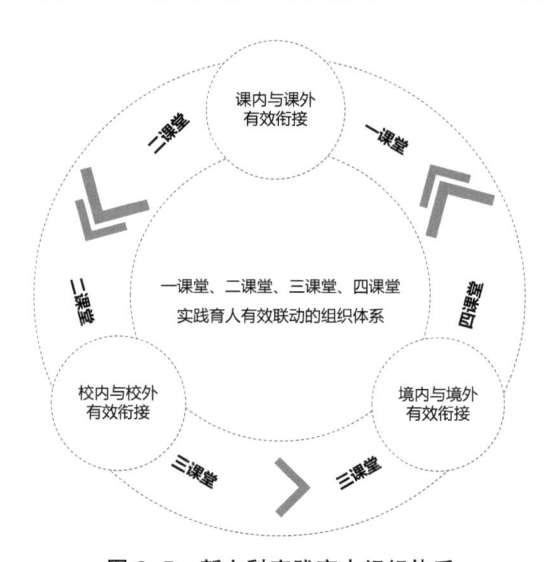

图 8-5 新文科实践育人组织体系

以浙江农林大学经济管理省级重点实验教学示范中心为例，我们在充分挖掘、整合并利用地方政府、行业产业、科研院所和用人单位等资源的基础上，大力推进教育与科技、经济与社会的深度融合，释放"政—产—学—研—用"协同效应，逐步建立并完善政学协同、产学协同、研学协同、用学协同，以及实践师资共建、实践基地共建、实践计划共建、实践课程共建、实践教学共建的"四协同、五共建"的实践育人新机制，以推动构建新文科实践育人组织体系（见表8-2）。

表8-2 农林经管类新文科实践育人组织体系

要素	一课堂	二课堂	三课堂	四课堂
内涵界定	在校内参加的培养计划内的课堂学习形式	在校内参加的各类实践活动	在校外、境内参加的各类实践活动	在境外参加的各类学习实践活动
主要形式	培养计划内的实践教学（含实验、实习和实训）	学科竞赛、创新创业训练、科学研究、创新实验、社团活动和文体活动等	社会实践、就业创业实践、校外志愿服务等	交换生项目、实习实践、创新创业交流、学术交流和文化交流等
组织主体	课程教师、专业导师、实验人员和教学秘书	专业负责人、专业导师、辅导员和班主任	专业负责人、企业实践导师、辅导员和班主任	专业负责人、教学秘书和境外游学导师
依托场所	实验教学中心、校内实习实训基地	实验教学中心、校内实习实训基地、学生活动中心等	校外实践教学基地、校外实践育人基地等	国外知名合作高校、研究机构等
工作机制	研学协同、用学协同	政学协同、产学协同、研学协同与用学协同	政学协同、产学协同、研学协同与用学协同	国际合作

（1）加强政学协同，健全学校、政府、地方三方联动机制。制订基层定向农技人才培养计划；聘请用人单位技术人员作为校外实践导师；与用人单位、所属乡/镇、所辖村及农户签订实习协议，建立实习基地；与校外导师、基地负责人等定期召开社会实践、专业实习和毕业设计等工作对接会和交流会；与省农业农村厅、人力资源和社会保障厅、教育厅及用人单位定期召开项目实施工作座谈会和交流会。

（2）加强产学协同，健全学校、企业双方互动机制。建立由分管教学副校长和企业董事长牵头的校企联席会制度，形成每年定期议事机制；聘请企业高管担任实训讲师和实践导师；与虹越花卉股份有限公司签订战略合作协议，联合实施高级经理人培养项目，共建"虹越·园艺家"校内实训基地。

（3）加强研学协同，健全教学、科研双向融合机制。依托中国农民发展研究中心、浙江省乡村振兴研究院、浙江省"三农"发展智库等科研平台优势，以教师为纽带，将教师最新科研成果融入教学，将创新创业教育引入科研，带领学生早进课题、早进团队、早进平台，让学生在科研训练中提升创新能力，在团队协作中培养创业精神。

（4）加强用学协同，健全学习、应用有效衔接机制。建立学生"三农"研究会、学生林业经济研究会和农林经管类专业学科竞赛委员会；将学科竞赛、创新计划和创业项目，与乡村、企业、农户等经营发展问题联系起来，通过学生深入调研为相关方决策提供支撑，进而有效促进理论与实践相联系、学习与应用相结合。

第四节 硬件设施建设

对新文科实验中心而言，硬件设施环境是高校开展实践育人的基础条件，倘若实验中心没有完善的硬件设施环境，新文科实践育人就无法达到预期的实施效果。鉴于此，在智能化时代背景下，面对教师智慧"教"、学生智慧"学"及管理人员智慧"管"的现实需要，面对实验空间破旧、实验环境简陋、实验设备陈旧、实验手段传统，以及实验管理分散、低效等现实问题，改造、升级实验中心硬件设施环境是新文科建设亟待开展的工作。为此，新文科实验中心应秉承"集成、开放、共享、智能"等建设理念，运用互联网、云计算、人工智能、系统集成等技术手段，对实验室空间布局、环境设施、仪器设备等方面进行全面改造与升级；持续推进基于"物物互联、数据互通、信息共享"目标要求的基础环境设施优化集成建设，让实验空间设备、设施的自然感知与自动控制变得更加智能、可靠；不断推动云服务器扩容升级、终端计算机更新，以及智慧电子大屏、智能电子班牌、智能电源控制箱、智能数据存储网关等设备购置与部署，为实验中心智能化管理、智慧化转型提供较为完备的硬件基础支撑；使得实验中心具备更加合理的实验空间布局、更为现代的实验环境、更为丰富的实验文化，吸引并留住师生在此专注地开展学习与研究；实现计算资源跨实验中心、跨校区整体云部署与云应用，多媒体、安全监控及电子屏系统等设备设施的集中控制管理；建成智慧互动实验教学空间，以及跨越时空、情境沉浸、多维视听、思想交互、真实体悟的虚拟仿真实验环境，全面支撑新文科实践育人的改革与创新。

一、实验环境设施改造

坚持"以人为本"的设计理念，秉持增进学生学习和教师教学体验、体现学科专业规律特点等思想，科学合理设计布局实验空间，精心布置安排实验设施设备，着力营造清新、舒适的实验环境；独特匠心地设计学科专业文化载体、元素，着力构建文化浓郁、情境契合的智慧实践教学空间，为师生情境式、沉浸式的实验教学提供良好的体验。

（一）优化实验空间

为进一步加强实验室集中管理、集约建设，整合优化实验资源，促进跨学科专业交叉融合，首先，新文科实验中心应将相关或相近实验室空间进行整合，统筹规划计算辅助教学、语言听力教学、工商管理模拟、财务会计模拟、国贸金融模拟、商务营销模拟等实验空间，设计布局跨学科、跨专业、大规模、一体化的实习实训空间，扩大实验空间整合效应，提升实验空间整体效能；其次，新文科实验中心应对传统实验室进行改造升级，借鉴智慧校园、智慧教室和智慧课堂等成功经验，充分利用智慧教育技术和智能教育设备，为"互联网+"背景下实验教学小班化、探究式、多维互动、情景呈现等实验教学提供智慧支撑；最后，新文科实验中心还应对软件模拟实验室进行更新升级，将其改造为兼具VR、AR、大数据、区块链等新技术的虚拟仿真实验空间，为跨学科、跨专业、跨领域、多情景的复杂真实情境实践提供扩展支撑。

（二）重建文化设施

根据新文科的特征与特色，整体规划设计实验中心文化，对实验室的墙面、地面、吊顶、色彩、灯光、文化载体及展示元素等进行精心设计，给出实验中心文化环境设施建设整体方案。①对实验室内部空间文化设施进行整体改造。依据新文科实验中心文化环境设施建设整体方案，重新布置实验室的空间环境，重新粉刷墙体，重新装饰吊顶，重新设计照明、灯光，重新安装地板，重新铺设强弱电、网线，加装自动窗帘和智慧电子屏，设计、定制活动桌椅等。②对实验室外部空间文化进行整体升级。根据新文科实验中心文化建设要求，结合实验中心外部空间环境的现状，围绕实验中心概况、发展历程、组织架构、管理架构、安全架构，以及实践平台体系、实践教学体系和实验资源体系等方面内容，运用现代智能信息技术手段，采用"固定展板＋智慧电子屏"相结合的展示形式，以图文并茂、数据联动、智能感知与智慧交互的方式展现实验中心文化。

二、实验开放设施建设

运用物联网、云计算、人工智能和系统集成等新兴智能信息技术手段，遵照系统化、集成化、智能化等总体要求，实验开放设施建设旨在对实验室开放设备设施进行整体改造与升级，探索构建互联、互通、自由感知的一体化智能开放设施系统，包括智能门禁系统、智能电源控制系统、智能电子班牌系统和智能多媒体教学中控系统等建设部署。

（一）智能门禁控制系统

智能门禁控制系统是实验室开放的准入保障设施，是验证用户身份并合法获取实验资源的基础保障。对新文科实验中心而言，智能门禁控制系统具有门禁控制和考勤管理两大核心功能，主要包括人员出入管理、安全防范、数据记录与查询等，涉及的设备有门禁控制器、读卡器、门锁、服务器与网络设备等。门禁控制器是智能门禁控制系统的核心设备，具有数据存储可靠、掉电数据不丢失、集管理和自动控制于一体的特性，通常我们应选择性能稳定和功能丰富的门禁控制器。读卡器支持IC卡、指纹、人脸等多种识别方式，根据新文科实验中心开放管理的实际需求，我们选择合适的读卡器即可。门锁与门禁控制器是配套使用的，选择电子门锁时我们应考虑其兼容性和可靠性。服务器与网络设备是确保门禁系统稳定运行和数据传输的关键设备，我们应选择性能高、稳定性强的服务器和网络设备。

智能门禁控制系统应注重与关联系统进行集成与联动，以最大化发挥其全部功能和积极作用。例如，与智能视频监控系统集成、联动，实现刷卡、刷脸等抓拍、录像回放等功能，便于在发生异常情况时快速定位、精准处理；与安防报警系统集成、联动，实现非法入侵时的自动报警和门锁锁定等功能，提高新文科实验中心的安全防范能力。

（二）智能电源控制系统

智能电源控制系统是实验室开放的电力基础设施，是获取实验室仪器、设备及设施等实验资源的前提基础。智能电源控制系统是一种能够实时监测、分析和控制电力使用情况的电力管理系统，通过利用传感器、智能控制设备等，结合智能软件算法，实现对电力设备的远程监控、智能调节和安全预警等，旨在提升电力使用效率、安全性和管理便捷性。通常，智能电源控制系统由电源设备、传感器和监测装置、智能控制器、通信系统、数据存储和分析系统等部件构成，具有远程监控与控制、智能调节与优化、安全防护与故障排查、数据分析和决策支持等核心功能。其中，电源设备包括发电机、变压器、开关设备、逆变器等，用于电力的生成、传输和转换；传感器和监测装置用于实时监测电力系统各参数，如电流、电压、频率、功率等，以便能及时获取电力系统运行状态数据；智能控制器依据传感器数据和预定的控制策略，采用 PID（Proportional Integral Derivative，比例、积分、微分）控制、模糊逻辑控制、神经网络控制等算法，来优化分配电力资源、实时控制电源设备运行；通信系统采用有线或无线通信技术，与远程监测和管理中心进行通信，实现远程监测、远程控制和远程故障诊断；数据存储和分析系统使用数据库和数据挖掘技术，存储和分析电力系统数据，以便进行性能评估、故障诊断和优化决策。

对新文科实验中心而言，智能电源控制系统可利用 STM32 系列单片机作为主控芯片，采用 ZigBee 无线传感器网络或 Wi-Fi 模块进行数据传输和通信，通过手机 App 等移动应用程序，随时随地查看实验室电源系统的运行状态并进行远程控制，使用云端服务器进行电力数据存储、运算和分析，利用大数据技术对大量电力历史数据进行挖掘和分析，运用智能决策算法优化电能分配和利用，目的在于提升实验中心电力使用的效率和安全性，推动实验中心电力管理的智能化和绿色化进程。

（三）智能电子班牌系统

智能电子班牌系统是实验室开放的信息展示平台，是全面展示实验室基础信息、运行状态及历史数据等信息的重要窗口。智能电子班牌系统在学生、教师和实验中心之间架设了信息交互桥梁，可实时传递、展示实验室简介、通知公告、课程安排、班级信息、新闻资讯及资源使用状态等信息，是功能强大、操作便捷的智慧管理平台，为新文科实验中心提供了高效、便捷的实验室信息管理手段。它融合了云计算、数据通信、物联网、智能控制及信息管理等多种技术，采用"云＋端"的架构部署，包括终端和平台端两大部件。终端负责多媒体资源的展示和交互，主要用来显示平台预设好的各种资讯信息和动态数据，兼具触摸交互功能。平台端负责基础数据的导入、编辑、删减、屏蔽等，主要为终端提供数据支持和管理功能。

对新文科实验中心而言，智能电子班牌系统提供个性化定制功能，如自定义班牌首页的展示模块、框架布局等；支持文字、图片、音频及视频等多种媒体形式的展示；可展示当前实验室课程安排，包括上课时间、课程名称、任课教师、教室位置等，与教务系统课表信息保持实时同步；能可视化展示实验室中的各项数据，包含实验设备使用率、实验设备完好率、学生到课率和实验完课率等；实时发布通知、公告、新闻及日程等，加强信息传达的及时性和准确性。

（四）智能多媒体教学中控系统

智能多媒体教学中控系统是实验室开放的核心控制系统，是启动、调度、控制和关停实验资源的关键部件。智能多媒体教学中控系统是一种集成了多种媒体功能并能实现多媒体设备智能化控制的系统，包括前端控制设备、数据传输网络、中央控制平台等核心部件，采用无线通信技术、物联网技术、数据分析与决策支持等关键技术，提供资源调度、智能控制、数据分析等核心功能，旨在提高实验中心教学效率、优化教学体验、强化教学管理，并通过数据驱动决策来优化教学策略和资源投入。该系统通过统一接口将多媒体设备使用、实验环境控制、教学资源管理等功能集成在一起，进行集中管理和控制，极大地提升了师生实践效率；通过预设实验场景，自动调整实验室环境（如灯光、温度等），以适应不同师生的实践需求，极大地方便了师生实践的开展；实时监控实验设备使用状态，收集和分析实验过程中数据，辅助优化实验资源配置和实验教学策略。

对新文科实验中心而言，在建设部署智能多媒体教学中控系统时，我们应主要立足于满足实验教学、设备控制和安全管理等方面的功能需求，精心配置和选购前端控制设备、数据传输网络、中央控制平台等核心部件。①选择操作简便、功能丰富的触摸屏或平板电脑作为控制终端，方便教师或管理人员所见即所得地进行操作。②选择合适的传感器（如温度传感器、湿度传感器、烟雾传感器等）和执行器（如继电器模块、调光模块等），以便实现对实验设备的精准控制。③选用稳定性高、扩展性强的服务器或云平台作为中央控制平台，以支撑整个系统的集中监控和管理。

三、实验教学设施建设

根据新文科建设理念，针对实验中心智能化、综合化与一体化发展趋势，实验教学设施建设旨在促进跨学科专业交叉与融合、支持实验教学朝着多样化与个性化方向改革创新，全面支撑复合创新型文科人才培养。实验教学设施建设主要包含智能多媒体互动教学平台、智慧互动实验教学空间、虚拟仿真实验教学空间和智慧融合桌面云实验平台等建设部署。

（一）智能多媒体互动教学平台

智能多媒体互动教学平台是利用计算机技术、网络技术、多媒体技术进行现代化教学活动的网络应用系统。其基于 TCP/IP 进行构建，全面支持局域网（包括 Windows NT，Windows 对等式网络），支持多个主控端（教师端）同时上课，提供多种广播方式和师生语音对讲，支持实时发送视频、音频节目，可将影视、图形、图像、声音、动画，以及文字等各种多媒体信息和控制实时动态地引入教学过程，为师生双向多媒体互动实验教学提供了平台保障。

智能多媒体互动教学平台包含主控端（教师端）和被控端（学生端）两个组成部分，主控端（教师端）主要包含广播教学（含屏幕广播、影音广播、视频直播、遥控转播及学生演示等）、课堂互动（含遥控监察、电子抢答等）、辅助教学（含电子点名、收发作业、屏幕录制、屏幕回放、电子白板、远程开机和远程关机等）、学生考核（含试题编辑、试卷收发、试卷查阅等）等功能，被控端（学生端）主要包括收发消息、接收作业、提交作业、电子举手、屏幕录制及电子白板等功能。同时，智能多媒体互动教学平台还具有禁止被控端（学生端）使用U盘、访问外部网络等强大的锁定限制功能，以及提供画中画可视对讲、端对端双向语音和多班级或多主控端授课等多样化辅助授课功能，为师生多样化、个性化实验教学提供有力支撑。

（二）智慧互动实验教学空间

根据新文科人才培养特点和实践育人总体要求，实验中心运用流媒体、智能识别、无线传输、物联网等先进技术，建设智慧互动实验教学空间，以支撑混合式教学、翻转课堂、PBL（Problem-Based Learning，问题驱动教学法）教学、探索式教学等新型教学模式改革，实现对MOOC、微课、精品课等网络课程的自动录制，课堂教学信息的自动采集，以及课堂教学的实时直播与互动，并支持开展基于教学过程的教学评价。智慧互动实验教学空间具有无障碍系统接入、多维互动交流学习和全过程教学管理监控的鲜明特征。师生可自带笔记本电脑、平板电脑、手机等移动设备接入系统，可通过HDMI或Wi-Fi接入音视频显示设备，无需在电脑设备上安装驱动便可实现即插即用。教师可将授课内容投送到显示设备上，也可有选择地将某组学生讨论的内容分享给其他组；学生可将自己的终端设备显示内容投送到显示设备上，也可同时投送到小组屏幕上进行对比讨论与学习。系统为教师提供提问互动功能，每个学生的提问可通过无线网络发送给教师端，教师可对学生提问进行选择性回答；学生可通过无线网络使用手机或笔记本电脑等智能终端设备登录签到，或通过扫描二维码登录签到。

对新文科实验中心而言，智慧互动实验教学空间配有智慧白板、智慧大屏、智慧终端、音视频设备、传感器和控制器等硬件设备，以及智慧实验室融合管理平台、课程资源平台和学习分析工具等软件系统。其中，智慧白板用于书写和展示实验内容；智慧大屏支持数据可视化与实时监控、多屏联动与数据共享、报告展示与远程协作等功能，使得实验操作更便捷、更智能；智慧终端采用触控屏操作，用于连接和控制其他实验设备，实现统一管理和控制；音视频设备包括高清摄像头、话筒（俗称麦克风）、音响等，支持远程互动实验和视频会议；传感器用于实验室内的环境参数（如温度、湿度和光线等）的采集；控制器则根据传感器数据自动调节实验室内设备状态（如灯光亮度和空调温度），为师生创造舒适的实验环境。另外，智慧实验室融合管理平台兼容不同厂商、不同品牌的软硬件设备设施，打通了实验室内不同系统、应用和设备之间的信息通信，实现了多校区、多系统的统一管理和集成应用，使得实验室管理和应用更便捷、更高效；课程资源平台支持多媒体课件、电子图书和在线数据库等不同资源格式，支持师生随时随地访问和共享实验资源；学习分析工具支持对学生学习数据的收集、分析和反馈，帮助教师了解学生的学习进度和情况，为教师及时调整实验策略提供决策支持。

（三）虚拟仿真实验教学空间

虚拟仿真实验教学空间是集成应用VR、AR、MR等技术，通过多媒体、大数据、云计算和三维建模等手段，创建能够模拟真实实验环境和过程的新型实验、实训空间；它具有情境逼真、交互性强、安全性高、节省时间、节约成本、场景丰富、资源共享与个性化学习等功能优势，可有效化解文科实验普遍参与度低、沉浸度弱、投入性大和实效性差等现实问题，增强学生实验学习的情境感、参与感和体验感，增进教师与学生、学生与学生以及学生与实验情境之间的交互性，提升学生的实践能力、创新能力、跨学科综合素养等。

对于新文科实验中心虚拟仿真实验教学空间的创建，首先，要明确建设目标与定位。以学生、教师和科研人员等为服务对象，以案例分析、模拟法庭、历史再现、企业经营及贸易投资等为主要内容，以情境模拟、角色扮演和互动讨论为重要方法，提升学生的复杂问题解决能力和跨界整合实践能力。其次，要选择适合的虚拟仿真技术。充分考虑技术的成熟度与稳定性、可扩展性与可定制性，以及与实验教学内容、特点的匹配度，确保虚拟仿真实验教学空间运行的长期稳定性、调整优化的灵活性、应用的适切性和吻合度。再次，要构建丰富的教学内容库。收集整理实验案例和数据，构建与新文科实验教学相关的三维模型和场景，形成丰富的实验案例库、三维模型库和数据资源库等。最后，要搭建虚拟仿真实验教学平台。配备高性能服务器、智慧大屏、交互式实验台、网络设施等硬件，自主开发或采购适合的虚拟仿真软件和教学管理系统，完成软硬件设备设施的整合、集成与调试。

（四）智慧融合桌面云实验平台

智慧融合桌面云实验平台是云计算技术在教育领域的一种创新应用形式，它将计算资源、存储资源和网络资源封装成一个独立的虚拟环境，为用户提供专属的桌面系统服务。通过网络，用户可以随时随地访问与使用该平台。该平台通过虚拟化技术将用户的程序、数据和资源存储在云端服务器，实现计算资源、存储资源和网络资源的共享和集约利用；支持跨校区、跨中心、跨学院、跨专业的应用场景配置与自由切换，用户可随时随地通过网络登录到自己的虚拟桌面；支持个性化教学场景的定制，可以灵活、快速、便捷地配置计算资源和应用场景，满足用户多样化的实验需求；支持实验中心机房数据、模板、桌面、资源统一管理，提供网络远程及可视化的运维管理，简化运维流程，降低运维成本，提高管理效率；支撑多学科领域实验教学与科研实践，以及大规模网络考试、会议培训等社会服务活动。简而言之，智慧融合桌面云实验平台具有资源集约化、应用开放性、管理智能化和教学情境化等优点，在实验教学、科研创新和社会服务等多个领域具有广泛应用。

对新文科实验中心而言，智慧融合桌面云实验平台支持VDI（Virtual Desktop Infrastructure，虚拟桌面基本架构）教学桌面、VDI个人桌面、

VOI（Virtual OS Infrastructure，虚拟操作系统基础架构）教学桌面、VOI 个人桌面和移动漫游桌面并存应用，满足"N 个"场景多元化、个性化的"教、学、训、研"的桌面需求，提供灵活访问、个性化定制、教学资源共享、网络远程运维管理、跨平台资源共享以及数据安全保障等功能，为教师实践教学改革创新、学生个性化自主学习提供有力支撑。该平台主要包含云服务器、桌面虚拟机及用户终端等硬件设备。其中，云服务器用于存储用户的应用程序、数据和资源，支持多个虚拟机运行，确保用户数据的安全性和隔离性；桌面虚拟机是每个用户的虚拟计算机，确保用户在任何时间、任何地点通过任何设备，均可访问自己的专属桌面环境；用户终端包括台式计算机、笔记本电脑、平板和智能手机等，通过这些终端，用户可连接到云服务器，并使用自己专属的桌面虚拟机。

四、实验管理设施建设

实验管理设施建设是通过集成运用物联网、大数据、云计算、人工智能等现代信息技术，对实验中心运行维护、管理服务等方面进行智能化改造和升级，旨在提升实验中心的服务水平和管理效能。实验管理设施建设包括智能视频监控系统、智能烟感报警系统、智能服务器虚拟化管控平台、智能融合桌面云运维平台及智能桌面云机房管控平台等的建设部署。

（一）智能视频监控系统

智能视频监控系统是实验室安防基础设施，对实时、全过程监管实验室安全具有不可或缺的作用，其主要包含实验室安全监控系统和实验室教学监控系统。①实验室安全监控系统建设部署。全面覆盖新文科实验中心室内与室外，购置高清智能摄像头、硬盘录像机及智能监控大屏等设备，全天候、实时监控实验室设备设施安全，支持远程、实时调取、查阅、管理、调控视频监控，实现对实验中心智能化、全时段、全过程安全管理与监控，尽可能避免实验中心安全事故的发生，同时确保实验中心安全事故的可追溯与可追责。②实验室教学监控系统建设部署。根据在线实验教学与评估要求，对新文科实验中心室内空间全面部署教学视频监控，采用物理线路隔离方式，分别纳入学校智慧课堂教学平台和省级标准化考试监控平台，为实验教学资源建设和大规模考试监控提供支持，确保实验教学质量得到有效监控与客观评价。

（二）智能烟感报警系统

智能烟感报警系统是实验室消防基础设施，对预防实验室火灾、及时疏散人员并现场施救具有积极作用。智能烟感报警系统是一种基于传感技术和智能算法的安全防护设备，具有实时监测、高效响应、精准识别、远程监控与智能联动等诸多功能，为新文科实验中心提供全面、可靠的火灾预警和应急处理解决方案。在建设部署智能烟感报警系统时，我们应根据新文科实验中心的布局、使用特点、潜在火灾风险等，合理配置烟感探测器、传输设备和管理平台等核心部件；科学确定烟感探测器的数量、类型及安装位置，选择灵敏度高、误报率低、响应速度快的烟感探测器，确保能够及时准确地探测到火灾烟雾；使用合适的传输方式和传输设备，确保报警信息能够迅速、可靠地传输到管理平台；选用功能完善、操作简便的管理平台，实现对烟感报警系统的集中监控和实时管理。同时，我们还应注重智能算法和传感技术的甄选，提供多元联动措施和安全预案，如遇烟雾超过安全阈值能够立即自动启动声光报警装置、灭火系统，关闭电源等，从而缩短火灾反应时间，降低人员疏散难度，提高灭火效率和精确度。

（三）智能服务器虚拟化管控平台

智能服务器虚拟化管控平台是服务器基础设施集中化与网络化管理运维平台。对新文科实验中心而言，我们可以根据实际应用规模，购置适当的高性能服务器，用于建设、部署智能服务器虚拟化管控平台，对计算资源、存储资源、网络资源进行有效整合，通过集中、统一的 GUI(Graphical User Interface，图形用户界面)管理入口对虚拟资源进行集中管理和调度，支撑应用软件的个性化、集约化部署，可有效避免服务器重复投入建设，大幅提升服务器资源的利用率。智能服务器虚拟化管控平台主要功能如下。

（1）集聚物理服务器资源，对其进行资源整合。

（2）远程操作、控制服务器运行，对其虚拟机进行全生命周期管理。

（3）根据实际需要，动态创建、部署虚拟机业务环境，按需调整虚拟机资源大小。

（4）提供多种共享存储方式，以满足不同业务的存储需要。

（5）根据业务需求，合理配置、利用网络资源。

（6）实时监控服务器和虚拟机各项性能指标，出现故障及时预警并处理。

（7）当服务器发生故障时，自动对虚拟机进行动态迁移，确保虚拟机的高可用性。

（8）当主控制节点出现故障时，自动将管理平台上的数据和业务全部切换到备用控制节点上继续运行，确保管理平台的高可用性。

（四）智能融合桌面云运维平台

智能融合桌面云运维平台是管控实验中心桌面云运行的核心平台，全面支撑实验教学、实践育人、科研创新及社会服务等业务开展。它由硬件、软件两部分组成，硬件由云服务器、VDI 云终端和 VOI 胖终端组成；软件由融合桌面云管理平台、VDI 客户端软件和 VOI 客户端软件组成。其中，融合桌面云后台管理平台采用 B/S 架构，实现对 VDI 及 VOI 机房、终端设备，以及桌面统一部署、管理和运维；VDI 客户端软件提供 Linux 客户端、Windows 客户端和 Android 客户端多种方式；VOI 客户端软件提供操作系统底层客户端和上层客户端两种方式。

智能融合桌面云运维平台支持对计算机机房统一管理，资源统一管理（含服务器设备、存储设备和网络设备等），终端统一管理（含云终端、胖终端、一体机、利旧 PC 等），镜像统一管理，桌面和模板统一管理，配置策略统一管理，用户账号统一管理，权限统一管理等。①实现数据融合（机房数据、终端设备数据、镜像数据、模板数据、桌面数据等），以及统一可视化呈现；②实现模板融合，VDI 模板和 VOI 模板复用，教学桌面模板和个人桌面模板复用；③实现桌面融合，提供漫游桌面，支持一套桌面部署流程；④实现资源池融合，网络统一规划、服务器计算资源统一规划、存储资源统一规划；⑤实现界面融合，产品界面统一设计，单一管理平台，单一入口登录，一致的界面操作体验。

对新文科实验中心而言，我们购置若干台云服务器、VDI 云终端（含 VDI 客户端软件）、VOI 客户端软件和 1 套融合桌面云运维平台，便可采用"VOI+VDI"融合部署方式，完成实验室的融合桌面云部署；以满足不同批次、不同品牌、不同配置的计算机整合利用与统一管理，为教师的个性化"教"、学生的个性化"学"和管理人员的智慧化"管"提供支撑。

（五）智能桌面云机房管控平台

智能桌面云机房管控平台是便捷、高效管理桌面云机房的网络平台，是确保桌面云机房平稳运行、安全使用和个性服务的有效保障。该平台可对各类型云桌面进行统一管理，为桌面云机房管理提供更具针对性的环境，为上机过程提供完善的运维支持，保障教学平台网络畅通，保证软件系统免受病毒或人为破坏，可对用户的上机行为进行监控和管束，并能统计桌面云运行的实时数据。该平台包括服务端和客户端两个部分。服务端负责客户端的连接和通信，负责整个系统的运营任务，负责对客户端进行监控、限制和管理。服务端主要包含终端控制、桌面管控、策略管理、资产管理、上机行为分析、账号管理、系统设置和大屏展示等功能模块。客户端内置了系统保护与机房运维管理软件，提供硬盘数据保护基本功能，含 PC 设置、用户管理、分区管理、分区复制、磁盘管理、磁盘复制、系统安装、系统备份、系统还原、差异拷贝、频道功能等；扩展了许多便捷、实用的应用，如数据的统一拷贝、IP 地址和计算机名的统一分配、机器的远端管理和机器的远端维护等。客户端会自动连接到服务端从而被监管起来，平台可对客户端进行远程操作、管理和控制。

第五节　软件平台建设

面对体制机制壁垒森严、设备设施感知不畅、数据资源孤立分散等困境，新文科实验中心坚持以智慧教育理念和教育生态理念为指导，基于集 IaaS、PaaS 和 SaaS 于一体的实验云整体架构，推动以智慧实验系统为核心的软件平台建设。

从智慧教育观来看，智慧实验系统以智慧学习环境为技术支撑，以智慧教学法为催化指导，以智慧学习为根本基石，尊重每位学习者的个性化与多元化发展需要；通过物联化、智能化、感知化、泛在化和一体化等手段，构筑具有创新性、个体性、自主性、高效性、融通性和持续性，集智慧教学、智慧学习、智慧管理和智慧服务等于一体的综合系统，旨在达成学生、教师、管理者、家长和社会公众等教育利益相关者的智慧养成与可持续发展。

从教育生态观来看，智慧实验系统涉及高校人才培养、科学研究、社会服务、文化传承创新和国际交流合作等五大职能，与学生、教师、教辅人员、行政管理人员、后勤服务人员、家长及社会公众等紧密相关，是一个业务互联、信息互通、组织互信、行为互动和各方互利的教育生态系统。智慧实验系统以增强学生的实践能力、创新精神、创意思维和创造意识为核心目标，运用情境感知、泛在计算、VR和人工智能等智能信息技术，创设面向社会复杂真实情景、支持多角色体验的跨专业综合虚拟仿真实验环境，创建物联网络、监控系统、安防系统和实验大数据云服务平台等，旨在促进物物联通、数据流通、信息融通，以及资源集聚、共建和共享，有效支撑新文科实验中心实验教学、实践育人、科研创新和社会服务的智慧实现。

简而言之，智慧实验系统包含智慧实验学习、智慧实验教学、智慧实验管理和智慧实验社区等核心业务系统，可有效实现实验设备设施的互联互通、自然感知和智能调控，以及对海量实验数据进行实时动态地采集、存储、转换、分析和应用，进而为实验中心提供智慧"学"、智慧"教"和智慧"管"等全面可靠的服务支撑。

一、智慧实验学习平台

基于学生的性格、特点、学习风格与状态，智慧实验学习平台为学生提供了全面、个性化的实验学习支撑。

在学习方式上，该平台支持学生随时随地进行碎片化、泛在性实验学习，提供台式计算机、云终端、笔记本电脑、平板及智能手机等多终端自适应接入。

在学习功能上，该平台支持学生基于学习过程的实时、动态、个性化信息推送和活动传递，支持学生在线进行实验学习、自主实验、交流研讨、互动问答、作业练习、考试测验（自动化/半自动化批阅）和个性化学习诊断与评价等。

在学习资源上，该平台为学生提供丰富多样的实验资源，包含实验学习计划、实验教学讲义、实验微视频、实验指导书、实验案例库、实验项目库和实验试题库等，方便学生自主安排实验计划、组织实验资源、开展实验学习。

在学习分析上，该平台支持学生对自己的学习过程（含学习接入的方式、设备、IP和地点，学习的开始时间、结束时间和持续时长等）、学习行为（含网页浏览、视频学习、互动交流、资料检索、作业练习和考试测验等）、学习结果（含实验报告、科技论文、设计作品、测试成绩和评价报告等）进行完整地记录和保存，为学生提供基于实验学习大数据的挖掘与分析、学习特征画像，以及最优化学习路径推荐等功能，全面支撑学生个性化学习和智慧化成长。

综上所述，智慧实验学习平台能够满足学生个性、自主和多元的学习需求，允许学生随时随地进行学习，自由选择学习方式、学习内容和学习进度；能够满足学生创新精神、创意思维和创造能力的发展需求，支撑面向复杂真实情景和多角色模拟的实践体验，支撑对学生完整学习行为数据的记录、存储、分析、挖掘和个性刻画，以及与特征相吻合的教学资源、学习任务和实践活动的智能推送；充分调动学生参与实验学习和科研创新的主动性，切实提高学生自主参与实验学习、主动投身科研创新的实际效果。

二、智慧实验教学平台

根据学生的个性特征和教师的教学风格，智慧实验教学平台为教师自动匹配面向教学全过程的智慧支撑。

课前，该平台为教师智能推送目标学生学习情况、授课课程关联资源（含音频、视频、讲义、教案、习题、试卷、案例等）和教师个人教学资源等信息，提供灵活、易用、便捷、高效的实验备课工具，方便教师开展学情分析、制定实验教学目标、采集实验教学资源、选择实验教学内容和设计实验教学方案。

课中，该平台为教师智能推送与其实验教学风格相适配的教学工具，提供多样化、个性化、人性化等实验功能选择，以便于教师实验活动（如签到、讲解、演示、识记、观看、操作、指导、答疑等）的开展，实验环节（如智能分组、任务下达、工作分派、协同合作、成果集成、小组汇报、点评指导等）的组织，以及实验结果（如实验报告、设计作品和汇报材料等）的评价。

课后，该平台为教师智能推送学生实验的过程状态信息、学习阶段信息和综合评价信息等，自动推送与此相适切的实验教学改进策略与建议，为教师开展实验教学反思和实验教学改革提供科学依据。

综合来看，智慧实验教学平台为教师提供实验教学的课程资源上传与发布、互动与答疑、作业与练习、测验与考评等基本实验教学功能，以及对学生学习进行科学诊断评价、按需动态地提供学习干预、多样化开展教学活动设计等高阶教学功能，支撑教师角色转变，促使教师成为学生实验学习的组织者、引导者、帮助者、合作者，以及学生科研创新的指导者、陪伴者、协同者、激励者。

三、智慧实验管理平台

在实验资产管理、教务教学管理和开放共享管理等方面，智慧实验管理平台为不同角色的管理人员提供了全方位、智能化的管理支持。

在实验资产管理方面，该平台全面支撑资产的定位精准化、数据透明化、监控可视化、保障实时化、管理智能化，自动实现资产全生命周期管理，自动生成资产运行分析报告，自动推送资产安全预警与维护、检修提醒。

在教务教学管理方面，该平台根据客观情况智能生成最优化排课方案；提供调、停课及实验室借用等快速便利的申请、审批和反馈渠道；支持实验教学管理数据同步更新，实验教学统计报表自动生成，实验教学数据可视化分析，以及实验教学质量智能诊断、科学评价与及时预警。

在开放共享管理方面，该平台根据用户预约需求智能分配虚拟机资源，确定实验室和实验机位，在规定时间内准许用户通过门禁进入实验室，自动授权指定实验机位及其配套的电、网等设施资源的使用，自动记录实验室和实验设备的使用情况，实现实验室智能预约和智慧管理，扩大实验教学资源开放与共享。

对新文科实验中心而言，该平台既推进了硬件设备设施的物联感知网络和安全监控网络的集成建设，又推动了异构软件平台与系统的无缝集成，实现了实验中心门户、教务管理、实验教学管理、实验室资产管理、实验室耗材管理、实验开放管理、虚拟实验教学等功能一体化整合，可以动态、实时、可视化展示设备设施及资产的运行状况和所处状态，有助于推动新文科实验中心向着自动化、可视化、智能化和人性化的管理方式转变。

四、智慧实验社区平台

鉴于对外开放办学和多方协同育人的双重需要，智慧实验社区平台为新文科实验中心与学生家长、社会公众搭建了一座沟通对话的桥梁，与智慧教务、智慧学工和智慧后勤等智慧校园系统保持通信畅通、数据流通和信息互通，实现对实验教学、实践育人、科研创新及社会服务等方面信息资源的有效聚合和对外展示。

对学生家长而言，该平台全面对接教务系统和学工系统，搭建面向学生家长的新型网络空间；按需向家长推送子女学习成绩及变化情况、生活及作息情况、思想波动，以及学校优势特色学科专业、重点科研教学平台、人才培养质量报告、就业率和升学率等信息数据；提供基于课程、班级、专业等多粒度、多维度的数据统计、报表生成和可视化展示；提供家长与任课教师、辅导员、班主任、专业导师及院校领导等对话渠道，保障"家—校"联系畅通，构筑"家—校"育人共同体。

对社会公众而言，该平台主动对外公开师资状况、办学条件、办学能力与水平、办学特色与优势、对外教育与培训等信息，提供多样化正规教育与非正规教育服务，满足社会公众的终身教育学习需求；提供各类优质开放教育资源，支持线上、线下学习与培训；根据用户需求智能推送学校教学、科研、社会等方面服务，不断扩大开放办学力度，提升对外开放办学能力与服务水平，为学校助力构建终身学习型社会提供支撑。

五、智慧实验大数据平台

融合实验教学物理空间、实验教学硬件设备、实验教学软件系统、实验教学过程等实验资源，运用大数据采集、存储、计算、挖掘、分析与处理等手段，构筑新文科实验中心智慧实验大数据平台，以支撑实验教学数据同步更新、实验教学数据报表自动生成、实验教学数据可视化展示，以及实验教学质量的智能监测、诊断、评价、反馈与预警，进而为新文科智慧实验教学提供大数据决策支撑。对新文科实验中心而言，智慧实验大数据平台汇聚实验中心基础数据、资产数据、资源数据、运行数据和用户数据等多维数据资产，建立新文科实验中心大数据分析决策模型，全面、精准地掌控新文科实验中心和关联用户的数据资产，有效支撑新文科实验中心综合展示、智能运营与决策支持，推动新文科实验中心运营决策由经验驱动转向数据驱动，不断提升新文科实验中心管理服务质量与水平。

具体而言，新文科智慧实验大数据平台包含新文科实验中心建设发展历程、人员组织构成、组织职能结构、实验安全架构、网络拓扑结构、实践教学体系，以及实验室安全等级、实验室安全责任体系和实验室安全责任人员等基础数据；分中心数量、实验室数量、服务器数量、计算机数量、云桌面数量、实验机位数量，以及实验室桌椅、仪器、设备、软件及平台的数量等资产数据；实验课程数量、实验项目数量、实验案例数量、实验题库数量和数据库数量等资源数据；实验室使用状态、实验室使用时长、实验室预约、实验室课表、实验室安全检查、实验室安全隐患和实验室安全整改等运行数据；实验桌面运行数据、实验软件利用数据、计算机CPU、内存及存储等关键资源数据，以及用户行为习惯等用户数据。

第九章　新文科实验中心建设案例

第一节　浙江农林大学经济管理实验中心实践育人生态体系

我国已进入全面建设社会主义现代化强国新时代，实现中华民族伟大复兴是全体中华儿女近代以来最伟大的梦想。当前，民族复兴最艰巨的任务在农村，最重要的资源是人才，最关键的动力是创新。习近平总书记在给全国涉农高校书记校长和专家代表的回信中指出，涉农高校要以立德树人为根本，以强农兴农为己任，培养更多知农爱农新型人才。而知农爱农人才的培养关键在于对"三农"情怀的内化涵养和"三农"能力的实践锤炼。所以，新时代赋予农林高校的重要使命是为农业强国建设和乡村全面振兴输送"一懂两爱三过硬"（"懂农业、爱农村、爱农民，政治过硬、本领过硬、作风过硬"的简称）的复合创新型人才。农林经管类实验中心作为农林高校培养复合创新型人才的重要实践平台，因受传统办学思想、学科专业边界和实践育人机制等限制，实践育人至今仍存在主体松散、目标分散、环节割裂、资源割据等突出问题，严重影响了实验中心实践育人效益的提升，也制约了学生跨界整合能力与实践创新能力的培养，进而导致学生无法适应复杂多变的"三农"发展需要，使得农林高等教育利益相关方均陷入困境之中。

鉴于此，浙江农林大学经济管理实验中心紧扣新时代农林高校人才培养的责任与使命，遵循"农林经管类实验中心生态育人体系是农林经管复合创新型人才培养有效支撑"的认知逻辑，以"农林经管类实验中心"为主体，系统谋划实践育人生态体系的能力框架、课程结构、平台资源、保障设施和体制机制等核心组成要件；运用组织融通、科教融汇和产教融合等手段，建立健全"学科—专业—支部"一体化协同育人、科研与咨政反哺教学高效联动协同育人和"政—校—企"紧密合作协同育人等机制，全面支撑"三位一体"实践育人能力体系、"四层四维"实践育人课程体系、"一体多翼"实践育人平台体系和"三化三共"实践育人保障体系的构建，最终形成"开放、多元、自然、和谐"的农林经管类实验中心实践育人生态体系（见图9-1）。

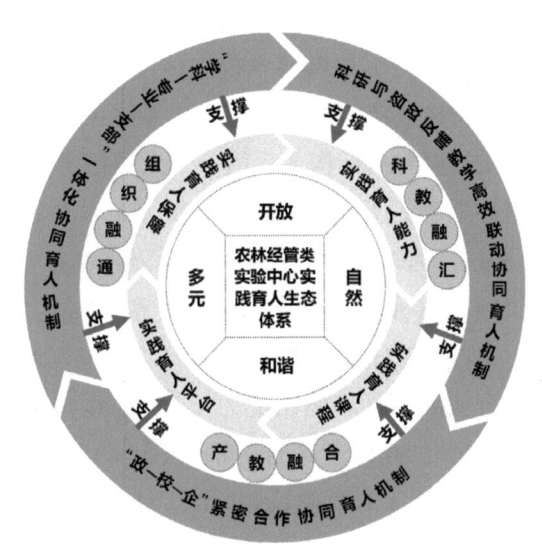

图9-1 农林经管类实验中心实践育人生态体系

自2018年以来，浙江农林大学经济管理实验中心依托浙江省"十三五"省级重点实验教学示范中心项目（经济管理类实验教学示范中心）、浙江省高等教育学会实验室工作研究项目（经济管理本科实验教学中心智慧化建设与研究）、高等学校农业经济管理类本科教学改革与质量建设研究项目（新时代农林经管类专业人才核心素养及其体系研究）及浙江省高等教育"十四五"教学改革项目（新文科背景下农林经管类智慧实践教学理论研究与实践探索）等项目的研究与探索，逐步建立、完善实验中心的实践育人生态体系，使得实践育人能力体系更明确、实践育人课程体系更合理、实践育人平台体系更集聚、实践育人保障体系更健全、实践育人管理体系更高效，相关成果先后获得高等学校农业经济管理类本科教学改革与质量建设优秀成果奖2项、浙江省高校实验室工作研究成果奖一等奖1项、浙江农林大学教学成果奖特等奖1项。

一、明确目标：构建"三位一体"实践育人能力体系

实践育人能力体系是实践育人生态体系构建的源头活水。鉴于农林高校培养的涉农人才严重缺乏对农村的深入了解、对农民的切身理解，以及对"三农"实际问题和乡村未来发展的清晰认识，浙江农林大学经济管理实验中心以欧盟终身学习核心素养、美国21世纪核心素养和中国学生发展核心素养为参考，结合普通高等学校农林经管类专业教学质量国家标准，重新确立新时代农林经济管理人才核心素养体系（见图9-2）。该体系由两个大类六个维度的素养指标构成。第一个大类是学科素养（A），即与学科领域相关的核心素养，下设基础学科领域（A_1）和农林经济管理学科（A_2）两个维度的素养。基础学科领域（A_1）含语言素养（A_{11}）、数学素养（A_{12}）、科学与技术素养（A_{13}）、数字与信息素养（A_{14}）；农林经济管理学科（A_2）含社会经济调查与分析能力（A_{21}）、"三农"问题分析与研究能力（A_{22}）、"三农"综合实践与问题解决能力（A_{23}）。第二个大类是跨学科素养（B），指的是跨越学科或可迁移的素养，下设个人成长（B_1）、人性能力（B_2）、社会性发展（B_3）和高阶认知（B_4）四个维度的素养。个人成长（B_1）含运动与健康素养（B_{11}）、终身学习能力（B_{12}）；人性能力（B_2）含

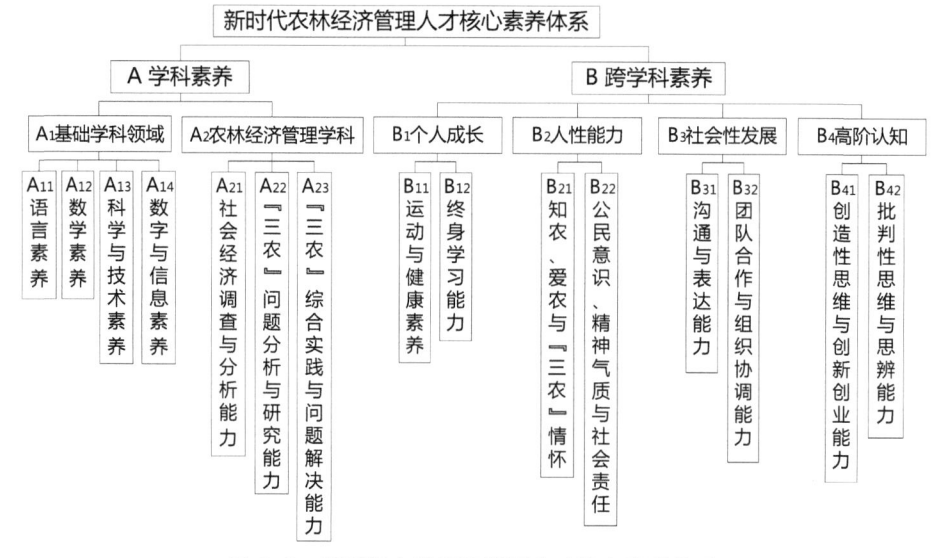

图9-2 新时代农林经济管理人才核心素养体系

知农、爱农与"三农"情怀（B_{21}）和公民意识、精神气质与社会责任（B_{22}）；社会性发展（B_3）含沟通与表达能力（B_{31}）、团队合作与组织协调能力（B_{32}）；高阶认知（B_4）含创造性思维与创新创业能力（B_{41}）、批判性思维与思辨能力（B_{42}）。

在此基础上，为进一步落实农林高校立德树人的根本任务，贯彻农林高校培养"一懂两爱三过硬"的人才要求，依据马斯洛需求层次理论，立足农业强国建设、乡村全面振兴及个人未来发展的需要，浙江农林大学经济管理实验中心以新时代农林经管人才核心素养体系为依据，遵照下得去基层（肯干）、干得好工作（实干）、守得住初心（能干）的新时代"三农"人才基本要求，倒逼构建面向基层基本素质、面向乡村综合能力和面向未来发展潜力的农林经管类实验中心"三位一体"实践育人能力体系（见图9-3）。

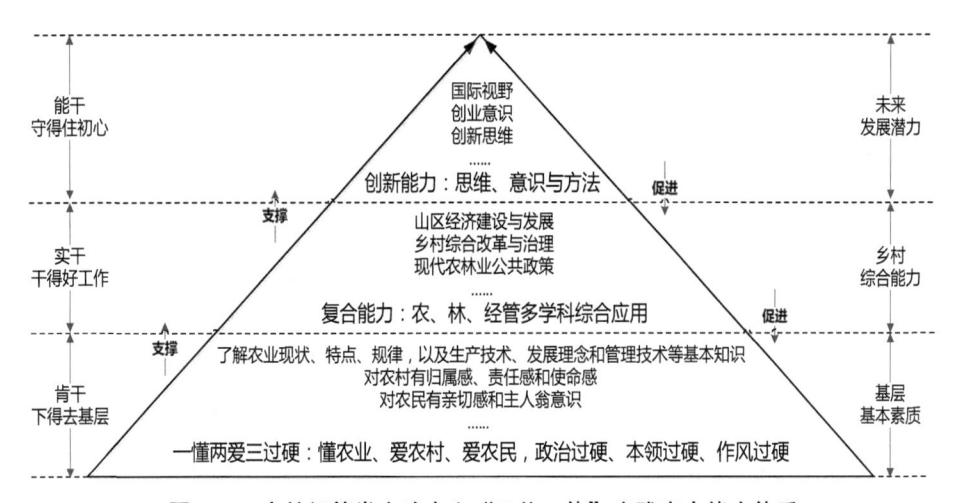

图 9-3 农林经管类实验中心"三位一体"实践育人能力体系

该体系的最底层为新时代农林经管人才的基本素质需求，包含懂农业、爱农村、爱农民、政治过硬、本领过硬、作风过硬，熟谙农业农村工作基本现状与规律，有长期扎根农村并立志改变农村的责任感、使命感，有一心造福农民和帮扶农民的主人翁意识；中间层是新时代农林经管人才的综合能力，如社会经济调查、企业经营管理、技术经济分析和经济核算等专业基本技能，从事山区经济建设与发展、乡村综合改革与治理、现代农林业公共政策等专业领域能力，以及分析解决农林经济管理实际问题的学科交叉能力和专业复合能力；最顶层是新时代农林经管人才的发展潜力，具有求真敬业、坚韧不拔、不断超越的精神品质，自主学习和自我革新的思想意识，以及开阔的国际视野、创新思维与创业意识。简而言之，该体系自下而上由低阶向高阶进行需求倒逼与能力重构，整体形成相互支撑、互为促进、有效衔接的实践育人能力有机体系。

二、重构内容：构建"四层四维"实践育人课程体系

实践育人课程体系是实践育人生态体系的主体内容。为重构实践育人课程体系，浙江农林大学经济管理实验中心遵循OBE教育理念和布鲁姆教学目标层级理论，以"三位一体"实践育人能力体系为依据，横向从左到右按实践能力进阶程度，由低到高将实践育人课程划分为"基础实践、专业实践、跨学科实践、创新实践"四个层次；纵向自上而下按实践能力规格粒度，由粗到细将实践育人课程解构成"实践平台、实践模块、实践内容、实践活动"四个维度；如此纵横交错与有机交融，形成层级分明、有序衔接、自成一体的农林经管类实验中心"四层四维"实践育人课程体系（见图9-4）。

图9-4 农林经管类实验中心"四层四维"实践育人课程体系

从横向来看，实践育人课程体系从左到右依次是基础实践平台、专业实践平台、跨学科实践平台和创新实践平台。其中，基础实践平台下设基本素质和"三农"素养两个课程模块，重点支撑"一懂两爱三过硬"基本素质达成，含公共课实验、通识课实践、农林业认知实习和寒暑期"三农"社会实践等。专业实践平台下设学科基础、专业核心、专业方向三个课程模块，主要支撑专业基本能力和专业领域能力的达成，含管理学类、会计学类、统计学类、经济学类等基础课程实践，农林业管理类、农林业经济类、农林业调查类、专业实习（实训）、毕业设计（论文）等核心课程实践，以及山区经济建设与发展、乡村综合改革与治理、现代农林业公共政策等方向课程实践。跨学科实践平台下设专业拓展和综合实训两个课程模块，主要支撑跨学科专业能力和跨界实践整合能力等达成，含跨专业选修课程实践、跨专业大类选修课程实践、虚拟商业社会环境（Virtual Business Society Environment，VBSE）模拟、家庭农场经营决策模拟（种植业家庭农场经营决策虚拟仿真实验）、农村社会经济综合调查等实践课程。创新实践平台下设创新训练、创业实践两个课程模块，主要支撑自主学习、创新思维、创业意识、国际视野等能力达成，含各级科研创新项目、学科竞赛、学术作品大赛，以及创业培训、创业项目孵化和考证与考级等实践。

从纵向来看，实践育人课程体系自下而上依次是实践活动（环节）、实践内容（课程）、实践模块和实践平台。其中，实践活动（环节）是实践育人课程体系的最小单元，是实施实践育人的具体举措，含实验、实习、实训、社会实践、社团活动、科学研究、学科竞赛和毕业设计（论文）等众多形式，其自由组合并向上支撑不同的实践内容（课程）。实践内容（课程）是实践育人课程体系的核心内容，含公共课实验、农林业认知实习、管理学类课程实践、农林业管理类课程实践、山区经济建设与发展、跨专业选修课程实践、虚拟商业社会环境模拟、各级科研创新项目、创业培训等不同类型的实践内容，其隶属并向上支撑相对应的实践模块。实践模块是实践育人课程体系的能力结构，包含基本素质、"三农"素养、学科基础、专业核心、专业方向、专业拓展、综合实训和创新训练和创业实践等不同分支，其隶属并向上支撑相应的实践平台。实践平台是实践育人课程体系的层级构成，含基础实践、专业实践、跨学科实践和创新实践四大平台，共同支撑"三位一体"实践育人能力体系。

三、整合资源：构建"一体多翼"实践育人平台体系

实践育人平台体系是实践育人生态体系的关键资源。为促进一课堂、二课堂、三课堂与四课堂的有效衔接，浙江农林大学经济管理实验中心以对接实施"四层四维"实践育人课程体系为目标，依靠政府、产业、科研机构、用人单位等各方力量，发挥各方优势，统筹院内与院外、校内与校外、境内与境外、线上与线下和虚拟与现实等多方面、多维度的实践育人资源，以浙江农林大学经济管理省级重点实验教学中心平台为主体，实验平台、实训平台、实习基地、创新平台和创业平台为多翼，形成农林经管类实验中心"一体多翼"实践育人平台体系（见图9-5）。

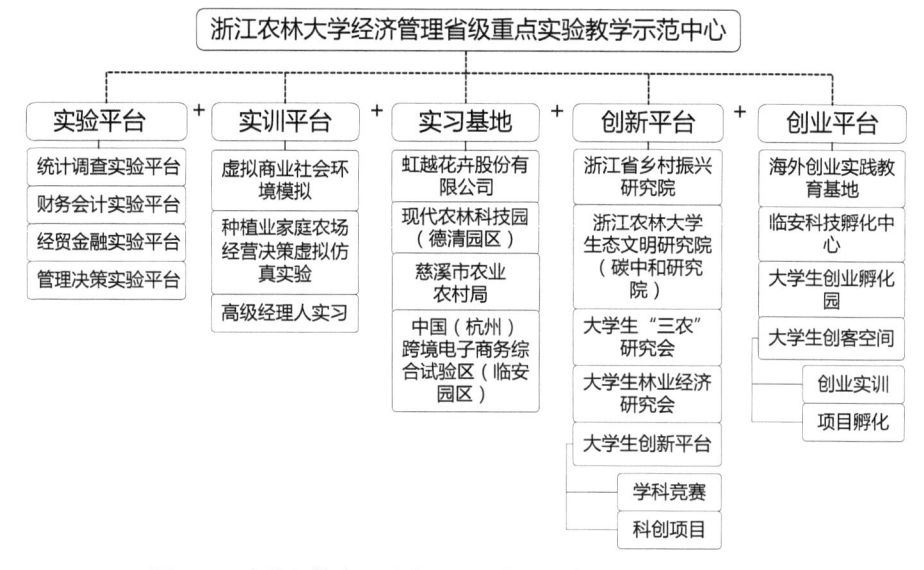

```
                    浙江农林大学经济管理省级重点实验教学示范中心
    ┌───────────┬───────────┬───────────┬───────────┬───────────┐
    实验平台  +  实训平台  +  实习基地  +  创新平台  +  创业平台
    ┌───────┐  ┌───────┐  ┌───────┐  ┌───────┐  ┌───────┐
    │统计调查│  │虚拟商业│  │虹越花卉│  │浙江省乡│  │海外创业│
    │实验平台│  │社会环境│  │股份有限│  │村振兴研│  │实践教育│
    │       │  │模拟    │  │公司    │  │究院    │  │基地    │
    │财务会计│  │种植业家│  │现代农林│  │浙江农林│  │临安科技│
    │实验平台│  │庭农场经│  │科技园  │  │大学生态│  │孵化中心│
    │       │  │营决策虚│  │（德清园│  │文明研究│  │       │
    │经贸金融│  │拟仿真实│  │区）    │  │院（碳中│  │大学生创│
    │实验平台│  │验      │  │慈溪市农│  │和研究院│  │业孵化园│
    │       │  │高级经理│  │业农村局│  │）      │  │       │
    │管理决策│  │人实习  │  │中国（杭│  │大学生"三│  │大学生创│
    │实验平台│  │        │  │州）跨境│  │农"研究会│  │客空间  │
    │       │  │        │  │电子商务│  │大学生林│  │创业实训│
    │       │  │        │  │综合试验│  │业经济研│  │       │
    │       │  │        │  │区（临安│  │究会    │  │项目孵化│
    │       │  │        │  │园区）  │  │大学生创│  │       │
    │       │  │        │  │        │  │新平台  │  │       │
    │       │  │        │  │        │  │学科竞赛│  │       │
    │       │  │        │  │        │  │科创项目│  │       │
    └───────┘  └───────┘  └───────┘  └───────┘  └───────┘
```

图9-5 农林经管类实验中心"一体多翼"实践育人平台体系

该体系为新时代农林经管人才培养提供全面的实践平台支撑，具体涵盖了统计调查（SPSS、SAS、EXCEL），财务会计（用友、金蝶、福思特、网中网），经贸金融（EViews、世格、同花顺）和管理决策（新道、贝腾）等实验平台；面向现代商业社会环境的虚拟商业社会环境模拟，面向新兴经营主体的种植业家庭农场经营决策虚拟仿真实验和面向高端林木花卉经

营的高级经理人实习等实训平台；虹越花卉股份有限公司、现代农林科技园（德清园区）、慈溪市农业农村局中国（杭州）跨境电子商务综合试验区（临安园区）等20余个校外实习基地；浙江省乡村振兴研究院、浙江农林大学生态文明研究院（碳中和研究院）、大学生"三农"研究会和大学生林业经济研究会，以及大学生创新平台（其中包括乡村振兴创意大赛、林业学术作品大赛、统计调查方案大赛等学科竞赛项目，大学生科技创新计划、新苗人才培养计划等科研创新项目）等科研创新平台；海外创业实践教育基地、临安科技孵化中心、大学生创业孵化园，以及大学生创客空间等创业平台。

四、完善条件：构建"三化三共"实践育人保障体系

实践育人保障体系是实践育人生态体系的基础条件。智慧教育奉行"以人为本"的教育理念，其核心是促进人的全面发展和智慧养成。浙江农林大学经济管理实验中心秉持"智慧教育"理念，运用云计算、大数据及虚拟仿真等人工智能技术，全面推进实验中心的环境设施、硬件设备和软件系统的整体改造与升级，构筑业务互联、信息互通、组织互信、行为互动和各方互利的实践育人生态信息交互系统，着力打造"服务人性化、管理智能化、教学智慧化"和"协同共建、开放共享、合作共赢"的"三化三共"实践育人保障体系，进而为学生、教师、教辅人员、行政管理人员、家长及社会公众等教育利益相关者的紧密协同与密切互动提供智慧服务。

（一）优化空间布局，重建实验中心育人文化

坚持"以人为本"的设计理念，秉持增进师生"教""学"体验并体现农林经管学科专业特色等思想，科学合理布局实验空间，精心安排布置实验设施、设备，着力营造清新、舒适的实验空间环境，潜心设计农林经管学科专业文化载体及元素，着力营造浓郁的农林经管学科专业实验文化空间，建立农林经管类跨专业虚拟仿真综合实训室（见图9-6）、电子商务模拟室（见图9-7）和国贸与金融模拟室（见图9-8）等，为师生情境式、沉浸式的教学互动提供良好体验。

图 9-6　跨专业虚拟仿真综合实训室

图 9-7　电子商务模拟室

图 9-8　国贸与金融模拟室

（二）改善设施条件，扩大实验中心对外开放

为进一步提升实验中心智能开放共享水平，整体规划智能开放共享平台，全面推进智能监控系统、智能门禁系统、智能烟感报警系统、智能多媒体教学中控系统、智能电子班牌系统、智能电源控制系统、智能数据存储网关系统及实验室开放预约管理系统等建设，为师生在线预约实验室、随时随地使用实验室提供智能、便捷支持。

（三）升级硬件设备，推进实验中心智能管控

为持续提升实验中心智能化管控能力与水平，系统规划计算服务资源、服务器资源、云桌面运行及实验大数据资源等智能管控平台建设，建成融合桌面云一体化智能管控平台、服务器虚拟化智能管理平台和桌面服务数据分析与管控平台，实现对实验教育资源的个性配置和敏捷响应、实验模拟软件的远程部署和集中管理、云桌面终端的个性管理和人性服务，以及终端设备、服务器和用户等数据的统计、分析及可视化，极大地提升了实验人员辅助实验和处理事务的能力、水平和效率。

（四）完善软件平台，支撑实验中心智慧实践

为了支撑教师高效地"教"与学生个性化地"学"，制定了智慧实践软件升级规划，建成了智能多媒体互动教学平台、农林经管类跨专业虚拟商业社会环境模拟软件平台、种植业家庭农场经营决策虚拟仿真实验教学平台等，以满足教师对教学环境的个性化配置、敏捷性响应和智能化管控需求，提供师生情境化与沉浸式实践体验。

五、打通壁垒：构建"多跨协同"实践育人管理体系

实践育人管理体系是实践育人生态体系的机制保障。鉴于高校组织壁垒森严、学科边界约束和资源封闭严重等困境，浙江农林大学经济管理实验中心通过组织融通、科教融汇和产教融合等手段，创建"学科—专业—支部"一体化协同育人机制，促进"学科、专业、支部"组织融通，实现学科、专业、支部与实验中心的协同联动，有效提升实验中心组织一体化协同育人；创建科研、咨政高效反哺教学联动育人机制，促进"科研、咨政、教学"科教融汇，增强科研、咨政对教学的支撑作用，有效解决科研反哺教学能力不足、水平不高的问题；创建"政府—学校—企业"紧密合作协同育人机制，促进"政府、学校、企业"产教融合，实现各方资源优势互补、供需无缝对接，有效解决实践教育教学资源分散、割裂的问题。简而言之，浙江农林大学经济管理实验中心创建"学科—专业—支部"一体化协同、"科研—咨政—教学"高效联动协同和"政府—学校—企业"

紧密合作协同等育人机制，构筑农林经管类实验中心"多跨协同"实践育人管理体系（见图9-9），从根本上解决了跨组织机构、跨学科专业、跨行业领域实践育人的协同问题，进而满足"高校、教师、学生、家长"等教育利益相关者对开放、多元、自然、和谐实践教育的发展需求。

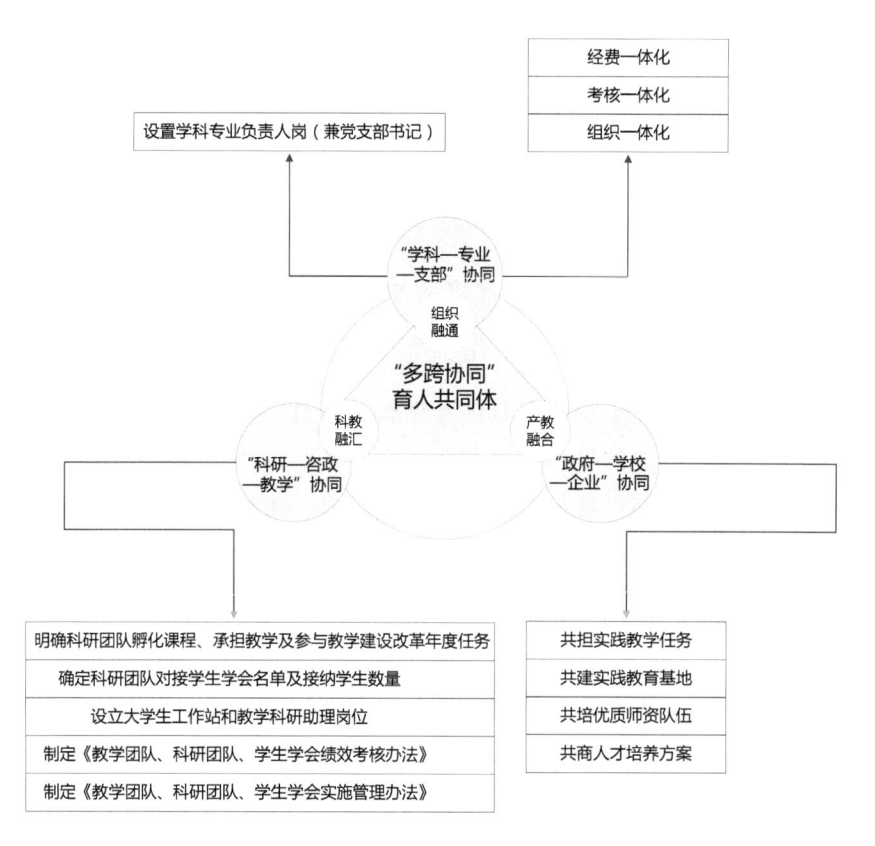

图9-9 农林经管类实验中心"多跨协同"实践育人管理体系

（一）促进组织深度融通，建立"学科—专业—支部"一体化协同育人机制

为进一步深化组织合作、细化各方职责、共建共享资源，以实验中心指委会和实验中心管理团队为基础，设立"学科—专业—支部"一体化建设委员会，设置学科专业负责人岗位，兼任党支部书记，下设若干专业负责人、学位点负责人、学科秘书和专业助理等；推行"学科—专业—支部"

组织一体化、考核一体化和经费一体化，明确学科专业负责人对学科建设与专业建设、科学研究与人才培养、科研创新与社会服务、实验教学与实践育人、支部建设与思政育人等负总责；打破学科、专业、支部组织壁垒和资源封闭，促进学科、专业、支部合作畅通与资源共享，从而支撑实验中心组织一体化协同育人。

（二）促进科教深度融汇，建立"科研—咨政—教学"高效联动协同育人机制

加强浙江农林大学经济管理实验中心与浙江省乡村振兴研究院、浙江农林大学生态文明研究院互动合作，推动"学院—实验中心—研究院"紧密联动，促进科研高效反哺教学；协商制定《教学团队、科研团队、学生社团实施管理办法》和《教学团队、科研团队、学生社团绩效考核办法》等制度，共同设立大学生工作站和教学科研助理岗，确定教学科研团队对接学生学会名单及接纳学生数量，明确科研团队孵化课程、承担教学任务及参与教学建设改革年度任务，促进科教深度融汇，助力"科研—咨政—教学"高效联动，开展实践育人。

（三）促进产教深度融合，建立"政府—学校—企业"紧密合作协同育人机制

以浙江农林大学经济管理实验中心为连接纽带，依靠地方、政府、产业、科研机构与用人单位等力量，整合资源，发挥优势，建立现代乡村经营产业学院；组建"产—学—研"合作委员会和现代乡村经营产业学院发展委员会、教学指导委员会、教学管理团队等，推动政府、学校、企业共商人才培养方案、共培优质师资队伍、共建实践教育基地、共担实践教学任务，建立健全教育教学资源共建共享机制，实现各方优势互补、合作共赢、利益共享，促进产教深度融合，助力"政府—学校—企业"紧密合作，开展实践育人。

第二节　浙江农林大学经济管理实验中心融合桌面云智慧平台

随着现代信息技术和先进通信手段的不断涌现，遍布全球的互联网络正在无时无刻、无处不在地渗入人们的工作、学习与生活，交流的网络化、学习的泛在化以及时代的信息化正在成为推动社会发展的强大动力。诚然，信息时代的到来，不仅改变着人们的生产、生活方式，而且影响着人们的思维、学习习惯，但这确实也给高校人才培养与教学改革带来了全新挑战。2019年2月，中共中央、国务院印发《中国教育现代化2035》，指出：加快信息化时代教育变革。建设智能化校园，统筹建设一体化智能化教学、管理与服务平台；利用现代技术加快推动人才培养模式改革，实现规模化教育与个性化培养的有机结合。2022年10月，党的二十大首次将"推进教育数字化"写入报告，助力"建设全民终身学习的学习型社会、学习型大国"，赋予教育在全面建设社会主义现代化国家中新的使命任务。显然，加快信息化时代教育变革，建设教学、管理、服务一体化与智能化平台，推进教育数字化建设，已成为当前教育改革和发展的焦点。

实践教学是高校开展人才培养的必备环节，而实验设施设备又是支撑实践教学的重要保障。所以，建设完善实验设施设备是信息化时代推进教育数字化建设的应有之义。农林经管类专业具有鲜明的实践应用性与学科交叉性，很多课程的教学离不开实验模拟、实习锻炼和实践创新，否则教学效果将难以得到保证。农林经管类实验中心作为农林经管类专业实践教学的重要阵地，其建设状况将直接影响农林经管类专业实践教学的效果乃至人才培养的质量。为此，在加快信息化时代教育变革、推进教育数字化建设的背景下，我们应从农林经管类专业人才的需求出发，改造、升级并完善农林经管类实验中心硬件设施设备建设，确保农林经管类专业多样化实践教学和高质量人才培养。

从实际情况来看，农林经管类实验中心普遍以"终端计算机+后端服务器+软件模拟平台"为主要构成形式,实验室门类较多、数量较大、分布较广,设备(主要指计算机、服务器等)数量庞大、品牌型号不一、性能差异明显,软件种类繁多、配置要求各异、使用需求多样,常常导致实验中心管理服务难以集中,运行效率难以提升,运维成本难以下降。对此,浙江农林大学经济管理实验中心立足自身、面向全校,秉承资源集约共建、使用开放共享、管理智能高效、服务个性多元的基本原则,基于云计算低成本、高灵活性、可计量和虚拟化等技术优势,采用基于KVM和OpenStack整合的融合桌面云技术架构,支持VDI教学桌面、VDI个人桌面、VOI教学桌面、VOI个人桌面和移动漫游桌面并存应用,满足"N个"场景多元化、个性化的"教、学、训、研"的桌面需求,实现了统一、融合桌面云的智能化管理和个性化服务,有效支撑了农林经管类专业多样化实践教学与高质量人才培养。

自2018年以来,浙江农林大学经济管理实验中心与武汉噢易云计算股份有限公司展开深度合作,历时四年探索与实践,于2022年定制建成农林经管类融合桌面云一体化实验平台。该平台完成对农林经管模拟、财务管理模拟、工商管理模拟、市场营销模拟、电子商务模拟、国贸金融模拟、数字经济模拟、外语语言模拟8间实验室的整体改造升级与整合,其中6间采用VOI模式、2间采用VDI模式,共计部署桌面云服务器12台、桌面云终端495个;全面支撑农林经济管理、工商管理、管理科学与工程、经济学、法学、公共管理、外国语言文学等学科,以及农林经济管理、工商管理、市场营销、财务管理、会计学、国际经济与贸易、金融工程、电子商务、数字经济、城市管理、旅游管理、英语、法学等专业的实验教学、实践育人、科研创新与社会服务,年均实验室开放超50万人学时,与改造前相比年增长近30%,极大提升了实验中心软硬件及教学资源的利用率,为跨校区、跨中心、跨学院、跨专业的资源集约建设、资源开放共享、集中运维管理和高效人性服务提供了切实可行方案。在此期间,农林经管类实验中心以融合桌面云智慧平台为成果主体,获批浙江省"十三五"省级重点实验教学示范中心,被评为2021年度"教育部产学合作协同育人项目"优秀项目案例(见图9-10)、获得计算机软件著作权(融合桌面云可视化平台V1.0)等。

图 9-10 "教育部产学合作协同育人项目"优秀项目案例

一、实验中心基本现状与主要不足

浙江农林大学经济管理实验中心始建于 2004 年，前身为财经多功能实验室，2016 年被评为校级实验教学示范中心，2019 年获批浙江省"十三五"省级重点实验教学示范中心。实验中心空间相对集中、独立，建筑面积约 1100 平方米，虽拥有 PC 计算机近 500 台、服务器近 30 台、多媒体教学设备（含多媒体中控、音箱及话筒等）8 套、电子显示屏（含拼接屏、一体机等）20 个、模拟实验软件平台近 30 套等，但因实验设备、设施种类多样、型号各异仍无法有效互联、互通，还因软件平台架构不同、部署不同无法有效集成、整合。实验中心下设 8 个实验室，但实验室基本仍以学科专业为主要依据进行设置，每个实验室定位和归口相对明确，规划、建设、管理及实验任务安排均较为独立，实验教学资源仍相对割裂、分散与孤立，"烟囱式"建设管理现象明显；支撑学科专业实践教学、科研研究及社会服务，但学科与学科、学科与专业、专业与专业之间仍缺少融合交叉机制，跨学科、跨专业之间的师资、课程、平台（含教学、科研等）仍无法实现高效协同、共享。综上所述，实验中心的主要不足可以概括为以下四个方面。

（一）实验设备相对齐全，但彼此通信仍不通畅

实验中心环境、设施、设备、平台之间未建立互联互通、自由感知的完备体系，实验设备、设施无法顺畅进行互联互通，实验数据、信息无法动态实时实现采集、交换、监控和管理，实验环境维护烦琐，实验准备过程冗杂。

（二）实验资源较为丰富，但资源分布孤立分散

实验中心暂未形成紧密互动、交叉融合的协作机制，实验大数据共享平台未构建完成，实验资源仍处于相对孤立、割裂、分散的状态，欠缺广泛、深入的资源整合和数据集成，导致无法及时、全面、准确地掌控实验中心的运行状态、师生"教""学"状态，难以为实验中心发展和师生个性服务提供科学支撑。

（三）设备平台比较多样，但运行管理效率不高

受体制机制、思维认识和技术应用等多重因素影响，实验中心建设与管理依然摆脱不了"烟囱式"模式，导致计算机、服务器及教学资源利用单一，用户规模小，使用率不高，进而造成资源严重浪费；同时，计算机、服务器及应用软件数量众多，品牌型号各异，各自为政，没有统一、集成的运维管理平台；再者，不同专业课程对实验教学桌面及环境需求各异，导致个性化管理任务繁重，运维管理效率低下。

（四）基础保障相对有力，但功能拓展严重受限

实验教学使用场景基本还是被限定在实验室，无法真正利用虚拟化技术的移动性和便捷性，做到随时随地的桌面接入和访问；原有管理和服务不规范，同时受硬件限制，设备负载均衡性和高可用性表现不足；应用系统呈现集中化发展趋势，并且全采用物理冗余的高可用性方案成本高，系统维护时需要停机，不能满足实时性强的服务需求。

二、实验教学严峻挑战与发展机遇

目前在线学习已成为一种新的学习模式，这给传统固定式实验教学模式带来了巨大挑战，现行的实验教学环境因此迎来颠覆性变革。①实验空间由以往的固定变为了不固定。实验教学不再局限于在实验室内进行，而可拓展、延伸到更为广阔的地域环境来开展。②实验人员由以往的固定变为了不固定。实验教学不再受实验室的设备数量与空间容量限制，而可依据选课人数的多少而实现动态弹性调整。③实验时间由以往的固定变为了不固定。实验教学不再受实验室事先安排的教学时间限制，师生可根据自身的时间而灵活作出安排和调整。总之，随着教育数字化变革深入推进，实验教学必将彻底改变以往固定空间、固定时间与固定人员的模式，转而朝着随时随地、个性化、人性化的模式变革，实验教学环境也将随着这一模式的转变而发生深刻变化。

随着云计算、大数据、虚拟仿真等新一代智能技术的迅速发展，越来越多的高校开始重视并着手建设桌面云实验室，以满足快捷运维管理与安全可靠运行的实验需求。但是，大家对桌面云实验室的价值仍未充分理解，依然在桌面云实验室沿用传统的课堂还原模式，只局限于满足不连续、固定式课程实验的教学需求，而忽视了多元化、个性化课程实验的教学需求。这与大规模在线教学背景下项目式、个性化实验教学趋势不相适应。除此以外，实验教学场景越来越多、越来越复杂，不仅包含了传统的课内实验、实习和实训，还包含了众多的课外实践，如科创实践、双创实践、学科竞赛、社会实践、顶岗实习、毕业设计等。这些课外实践往往需要一些专业性软件和个性化环境支撑，而这些需求是无法基于现有固定式、不连续、还原式的实验环境提供的。

在教育信息化快速变革的时代，受教育数字化深刻变革和大规模在线学习广泛发展的影响，传统的实验教学模式面临巨大的挑战，传统的实验教学环境及其管理服务思维面临严峻的考验。而随着新一代智能信息技术的快速发展，实验软硬件资源虚拟化、弹性可扩展、按需定制服务、按量计费使用成为可能，这为实验教育教学与深度融合应用创造了条件，带来了新的发展机遇；同时，也有助于实验中心摆脱"投入—建设—报废—再投入"传统硬件更新的循环泥沼,为建立并推行"瘦客户+胖服务""共建+共享""并行+高效"的全新硬件建设模式做好了铺垫,可更好地满足泛在化、个性化和多样化实验教学模式对软硬件环境提出的要求。

三、实验中心桌面云平台选型分析

实验空间、设备及平台是实验中心正常运转的物质条件,实验教学需求变化是实验中心持续优化改进的核心动力来源,现代信息技术发展则是实验中心不断更新升级的关键制约因素。因此,实验中心桌面云平台的选型分析,应从实验中心的物质条件基本情况、实验教学需求变化和现代信息技术发展三个方面进行。

从物质条件基本状况来看,实验中心物质资源亟须进行集成整合、开放共享与多元利用。实验空间虽然相对集中、独立,但实验室数量及容量满足不了学生日益增长的实验需求,实验室数量亟须增量,实验室容量亟须扩容。实验硬件设备的种类多、品牌多、型号多、数量多,用途差异大,性能差异大,导致管理维护工作量大、效率低,实验设备亟须进行资源池化、弹性扩展、按需服务,以实现个性服务、高效维护、便捷管理。实验软件平台的类型数量多样、体系架构不同、部署环境各异和用途差异明显等特征,造成平台"孤岛化"和管理"烟囱式"现象突出。实验平台亟须进行集成部署、整合应用,以实现平台的统一管理、高效运行。

从实验教学需求变化来看,实验中心亟待为大量并发、形式多样、模式多元和场景多变的实验教学需求提供环境支撑。一方面,农林经管类实验中心主要为商业银行综合业务模拟系统、税务实务模拟软件、证券投资业务模拟系统、国际结算业务模拟系统、电子商务模拟平台、市场营销仿真平台、物流仿真平台、ERP(Enterprise Resource Planning,企业资源计划)软件系统、企业经营模拟沙盘仿真系统及跨专业综合仿真实训平台等提供环境支撑,以满足大批量、大并发创建模拟系统架构的数据存储,大量创建现实场景仿真的资源计算,以及大规模终端系统批量部署、软件统一更新和多系统交付切换等需求。另一方面,在大规模在线学习背景下,实验中心还需满足线上、线下、线上线下混合等多形式,任务导向式、项目驱动式和情景互动式等多模式,以及本地课堂实践、异地课堂实践和课外实践活动等多场景的实验教学需求，统一提供服务器、存储等计算资源和操作系统、数据库等系统软件，提供在线申请、统一分配、动态管理、无缝扩容等功能。

从现代信息技术发展来看，实验中心亟待基于云计算、大数据、虚拟仿真等现代智能技术部署融合桌面云智慧平台。实验教学环境离不开IT基础设施的支撑，随着现代信息技术的不断发展，实验教学环境也经历了从传统PC环境向桌面云环境的转变。相较于传统PC计算机，桌面云具有按需分配调整计算资源、灵活交付切换实验环境、新旧机房统一管理维护、线上快速维护更新，以及高安全性、高可靠性、高可用性和高效益性等优点。随着桌面云技术在实验教学环境建设中的深入应用，桌面云建设场景已由单一场景扩展到公共机房、专业机房、个性化教学等多场景，桌面云建设模式已从单纯的基于场景的项目建设，过渡到更高层次的基于多种架构的融合桌面云模式，实现VDI架构、IDV（Intelligent Desktop Virtualization，智能桌面虚拟化）架构、VOI架构融合和跨桌面漂移，以及机房、设备、桌面的统一部署、统一管理和统一运维。

综上分析，农林经管类实验中心应选择融合桌面云方案重构实验教学环境，以满足实验中心物质资源的集成整合、开放共享与多元利用，实验教学的多形式、多模式、多场景与大量并发，以及计算资源按需分配调整、实验环境灵活交付切换和新旧机房统一管理维护等需求。

四、融合桌面云智慧平台方案

（一）融合桌面云智慧平台方案介绍

融合桌面云智慧平台方案，以整合实验资源、拓展实验空间、汇聚实验数据和创新实验教学为目标，以物联网、云计算、大数据等现代智能技术为手段，组建云计算、大数据服务器集群，利用虚拟化计算、存储及网络等资源，构建虚拟化实验资源池；远程接入所有大规模、分散、异构的终端设备，实现对VDI、VOI、IDV等云桌面和传统PC桌面进行统一资源服务和集中管理运维，以满足实验教学、自主学习、学科竞赛、科学研究、社会实践及考试培训等多场景应用需求；突破本地传统课堂实验空间，拓展、延伸异地与课外实验空间，让实验教学环境不受传统物理空间束缚，提供灵活匹配实验人员和实验教学环境等功能，支撑构建数字化、泛在化及个性化等实验教学模式，满足学生在任何时间、任何地点、任何场景下进行交互式、体验式、探究式实验学习的需要；将实验物理空间、实验软硬件设备、实验教学系统及实验过程等进行深度融合，基于数据采集、存储、计算、处理和分析，构建实验大数据综合服务平台；提供实验数据查询统计和桌面云大数据服务，多维度、可视化展示全域终端和全域桌面的运行状态和数据，帮助用户详细了解、定位终端状态和桌面问题，实现多类型桌面行为的精准管控和多角度改革发展的科学决策，让实验资源变得更加集聚、实验空间变得更加灵活、实验教学变得更加人性、实验管理变得更加高效。

融合桌面云智慧平台主要由融合资源中心、融合终端设备、融合机房管理平台、多媒体教学互动平台、融合资源管理平台、融合资源服务平台、融合数据中心管理平台、桌面服务数据分析与管控平台等组成，各自功能描述见表9-1。

表9-1 融合桌面云智慧平台主要构件及其相关描述

构件名称	构件描述
融合资源中心	利用云计算和虚拟化，构建融合资源池，为桌面云提供 CPU、内存、硬盘、网络等资源，支持服务器集群部署和分布式存储，实现融合桌面云服务端集中管控
融合终端设备	瘦终端/瘦一体机等设备，用于 VDI 桌面接入；胖终端/胖一体机等设备，用于 VOI 桌面、TCI（Transparent Client Infrastructure，透明终端架构）桌面或 IDV 桌面接入
融合机房管理平台	提供 PC 设置、用户管理、分区管理、分区复制、磁盘管理、磁盘复制、系统安装、系统备份、系统还原、差异拷贝、频道功能，以及数据的统一拷贝、IP 地址和计算机名的统一分配、机器的远端管理、机器的远端维护等功能
多媒体教学互动平台	提供虚拟桌面环境下屏幕广播、视频广播、学生演示、电子点名、遥控监看、黑屏肃静、屏幕录制、屏幕回放、桌面切换等教学互动功能
融合资源管理平台	针对不同需求，可交付 VDI、VOI、IDV 等不同架构的实验教学环境，适用于实验教学、自主学习、学科竞赛、科学研究、社会实践及考试培训等大规模、复杂、混合的应用场景；提供机房、服务器资源、终端设备、镜像、桌面与模板、配置策略、用户账号及权限的统一管理和集中运维等，实现数据融合、模板融合、资源池融合与界面融合等

续表

构件名称	构件描述
融合资源服务平台	提供桌面的线上课堂实验教学环境及个性化伴随式实验环境,提供按需申请、组班教学、桌面预约、资源回收和线上访问等功能
融合数据中心管理平台	整合、虚拟化CPU、内存、硬盘及网络资源,提供集中统一的GUI管理入口,对虚拟资源进行集中分配、调度和管理,实现对软件平台进行个性化配置、集约化部署
桌面服务数据分析与管控平台	提供终端控制、桌面管控、策略管理、资产管理、上机行为分析、账号管理、系统设置及大屏展示等主要功能,对实验室使用(含实验室状态、开放预约数据、安全巡检数据等)、实验中心资产数据(含实验室总数、终端设备总数、服务器总数等)、实验室使用率(含实验室利用率、预约统计、关键资源使用率等)、使用排名(含开放实验室预约排行、桌面服务次数排行、软件使用排行等)、安全状况(含安全巡检统计、安全隐患统计、安全队伍统计等)和趋势分析(含实验室预约趋势、桌面在线趋势、实验室安全趋势等)进行融合、统计和分析,为融合桌面云机房管理提供更具针对性的建议,为上机过程提供日趋完善的运维支持

(二)融合桌面云智慧平台指导思想

随着云计算、大数据、人工智能等新技术和现代农林新产业、新业态和新模式的大量涌现,社会对农林经管类人才的需求发生了巨大变化,比以往任何时候都更加注重学生的跨学科知识学习、复杂多维能力训练和面向未来潜质培养,这无疑对当前农林经管类专业实践育人提出了严峻挑战。为此,浙江农林大学经济管理实验中心坚持"统一规划、分步实施、深度融合、智慧服务"的指导思想,促进智能信息技术与实验教育教学深度融合,以优质实践教育资源和信息化实验学习环境建设为核心,以实验教学模式创新为驱动,对实验教育教学资源进行全面整合,建立多功能、高效益、一体化的融合桌面云智慧实验环境,提供更开放、更多元、更人性与更便捷的实验教学服务,以满足农林经管类复合创新型文科人才培养。

(1)统一规划。融合桌面云智慧平台建设是一个复杂的系统工程,关联教务处、设备处、学院及学科等多个主体,涉及实验物理空间、实验设施设备、实验软件平台和实验教学资源等多个方面,包含跨学科专业的交叉融合,甚至跨学院、跨中心、跨校区的统筹协调,具有投资大、建设难、周期长、涉及部门广和人员多等特点,同时主体诉求不一、场景需求各异。因此,平台实施应进行整体考虑、统一规划,以确保统一的信息标准、统一的技术路线、统一的基础架构和统一的组织管理。

（2）分步实施。融合桌面云智慧平台建设周期长、涉及流程多，包含项目调研、方案论证、系统选型、资源整合、软件集成、平台部署、人员培训和运行推广等众多环节，并非一蹴而就的。为此，实验中心应针对不同的主体诉求和场景需求，统筹安排资源，多方协同推进，分步骤、分阶段地进行谋划建设，充分发挥资源弹性调度的特点，最大化提高资源的利用率，以确保项目的进度和质量、降低项目失败的风险。

（3）深度融合。融合桌面云智慧平台以云计算、大数据、虚拟仿真等智能信息技术为手段，构建满足线上、线下、线上线下混合等多形式，任务导向式、项目驱动式和情景互动式等多模式，以及本地课堂实践、异地课堂实践和课外实践活动等多场景的实验需求，同时支撑 VDI、VOI、IDV 等不同架构的融合桌面云平台。为此，实验中心应深度融合智能信息技术与实验教育教学，以确保实现资源融合、数据融合、模板融合、桌面融合和界面融合。

（4）智慧服务。融合桌面云智慧平台致力于为师生提供多样化的实验场景选择、多元化的实验资源调配和人性化的实习实训体验，进而全面提升实验中心的服务能力与水平。为此，实验中心秉承智慧教育理念，充分利用智能信息技术改造、提升实验设施环境、仪器设备和软件平台的水平，让学生可以根据个人需要申请实践资源，教师可以根据学生的学习情况灵活调配实践资源，促使教学关系由"教师主导教学"向"学生主动学习"转变，赋予实验"教"与"学"更多的个性选择与人性服务。

（三）融合桌面云智慧平台功能特性

融合桌面云智慧平台提供以数据服务为支撑的个性化教学管理、精细化实验运维和科学化管理决策，摆脱了传统物理空间的束缚，形成数字化、泛在化、个性化的实验教学模式，加速推进数字化实验教学改革与创新。融合桌面云智慧平台的具体功能特性如下。

（1）融合更全面。融合桌面云智慧平台支持 VDI 桌面、VOI 桌面、IDV 桌面、个人桌面、教学桌面和漫游桌面等六种类型桌面架构，支持 Windows 系列操作系统、Linux 系列操作系统以及麒麟、UOS 等国产操作系统等，支持 X86 云终端、X86 一体机、ARM 云终端、ARM 一体机、X86 胖终端、X86 胖一体机以及利旧 PC 等桌面终端，支持本地存储、远端存储和分布式文件存储等存储方式，支持广播教学、分组教学、课程测试等辅助教学，平台的融合性更加全面和深入。

（2）管理更统一。融合桌面云智慧平台用数据重构运维，支持远程接入所有大规模、分散、异构的终端设备，实现 VDI 桌面、VOI 桌面、IDV 桌面以及传统 PC 桌面等异构融合；提供一个入口、一种视图、一套桌面部署流程和一致的桌面使用体验，确保机房、资源（含计算、内存、硬盘及网络）、终端（含云终端、胖终端、一体机及利旧 PC 等）、桌面、模板、用户账号和权限的统一管理，使得实验中心管理更加统一。

（3）操作更简单。融合桌面云智慧平台支持通过 Web 管理平台远程部署 VDI 桌面、VOI 桌面和 IDV 桌面，操作流程简单、一致；支持桌面资源弹性分配、调整，云端资源平滑扩展，无须重新安装系统，整个过程操作简单、便捷；提供标准化接口文档（如统一身份认证接口、界面接口、虚拟接口、数据接口等），接口对接操作简单；提供丰富的数据及其挖掘分析功能，以及可视化的操作界面，提升发现识别、理解分析、响应处置问题的能力，简化了用户进行分析决策的难度。

（4）响应更快捷。融合桌面云智慧平台采用 Web 化的管理方式，管理员无须在特定的电脑上安装管理程序，只要在网络通畅的场所，使用电脑、平板、手机等设备，便可对所有的桌面进行远程管理和维护。终端桌面在日常使用过程中出现的各种系统故障，例如，系统运行缓慢、中毒、死机、业务软件无法正常运行、报错等问题，管理员都可以通过远程操作将终端系统恢复到正常状态，无须终端人为干涉，快速响应解决问题。

（5）使用更灵活。融合桌面云智慧平台支持 VDI 桌面、VOI 桌面和 IDV 桌面等多种桌面架构的统一部署，支持教学桌面和个人桌面的磁盘空间动态扩容，支持网盘空间随时随地存取教案、资料和数据，提供实验机房多样化上机模式选择，支持进行分校区、分类型、分时段的实验排课，支持按课表自动执行上课、上机并切换进入指定桌面系统等，极大地提升了桌面云的实验灵活性。

（6）运行更可控。融合桌面云智慧平台是一款面向桌面云业务功能最为全面的一体化专业解决方案，旨在全面解决桌面云所关联的安全、防护、保密、管理、监控、运维等问题，涵盖网络安全、终端安全、数据安全、行为管理、设备管理、运维管理、安全审计等内网管理的方方面面，进而确保桌面云的服务器集群、计算存储、网络连接及桌面服务更稳定、更安全、更可靠。

（7）空间更广阔。融合桌面云智慧平台能突破学生在机房学习的界限，使得实验教学环境不再受传统物理空间的束缚；能灵活匹配人员组织和课堂实验教学环境，构建任务导向式、项目驱动式和情景互动式实验教学模式；能提供多样化的个人实验空间，在课外进一步延展课堂实验环境及满足学生的个性化自主学习需要。

（8）运维更精细。融合桌面云智慧平台采用标签关联、异构统一的终端管理，使得终端数据统计和运维管理更便捷；采用引导式维护，便于运维报表统计与生成，使得运维管理决策更科学；提供终端硬件信息统计、查询、导出，支持主动感知、监测硬件安全风险，使得终端巡检更精准；提供实验数据的采集、存储、计算、分析和处理等服务，实现实验中心综合展示、智能运营与决策支持的闭环式运转。

（四）融合桌面云智慧平台设计架构

针对多媒体教室、模拟实验室、实习实训室、虚拟仿真实验室、案例分析实验室和创客空间等不同实践场景，适应瘦终端、胖终端、一体机和利旧PC等多种终端并存现状，打破VDI桌面、VOI桌面、IDV桌面等不同桌面架构的技术壁垒，面向学生、教师、实验管理员、领导及社会公众的多样化需求，浙江农林大学经济管理实验中心基于"云端集中化"建设总体思路，运用分层结构设计思想，采用B/S架构设计模式，构建"1+6+N"融合桌面云智慧平台架构（见图9-11）。

该架构自下而上分为基础设施层、数据层、平台层、应用层、场景层、终端桌面层和用户层七层。其中，基础设施层主要由具有计算、存储及网络通信等功能用途的硬件资源构成，通过虚拟化技术为平台提供统一

新文科实验中心建设的理念逻辑、路径方法与内容架构
——浙江农林大学经济管理省级重点实验教学示范中心探索与实践

用户层	学生　　教师　　实验管理员　　领导　　社会公众	N
终端桌面层	瘦终端　胖终端　一体机　利旧PC VDI桌面　VOI桌面　IDV桌面　教学桌面　个人桌面　漫游桌面 6	实验
场景层	多媒体教室　模拟实验室　实习实训室　虚拟仿真实验室　案例分析实验室　创客空间	实习
应用层	统一身份认证　实验室开放预约　桌面开放预约　线下实验教学　线上实验教学　线上线下混合教学	实训
	融合桌面云智慧实验管理平台　1	学科竞赛
平台层	资源管理　机房管理　终端管理　桌面服务数据分析与智能管控 资源统计　权限管理　终端运维　实验教学智慧管理 模板管理　场景管理　桌面管理　精细化桌面云运维 桌面监控　桌面云运维　多媒体教学　实验教学质量评价	科创实践 创新实践 创业实践 自主实践
数据层	融合桌面云智慧平台资源数据中心 设备资源数据　服务基础数据　行为过程数据　实时动态数据　接口数据	社会实践
基础设施层	教学桌面资源池　个人桌面资源池　vGPU资源池　漫游桌面资源池 服务器集群　存储设备　网络设备　NVIDA显卡　AMD显卡	毕业设计

图 9-11　融合桌面云智慧平台架构

的虚拟资源池。数据层以结构化数据、非结构化数据及日志文件等为数据源，经由数据采集、存储、计算、分析和处理等过程，为平台提供设备资源数据、服务基础数据、行为过程数据、实时动态数据及接口数据等全面数据支撑服务。平台层基于 KVM 和 OpenStack 整合技术架构搭建，负责管理资源，承担机房、权限、终端、模板、场景和桌面等业务逻辑处理，并基于数据支撑服务实现实验教学智慧管理、精细化桌面云运维、实验教学质量评价和桌面服务数据分析与智能管控等，为应用层提供统一融合桌面云实验管理智慧平台。应用层旨在为学生、教师、实验管理员、领导及社会公众等不同用户，提供统一身份认证、实验室开放预约、桌面开放预约、线上实验教学、线下实验教学，以及线上线下混合教学等多元功能应用。场景层提供多媒体教室、模拟实验室、实习实训室、虚拟仿真实验室、案例分析实验室及创客空间等多元场景模式，支持用户经由 VDI 桌面、VOI 桌面、IDV 桌面、教学桌面、个人桌面及漫游桌面等接入场景应

用，开展实验、实习、实训、学科竞赛、科创实践、创新实践、创业实践、自主实践、社会实践及毕业设计等多样化实践。

（五）融合桌面云智慧平台关键实现

融合桌面云智慧平台关键实现包括平台硬件实现与平台软件实现两个部分。

（1）平台硬件实现。融合桌面云智慧平台硬件主要涉及后端的云计算服务器与前端的桌面客户机。后端的云计算服务器分为控制节点云服务器和计算节点云服务器。前端的桌面客户机又称桌面终端，包含胖终端、瘦终端、一体机和利旧PC等。融合桌面云智慧平台硬件主要体现在"集群性"与"兼容性"的设计思想上。所以，其关键就在于如何实现服务器的集群和客户机的兼容两个方面（见图9-12）。

图9-12 融合桌面云智慧平台硬件设计架构

从服务器角度来看，一是采用全集群架构设计，主机、磁盘、硬盘均运用冗余部署机制和高可用触发机制，确保桌面业务安全、稳定运行；二是采用"SSD（Solid State Drive，固态硬盘）+HDD（Hard Disk Drive，机械硬盘）"混合设计方式，同时利用高效缓存技术，提升系统I/O性能，保障桌面云运行快速流畅；三是支持在线扩容，在不停机情况下加入集群，自动实现资源动态平衡，轻松实现性能升级。

从客户机角度来看，一是采用一体化集成设计模式，剔除多余零部件，尽可能降低设备运行的发热量，延长设备的使用寿命；二是采用X86

和 ARM 两种芯片架构，确保桌面终端的高效、平稳运行；三是采用绿色环保设计，增强桌面终端设备的兼容性，降低运营成本与运行功耗。

（2）平台软件实现。融合桌面云智慧平台的核心是采用 KVM 和 OpenStack 集成设计，由 Web GUI、OpenStack API、Libvirt、KVM Hypervisor 和 Linux Kernel 等五个部分构成，其软件设计架构如图 9-13 所示。

Web GUI		
VDI	VOI	IDV

OpenStack API						
Keystone	Nova	Swift	Cinder	Glance	Neutron	Horizon

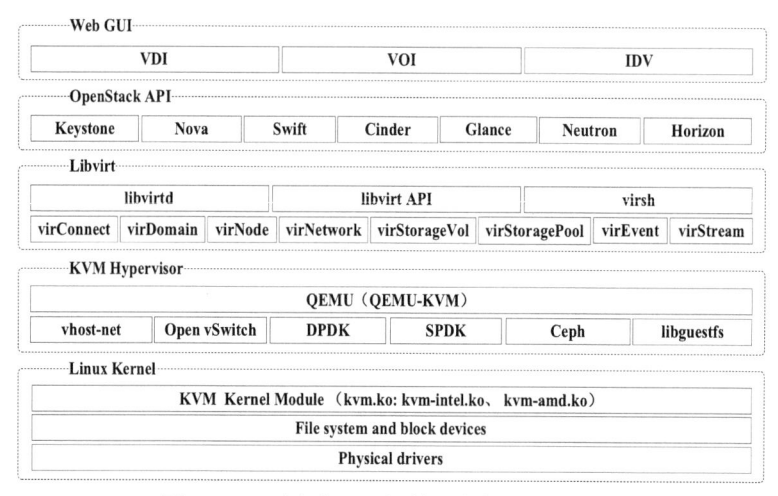

Libvirt		
libvirtd	libvirt API	virsh
virConnect	virDomain	virNode	virNetwork	virStorageVol	virStoragePool	virEvent	virStream

KVM Hypervisor					
QEMU（QEMU-KVM）					
vhost-net	Open vSwitch	DPDK	SPDK	Ceph	libguestfs

Linux Kernel
KVM Kernel Module （kvm.ko: kvm-intel.ko、kvm-amd.ko）
File system and block devices
Physical drivers

图 9-13　融合桌面云智慧平台软件设计架构

底层由 Linux 的 KVM 内核模块来实现，通过加载 kvm.ko；kvm-intel.ko 或 kvm-amd.ko，实现宿主机 CPU、内存的虚拟化功能（如客户机创建、虚拟内存分配等）；使用 QEMU（QEMU-KVM）用户态工具，为客户机提供磁盘、网卡、显卡等设备功能模拟，并通过 ioctl 系统调用与 KVM 内核模块进行交互。

Libvirt 作为连接 KVM Hypervisor 和 OpenStack API 的中间适配层，主要由应用程序编程接口库（libvirt API）、守护进程（libvirtd）和默认命令行管理工具（virsh）三部分组成，对下通过一种基于驱动程序的架构来实现，对上提供一个屏蔽底层细节的统一、较稳定的接口。

OpenStack API 是构建云计算平台的基础框架，由 Keystone、Nova 及 Horizon 等组件构成，通过与 KVM 集成实现对服务器计算资源池化，负责记录与维护资源池的状态，并根据用户需求向 KVM 下发各类控制命令，如虚拟机的创建、删除、启动、关机等。

五、融合桌面云智慧平台实施价值

融合桌面云智慧平台对数据、模板、桌面、资源和界面等五个层次进行了深度融合，提供 VDI 桌面、VOI 桌面、IDV 桌面、教学桌面、个人桌面和漫游桌面等六种异构桌面融合统一管理，满足 N 个场景"教、学、训、研"多元化、个性化桌面需求；提供一套数字化、泛在化实验教学环境，突破课堂实验环境的时空限制，将课堂实训环境连续延展到课外，为学生异地、课外自主学习提供及时可达的专业实验环境，助力线上、线下、线上线下混合等多样化实验教学模式实施；提供实验数据采集、存储、计算、挖掘、分析、处理与可视化服务，基于数据服务精准助力实验教学管理、桌面运维管理和教学质量评价。可见，融合桌面云智慧平台的实施无论是对实验中心管理还是对实验教学创新，都具有非常重要的现实价值和意义。

（1）融合运维，协同治理，让实验中心管理变得更加高效。融合桌面云智慧平台以统一身份认证为连接，打通人、终端、服务器、课程、实验环境、上机行为之间的相互关联，对桌面云运行使用的数据、模板、桌面、资源和界面进行深度融合，实现跨校区、多系统、多品牌设备、云桌面、PC 桌面的融合统一管理；同时，增强人机交互界面建设，提升师生参与感，提高实验室的互动性、响应程度，推动实验中心融合运维、协同治理，切实提升实验中心运维的管理效率。

（2）扩大开放，促进共享，助力实验教学数字化转型升级。融合桌面云智慧平台建有数字化网络实验平台与资源，支持随时随地实验室、云桌面的在线预约和资源自动匹配，提供面向本地课堂、异地课堂及课外创新实践等无处不在的实验教学环境，使得专业实训环境能够实现"课前—课中—课后"一体化与连续性，实现线上实验教学、线下实验教学、线上线下混合实验教学的有效结合、平滑切换，真正让实验的学习空间、学习时间、学习资源和学习方式都变得多样化与人性化，全面助力实验教学数字化转型与模式创新。

（3）数据赋能，科学决策，推动实验中心精细化运维管理。融合桌面云智慧平台基于用户伴随式数据采集、挖掘和分析，学生可根据个人需要按需申请实训资源，教师也可根据学生的学习情况灵活地调配实训资源，赋予实验教与学更多的个性化、人性化选择；提供详细且全面的资源数据查询统计功能，帮助用户快速了解和定位终端状态和桌面问题，为实施终端远程操作、虚实桌面远程协助、桌面行为管控、软硬件资产管理等提供精准支持；提供桌面服务大数据可视化服务，实时监控全域终端设备、桌面等资源，动态展示资源整体数据、实时运行状态、使用率等情况，让终端信息化管理变得更简单、更高效。

第三节　浙江农林大学经济管理实验中心跨专业综合实训平台

随着新一轮科技革命与产业变革的来临，新经济、新业态、新模式以及新的生产生活方式等大量涌现，人们面临越来越纷繁复杂的现实变化和难以预知的未来挑战，社会对人才的需求随之也发生了显著变化，具有跨学科素养、跨界实践能力和多元创新思维的复合型文科人才成为社会日益迫切的需求。然而，传统文科教育往往侧重于单一学科理论知识的传授，忽视跨学科、综合性、复合型创新实践能力的培养，这与社会对文科人才的现实需求明显不相适应。对此，教育部和相关部门联合推出"新文科"建设，强调文科教育守正创新、学科交叉融合，以及利用现代智能信息技术改造升级传统文科。新文科实验中心跨专业综合实训平台建设由此应运而生。

传统文科实践育人的思维与训练视角狭窄，常常局限在单一学科、专业之内，忽略了实践课程之间的衔接和实践技能之间的关联，难以培养学生全面综合的思维能力与实践能力；多元创新思维与能力培养不足，往往侧重认知性、过程性与验证性的低阶实践，缺乏跨学科、设计性与创新性的高阶实践，难以锻炼学生的多元思维与创新能力；学科专业壁垒森严、资源分散、封闭严重，平台、信息与数据孤岛凸显，难以形成跨学科专业的知识结构和能力体系。为解决上述问题，浙江农林大学经济管理实验中心与新道科技股份有限公司合作，共同开发农林经济管理类跨专业综合实训平台，通过整合拓展实训空间、改造提升硬件设施、量身定制软件平台、优化配置实验资源等方式，构建集市场环境、商务环境、政务环境和公共服务环境于一体的虚拟商业社会环境（VBSE，见图9-14）。该VBSE平台践行"把企业搬进校园"的教学理念，全面仿真现代商业社会环境，含机构、环境、业务、岗位和政务办公等仿真，让学生感知现代商业社会环境下的经营管理与业务运作，提升学生的经营决策能力、综合执行能力、团队协作能力、多元创新能力和综合职业素养；让教师理解跨专业实践教学课程的设计方法和以"学生为中心"的互动教学方式，推动教师从以讲解知识为主的"授课者"转变为以任务发布、讨论组织、学习调动为主的"引导者"。

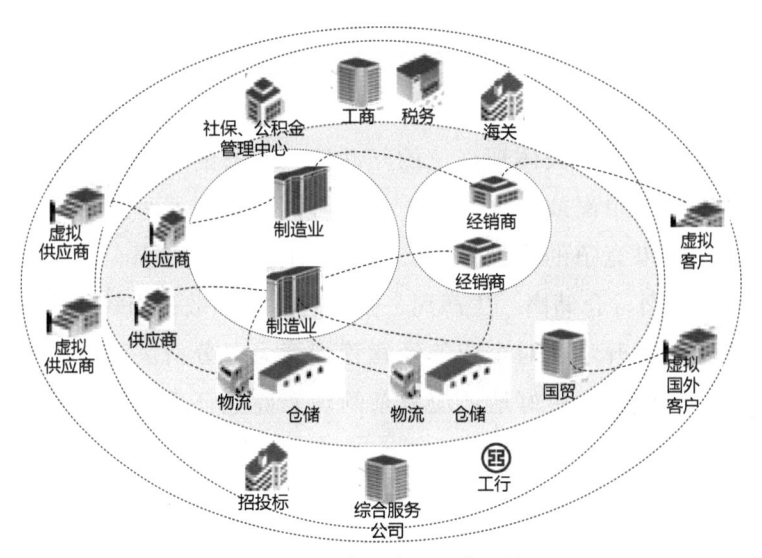

图9-14 虚拟商业社会环境

农林经济管理类跨专业综合实训平台作为支撑农林经管类跨专业综合实训课程的重要载体，契合了新时代对农林经济管理复合创新型人才培养的新要求。自2017年以来，该平台软硬件设备设施不断得以更新、完善，已逐渐成为浙江农林大学经济管理实验中心独具特色的新文科实践品牌资源。截至2024年9月，该平台已支撑开展经济管理类跨专业综合实训课程21批，近3000名学生参与了课程实训，形成"案例分析+情境模拟+团队协作"的独特实训模式，教学团队日趋稳定、成熟，实践教学成果不断显现。其中，2021年，"经济管理类跨专业综合实训课程"获批浙江省第一批省级课程思政示范课程，"经济管理类跨专业综合实训课程思政案例"获得浙江省本科思政优秀教学案例特等奖，"经济管理类跨专业综合实训课程组"获得浙江省首届高校教师教学创新大赛二等奖、最佳创新设计奖和优秀基层教学组织奖；2022年，"经济管理类跨专业综合实训课程"被认定为浙江省线下一流课程；2023年，"经济管理类跨专业综合实训课程组"获得浙江省第三届高校教师教学创新大赛实验教学专项赛三等奖。另外，在教育部本科教学审核评估回头看过程中，"经济管理类跨专业综合实训平台"建设还获得专家组的一致肯定与好评。

一、整合拓展跨专业综合实训平台空间

跨专业综合实训平台非常重视实训环境的情景化、实训岗位的真实性和业务流程的协同性，注重增强实训的沉浸感、经营的对抗性与业绩的竞赛性，同时又不失体现岗位的互动性、业务的综合性和内容的跨学科性；采用单人单岗或单人多岗、多岗协同、企业流程拉动、企业经营对抗、企业结果竞争的实训方式，培养学生掌握财务岗、采购岗、销售岗、人力资源岗、仓储岗、生产岗、企业管理岗和政务岗等基本工作内容与工作流程，提升学生对企业的经营管理能力、分析决策能力和规划执行能力等，以便学生更好地适应复杂的现实商业环境和未知的经济社会变化。

平台实训空间要求每个学生的使用面积为1~3平方米。该实训空间可以是一个整体、开放、功能区划分清晰的大空间，亦可是多个独立、功能明确的小空间；原则上以实训主题对应的模拟机构为依据进行功能划分，关联性机构围绕核心机构左右分布，充分考虑核心机构空间的大小和与关联性机构往来的便捷性；整体效果应情境仿真度高、模拟体验感好，这样有助于学生在逼真、沉浸式的职业场景中进行实训，让学生身临其境地体验企业的经营与管理、感受企业的品质与文化。

基于上述原则与要求，浙江农林大学经济管理实验中心跨专业综合实训平台采用空间整合、拓展的方式，对原空间独立的工商管理模拟实验室、财务会计模拟实验室和市场营销模拟实验室进行整体改造与升级，将

原实体墙隔断改造为可灵活开、关的活动屏风。打开屏风，三间模拟实验室变为一个大的实训空间，形成一个完整的跨专业综合实训环境。整合后的实训空间面积约 525 平方米，配置学生机位 168 座，平均机位占用面积超过 3 平方米；学生机位采用圆弧形设计、摆放，充分营造团队、小组式实训氛围，契合现实商业社会真实情景，便于开展互动式、情境式实验教学（见图 9-15）。

图 9-15 经济管理类跨专业综合实训现实情境

经济管理类跨专业综合实训空间坚持清新、明快、舒适、宽敞、安全的总体设计原则，以白、灰为主色调，辅以黄、绿、蓝为区块色，通过人性化设计与个性化定制，配备圆弧形机位、隔断式柜台、长条形靠椅、靠背式座椅、集成式吊顶、LED 集成式吊顶灯、挂壁式空调和防静电地板等设施（见图 9-6、图 9-7、图 9-8）；分开铺设、独立部署强电与弱电、有线网与无线网；精心设计具有农林经管类学科特色的文化元素与标识，个性化定制实训空间室内、室外文化展板和安全设施（见图 9-16、图 9-17），着力营造逼真的现代商业社会经营管理情境，增进师生参与跨专业综合实训的沉浸感和体验感。

新文科实验中心建设的理念逻辑、路径方法与内容架构
——浙江农林大学经济管理省级重点实验教学示范中心探索与实践

图 9-16　经济管理类跨专业综合实训中心室外文化展板

图 9-17　经济管理类跨专业综合实训室室内文化展板

基于实验室空间的物理条件，结合跨专业综合实训要求，浙江农林大学经济管理实验中心对经济管理类跨专业综合实训空间进行整体性布局，全景式设计虚拟商业社会环境：将政务服务中心（含市场监督管理局、税务局、社保局、海关总署、进出口服务中心等），商业服务中心（含服务公司、招投标公司、会计师事务所等），金融服务中心（含中国工商银行、中国人民银行等）等服务机构设置在中心区域（见图 9-18），配备客户业务办理接待区和等候区；将农林制造企业（含企业管理部、人力资源部、生产计划部、采购部、仓储部、市场营销部、财务部等），经销商（含企业管理部、营销部、采购部、仓储部、财务部等），农贸企业（含企业管理部、业务部、财务部等），流通行业（含国际贸易企业、第三方物流公司、连锁企业等）布局在服务机构的东西两侧，预留企业文化展示和对外宣传区，设置客户业务接待区和会议室（见图 9-19）；按各部门规划至多

可设置岗位 50 个、工位 242 个，每个工位可配置 1 台计算机、1 个工位牌、1 组文件柜、1 个档案盒和 1 盆绿植等，每个企业可配备 1 个 KT 板展示架、1 块 KT 板和若干卡纸等（见表 9-2）。

图 9-18　服务机构区

图 9-19　客户业务接待区和会议室

表 9-2 经济管理类跨专业综合实训空间环境布局

组织类别	组织名称	岗位明细	空间环境布局要求
农林制造企业	企业管理部	总经理、行政助理	位于实训空间的东侧区域；按企业配备接待区、会议室、对外宣传区及KT板、展示架和卡纸等；按工位配置计算机、工位牌、文件柜、档案盒与绿植等
农林制造企业	人力资源部	经理、经理助理	
农林制造企业	生产计划部	经理、计划员、车间管理员	
农林制造企业	采购部	经理、采购员	
农林制造企业	仓储部	经理、仓管员	
农林制造企业	市场营销部	经理、销售专员、市场专员	
农林制造企业	财务部	经理、成本会计、财务会计、出纳	
经销商	企业管理部	总经理、行政助理	位于实训空间西侧区域；其余与上述描述相同
经销商	市场部	经理	
经销商	采购部	经理	
经销商	仓储部	经理	
经销商	财务部	经理、出纳	
农贸企业	企业管理部	总经理、行政助理	
农贸企业	业务部	经理	
农贸企业	财务部	经理	
流通行业	国际贸易企业	总经理、进出口经理、内陆业务经理	
流通行业	第三方物流公司	总经理、业务员	
流通行业	连锁企业	总经理、仓储经理、门店店长	
商业服务中心	服务公司	总经理、业务员	位于实训空间中间区域；其余与上述描述相同
商业服务中心	招投标公司	总经理	
商业服务中心	会计师事务所	项目经理、审计师、审计助理	
政务服务中心	市场监督管理局	专管员	位于实训空间中间区域；按工位配置计算机(1台)、工位牌(1个)、文件柜(1组)、文件盒(1个)
政务服务中心	税务局	专管员	
政务服务中心	社保局	专管员	
政务服务中心	海关总署	海关专员	
政务服务中心	进出口服务中心	办事员	
金融服务中心	中国工商银行	中国工商银行柜员	
金融服务中心	中国人民银行	中国人民银行柜员	

二、改造提升跨专业综合实训平台硬件

跨专业综合实训平台关注实际工作过程训练，既要求学生体验企业经营环境，又要求学生完成企业经营管理决策，还要求学生执行企业经营管理任务，进而达成企业经营管理体验、决策、执行"三位一体"的实践育人目标。同时，该平台实行自主开放式学习，推行以学生为主体、教师为主导的教育理念，坚持以"用"促学、边"用"边学、学"用"结合，通过沉浸式反复模拟、感受、认知、体验和感悟，了解现代商业社会环境和企业运行规律，掌握企业经营管理的方法与决策工具，运用经济管理类相关知识与技能，提升团队的协作能力、自主学习能力、决策分析能力和跨学科素养，激发学生的创新精神、创意思维和创业能力。

综上可知，跨专业综合实训平台应具备自主、开放、人性、智能的特征，以互联网、无线网与物联网融合应用为基础，云计算、大数据、虚拟仿真等现代信息技术与实验教育教学深度融合为手段，全面支撑经济管理类跨专业综合实训课程的实施。为此，跨专业综合实训平台应配备完善的网络通信系统（含接入层交换机、接入层光模块、无线交换机、无线接入点等设备）、实验开放系统（含高清摄像头、网络硬盘录像机、监控存储硬盘、监控交换机、监控一体机、门禁读卡器、门禁控制器、电子门锁、烟雾探测器、报警控制器等设备）、软件支撑系统（含软件部署服务器、数据库专用服务器、NAS存储服务器等设备），以及终端应用系统（含桌面云终端、智慧显示屏、智能多媒体中控、升降式讲台、无线话筒等设备）。根据上述功能与要求，浙江农林大学经济管理实验中心对实训空间的硬件设备设施进行了全面改造、升级（见表9-3），以保证经济管理类跨专业综合实训课程的顺利实施。

表 9-3　农林经管类跨专业综合实训空间硬件更新配置

硬件系统	硬件模块	设备设施名称	品牌、型号及参数
网络通信系统	有线网	接入层交换机	H3C/S5130S-52S-EI/10Gbps/48 个千兆电口/4 个万兆光口
		接入层光模块	H3C/SFP-GE-LX-SU
	无线网	无线交换机	H3C/S5500V2-48P-WiNet
		无线接入点	H3C/WA5530
实验开放系统	监控系统	高清摄像头	HIKVISION/DS-2CD2345F-IS/400 万像素
		网络硬盘录像机	32 路/双千兆网口/内外网隔离
		监控存储硬盘	Seagate/ST4000VX000/4TB
		监控交换机	H3C/LS-5120-28P-LI
		监控一体机	Seewo/F65EC/65 寸/i5/8G/128G
	门禁系统	门禁读卡器	HIKVISION/DS-K1T672M
		门禁控制器	HIKVISION/DS-K2604E
		电子门锁	HIKVISION/DS-K4T100C
	烟雾报警系统	烟雾探测器	HIKVISION/NP-Y2-S
		报警控制器	HIKVISION/NP-G2
软件支撑系统	应用服务器	软件部署服务器	DELL/PowerEdge R740/2*6226R/128G/4T SATA*2
	数据库服务器	数据库专用服务器	DELL/PowerEdge R750XS/2*6330/128G/8TSAS*5
	存储服务器	NAS 存储服务器	Hoodblue/TS5008-2RPNAS 22TB
终端应用系统	用户终端	桌面云终端	Q100-E/i5/8G/256GB
	显示屏	智慧显示屏	MAXHUB/W98PNB
	中控	智能多媒体中控	DS-NET4K20IP-RF
	讲台	升降式讲台	DASCOM
	话筒	无线话筒	YAKE/TM09

（一）全面升级网络通信系统

实验中心采用光纤连接实训空间网络的汇聚层与接入层。汇聚层与接入层的交换机均由千兆光模块升级为万兆光模块，以确保实训空间主干网络高速通信。在实训空间网络接入层，增设防火墙、负载均衡器、无线网设备（含无线交换机、无线接入点等），确保实训空间网络安全，促进有线网与无线网融合应用。

（二）全面构筑实验开放系统

实验中心配置 32 个高清摄像头、1 台网络硬盘录像机、2 个监控存储硬盘、1 台千兆监控交换机、1 台监控一体机等硬件设施，部署实验中心监控系统；配置 12 个门禁读卡器、12 个电子门锁、12 个门禁控制器、6 个专用电源及 6 个报警器等设备，部署实验中心门禁系统；配置 16 个烟雾探测器、6 个报警控制器、6 个报警提示设备（含声光报警器、手机短信通知设备）、电源及其他辅助设备等，部署实验中心烟雾报警系统。

（三）全面更新软件支撑系统

实验中心重新购置 2 台高性能软件部署服务器（其中 1 台作为备份机）、1 台数据库专用服务器和 1 台 NAS 存储服务器，以确保跨专业综合实训平台能同时满足 300 人并发的实训需求。

（四）全面改造终端应用系统

实验中心撤换已到期的计算机，购置 200 台桌面云终端，提升桌面终端的运行性能和个性设置；撤换故障率与维修率高的投影仪，改为智慧显示屏；新增业务办理取号机及配套 LED 滚动显示屏，改善实训互动效果和展示效果，增强实训的情景性与沉浸感；撤换功能单一、操作烦琐、故障频繁的传统中控、固定讲台和有线话筒，配置触摸式智能多媒体中控、升降式讲台和无线话筒，推动实验教学朝着智能化和智慧化方向改进。

三、量身定制跨专业综合实训平台软件

跨专业综合实训平台以实训空间环境和硬件设备设施为基础保障，以新道 VBSE 综合实践教学软件为参考框架，依托浙江农林大学在农林、生物、环境等方向的学科优势，以及在山区经济建设与发展、乡村综合改革与治理、现代农林业公共政策等领域的育人特色，以农林经济管理为核心

支撑学科，与新道科技股份有限公司合作，量身定制农林经管类跨专业综合实训软件系统。该系统基于农林新兴产业经济形态，以波特价值链分析模型、波特钻石理论模型、管理信息化应用人才培养三角形模型和社会再生产理论等为理论指导，对企业经营管理所涉及的机构、环境、业务、岗位、政务、公共服务等要素进行全面仿真，构建一个情景逼真、学科交叉融合的农林企业经营管理虚拟环境。在该环境之中，学生通过岗位训练、角色扮演和业务演练的方式，依据现实岗位的工作内容、业务流程和业务单据进行仿真经营与业务运作，完成典型的岗位工作任务、学会基于岗位的基本业务处理，体验基于岗位的业务决策，理解岗位绩效与组织绩效之间的关系；全面认知企业经营管理活动过程和主要业务流程，体验企业部门间的协作关系及其与企业外围相关经济组织与管理部门之间的业务关联；真实感受物流、信息流、资金流的流动过程，体验复杂市场环境变化下的企业经营管理，培养全局意识和综合职业素养，形成自然的、符合现实经济活动要求的行为方式、智力活动方式和职业行为能力。

软件系统是支撑农林经管类跨专业综合实训的核心要件，高并发性、高可用性和高便捷性是满足其自主开放使用的客观要求，而可维护性、可重用性和可移植性则是顺应其高效开发应用的内在要求。

农林经管类跨专业综合实训软件系统基于分层设计思想开发，分为表现层（Presentation Layer，PL）、业务逻辑层（Business Logic Layer，BLL）和数据持久层（Data Access Layer，DAL）三层架构。通常，PL基于MVC（Model View Controller，模型、视图、控制器）模型设计，包含视图层（View）、控制器层（Controller）和模型层（Model）三个层次。其中，视图层负责与用户打交道的页面，由jsp和html来展现；控制器层负责把视图层和业务逻辑层关联起来，采用Struts2技术实现。BLL负责将数据库信息进行模型化，基于Spring框架实现。DAL负责程序与数据库交互，提供数据读取、增加、保存、删除等操作，利用iBatis技术来实现。

农林经管类跨专业综合实训软件系统采用"角色＋机构＋部门＋岗位"的组合方式进行功能设计。①根据系统用户的身份，将其设计为管理员、教师与学生3种角色，为不同的角色配置不同的系统功能权限（见表9-4）。②根据农林企业实际经营与管理的情况，将机构划分为农林制造企业、农贸企业、经销商、连锁企业、物流公司、服务公司、市场监督管理局、税务局、社保局、国际贸易企业、海关总署、进出口服务中心、会计师事务所、招投标代理、中国工商银行、中国人民银行等16类企业或部门。③根据不同企业或部门的实际运营情形，共计设置50个不同的岗位。④根据不同企业或部门岗位权责，对应为不同的角色用户设置不同的系统功能权限（见表9-5）。

表9-4 农林经管类跨专业综合实训平台软件角色功能配置

角色	一级功能	二级功能	功能描述
管理员	教学管理	机构管理、教师管理、授课记录、发布公告、备份管理、账户管理等	维护学校信息、教师信息，查看授课记录，备份数据等
教师	教学班管理	创建班级、班级管理、账户管理、授课记录、发布公告等	创建、维护班级及用户信息等
	学生管理	审核学生进班申请、批量导入学生、岗位管理、签到查询、密码重置等	审核、管理进班学生，为学生赋予岗位等
	课程设置	组织数量设置、岗位设置、ERP控制、虚拟环境设置、数据还原、任务回退等	构建课程体系、设置机构及基本参数等
	实训设置	团队组建、固定经营、自主经营、信息化固定经营、信息化自主经营、任务进度查询等	构建任务系统、任务查询系统和公告系统等
	教学导航	动员与准备、培训与经营、总结与分享等	提供向学生讲解企业运营过程功能
	运营中心	市场预测、经营数据查询、经营指标查询等	提供企业运营数据查询
	资源共享	教学案例、教学知识库	提供案例及知识查询
	课程成绩	考核标准设置、实训报告打分、成绩查询与下载等	提供成绩管理
	教师巡场	企业概况、单据查询、会议纪要查询、工作日志查询	提供查看各企业状况
	经营决策	经营决策看板	提供查看市场环境与企业经营数据分析
	任务中心	智能云助教、待办任务、已办任务、发起任务等	提供任务处理功能等

续表

角色	一级功能	二级功能	功能描述
学生	业务系统	业务系统	提供仿真系统业务操作
	ERP系统	ERP系统	提供U8系统业务操作
	学习资源	教学案例、资源库	提供教学案例与资源
	学习成果	自评与互评、工作日志、实训报告、成绩查询等	提供学习成果与成绩查询等
	经营决策	进度管理、单据管理、经营数据	提供市场环境、企业经营数据等分析与查询

表9-5 农林经管类跨专业综合实训平台岗位功能权限配置

组织类别	组织名称	岗位名称	功能权限
农林制造企业	企业管理部	总经理	企业文化建设等
		行政助理	购买办公用品、固定资产管理等
	人力资源部	经理	招聘、解聘员工等
		经理助理	公积金汇缴、薪酬核算与发放等
	财务部	经理	财务规划、监督、分析与报告等
		成本会计	成本核算与管理等
		财务会计	财务核算与监督等
		出纳	现金收付、银行结算及有关账务等
	采购部	经理	编制采购计划、采购合同等
		采购员	签订采购合同、货款支付、采购入库等
	仓储部	经理	编制仓储计划等
		仓管员	货物进库、出库管理等
	生产计划部	经理	编制设备需求计划、生产计划，办理生产许可证，支付设备购买款等
		计划员	购买设备、编制物料需求计划、设备验收建卡入账等
		车间管理员	生产领料开工、货品完工入库等
	市场营销部	经理	制订销售计划等
		销售专员	货款回收、发货计划、与经销商签订合同、经销商谈判等
		市场专员	签订广告合同、支付广告费等

续表

组织类别	组织名称	岗位名称	功能权限
农贸企业	企业管理部	总经理	采购入库、薪酬发放、货款回收、支付货款等
		行政助理	公积金开户、公积金汇缴、五险一金财务记账等
	业务部	经理	销售发货、市场调研、采购入库等
	财务部	经理	登记明细账和总账等
经销商	企业管理部	总经理	货款回收、支付货款、办理验资证明缴等
		行政经理	签订代发工资协议书、签订劳动合同、薪酬核算等
	市场部	经理	开发新市场、投放广告申请、签订广告合同等
	采购部	经理	采购入库、支付货款、确认销售订单等
	仓储部	经理	编制仓储计划等
	财务部	经理	财务规划、监督、分析与报告等
		出纳	办理现金收付、银行结算及有关账务等
流通行业	国际贸易企业	总经理	编制计划、贸易洽谈与协商等
		进出口经理	订舱、商检、报关、制单、货款议付、外汇核销、出口退税等
		内陆业务经理	制订采购计划、签订采购合同、采购入库、货款支付等
	第三方物流公司	总经理	公司战略规划、客户关系经营、公司运营决策等
		业务员	运输订单管理、出入库作业、仓库盘点等
	连锁企业	总经理	采购计划、采购合同、采购入库、清货分析、财报分析等
		仓储经理	采购入库、仓库盘点、配送备货与出库等
		门店店长	门店盘点、清货、到货签收、日常销售收款、零售日结等
商业服务机构	服务公司	总经理	产品生产许可颁发、承接商品竞标会、服务策划等
		业务员	领取并发放办公用品、产品销售等
	招投标公司	总经理	委托招标、制作招标文件、制作投标书、签订采购合同等
	会计师事务所	项目经理	审计业务承接、编制项目审计方案、制定并实施审计程序等
		审计师	汇总审计差异并进行调整、沟通审计结果、出具审计报告等
		审计助理	工作底稿整理、复核工作底稿等

续表

组织类别	组织名称	岗位名称	功能权限
政务服务中心	市场监督管理局	专管员	工商注册、名称审核、公司注册等
	税务局	专管员	销售增值税发票、办理增值税申报、税务检查、办理纳税申报、税务登记等
	社保局	专管员	社会保险增减员申报、社会保险开户、社会保险缴纳、住房公积金汇缴与查询等
	海关总署	海关专员	货物进出口申报与备案、报关单证审核与追踪等
	进出口服务中心	办事员	承担商务局、外汇局、出入境检验检疫局、质监部门等职能任务
金融中心	中国工商银行	中国工商银行柜员	开具验资证明、打印分拣票据、薪酬发放、货款回收等
	中国人民银行	中国人民银行柜员	开立信用证、货款议付、外汇核销等

四、优化配置跨专业综合实训教学资源

跨专业综合实训贯彻"把企业搬进校园"的教学理念，基于企业的岗位工作内容、管理流程和业务单据等，进行仿真经营和业务运作，锻炼学生的经营决策能力、分析问题和解决问题的能力，促进学生"理论知识""职业素养"与"动手技能"的整体提升。跨专业综合实训是跨专业、综合性、高阶性实训课程，其开设前须完成学科基础课实训、专业课实训、企业经营管理沙盘实训、ERP课程实训、创新创业实训及专业综合实训。所以，建议课程实训安排在高年级进行，一般为大三的下学期或大四的上学期。同时，跨专业综合实训涉及农林制造企业、农贸企业、经销商、物流公司、国际贸易企业、会计师事务所、银行等16类企业或部门，共计50个不同岗位，涵盖了生产、销售、采购、仓储、财务、商贸、政务等诸多方面的能力，为此必须确保参与实训学生具有跨学院、跨专业的特征，以及授课教师团队跨学科、跨领域的属性。另外，跨专业综合实训通过岗位分工、角色扮演、业务演练的方式，以单人单岗、多岗协

同、团队合作的形式，采用集中授课或分散授课的模式，根据不同情况按 2 学分、56～64 学时落实实训计划，旨在达成提升学生专业知识应用能力、业务处理能力、沟通交流力、组织协调能力、综合素质与职业素养的目标。

基于上述目标与要求，依据全校参与实训学生的规模和农林经管实验中心的条件，自 2018 年以来，浙江农林大学经济管理实验中心便围绕授课师资、实训经费、课时学分及授课时间与空间等四个方面，对跨专业综合实训教学资源进行了持续的优化、配置，成功实施实训 21 批次，参与实训学生近 3000 人，并助力建成浙江省"十三五"省级重点实验教学示范中心。

（1）实验中心配足、配强课程授课师资。从全校范围内择优组建含农林经济管理、管理科学与工程、工商管理、经济学、法学、社会学等学科领域的教师团队，共 12 人，其中专任教师 9 人、实验技术人员 3 人，具有高级职称 7 人，获得省级及以上教学竞赛奖次 8 人。

（2）实验中心配足、配够课程实践经费。设立农林经济管理类跨专业综合实训专项经费，每年单列预算经费 3 万元，实行专款专用，严格核报销，致力于支撑在实训过程中单据、文具、耗材及相关活动组织等的开支。

（3）实验中心配足、配全课程学时学分。跨专业综合实训课程纳入经济管理类专业人才培养方案，自 2018 年起列为实践必修课，设置为 2 个学分，共 64 个学时；自 2022 年起增列开设全校性实践选修课，进一步扩大课程的受益面，提升课程的影响力。

（4）实验中心配足、配优实训时间空间。每年制订 3 批次跨专业综合实训计划，集中安排在大三结束后的暑期进行；每批次参训学生为 150～170 人，学生自由选择实训批次，自由组建团队，自由选择岗位；每批次实训师资由 4 位教师组成，其中 1 位教师负责主讲、2 位教师担任助教、1 位教师提供技术支持。

第四节　浙江农林大学种植业家庭农场经营决策虚拟仿真实验

家庭农场是世界大多数国家最为普遍的农业经营主体，是我国促进土地规模经营、转变农业发展方式、实现农业现代化与乡村振兴的基础。自党的十八大召开以来，中央一号文件多次提出鼓励发展家庭农场，2014年农业部还印发了《关于促进家庭农场发展的指导意见》，对加快培育发展家庭农场作出战略部署。因此，家庭农场广受人们关注与重视，迎来突破性发展的新机遇，进入快速成长的黄金期。

家庭农场经营决策作为农林经济管理专业"农业经济学"课程的重要实践教学内容，因受农业生产周期长、季节性强、地域差异大等因素制约，高校在有限的时间内难以让学生充分参与和全面了解家庭农场生产经营的全过程，学生的参与感、体验感不强，严重影响了实验教学质量与效果。鉴于此，浙江农林大学经济管理学院以浙江省杭州市清凉峰绿源蔬菜专业合作社为原型，依托浙江省重点实验教学示范中心、农林经济管理国家一流本科专业、浙江省乡村振兴研究院等教学科研平台，在浙江省"十三五"高校虚拟仿真实验教学项目研究探索的基础上，联合北京润尼尔科技股份有限公司，定制开发了种植业家庭农场经营决策虚拟仿真实验教学项目。

自2018年以来，种植业家庭农场经营决策虚拟仿真实验先后获批浙江农林大学虚拟仿真实验教学项目和浙江省"十三五"高校虚拟仿真实验教学项目的立项，并于2019年完成种植业家庭农场经营决策虚拟仿真实验平台开发，同年在国家虚拟仿真实验教学课程共享平台完成上线、推广，共享范围不断得到扩大，辐射、示范效益持续得到提升。2019年，种植业家庭农场经营决策虚拟仿真实验教学项目获得第四届"智享杯"全国高校经管类实验教学案例大赛二等奖。2020年，"种植业家庭农场经营决策虚拟仿真实验"获批第一批国家级虚拟仿真实验教学一流课程认定（见图9-20）。

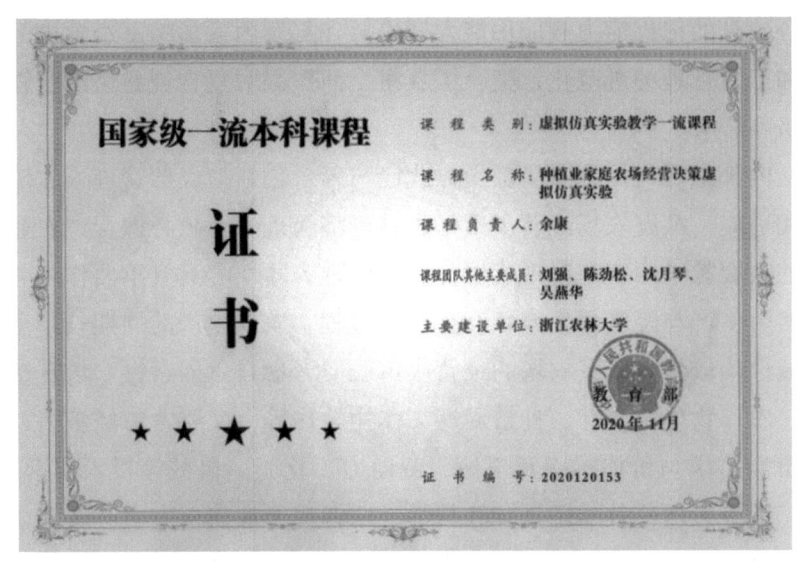

图 9-20　国家级一流本科课程证书

一、种植业家庭农场经营决策虚拟仿真实验基本概况

种植业家庭农场经营决策虚拟仿真实验采用三维仿真技术，模拟种植业家庭农场的经营活动，提供仿真的农场庄园和作物种植环境，让学生在虚拟农场中进行经营演练，完成各种决策、执行、交易等活动，在规定时间内尽可能地将农场发展壮大，创造财富。

（一）实验项目背景

从外部来看，乡村全面振兴急需大量的复合创新型经营管理人才。我国家庭农场以种植业为主，种植业家庭农场占比60%以上，且大多数处于发展初期，同质化、低端化、低效益现象十分明显。因此，种植业家庭农场当前亟待提质增效与升级，高校有必要为其提供更多的复合创新型经营管理人才。种植业家庭农场经营决策虚拟仿真实验既可以作为农林专业学历教育学生的实践资源，又可以作为家庭农场主、新型职业农民、大学生村官等非学历教育学员的实践资源。种植业家庭农场经营决策虚拟仿真实验旨在让学习者掌握种植业家庭农场经营决策的经济学指标和分析方法，提高学习者对不同作物投入产出的相关技术参数、农产品市场价格与农业政策等信息的把控能力和应用能力,以及在复杂因素影响下经营决策的科学性和经营管理的规范化,契合了乡村全面振兴对复合创新型经营管理人才的培养需求。

从内部来看,传统实验教学方式已与复合创新型经营管理人才培养目标不相适应。家庭农场经营决策是农林经济管理专业核心课程"农业经济学"的重要教学内容,对现代农林经济管理人才培养具有重要作用。农业是自然再生产与经济再生产相互交织的过程,农业生产的周期长,季节性与地域性均较强。家庭农场的经营决策既要考虑自然因素、农场自然资源禀赋、农作物生长习性、种植周期、作物轮作等,又要考虑经济因素、农产品市场需求与价格,以及土地、劳动力、化肥、机械等投入要素价格。因此,无论是理论教学还是实践教学,两者都无法使学生全方位、全过程参与家庭农场的经营决策过程,学生实验体验感不强,学习积极性不高,严重影响了课程教学质量与效果。而种植业家庭农场经营决策虚拟仿真实验突破了农业生产周期长、地域性强的限制,通过3D虚拟仿真还原技术,情景再现家庭农场经营全过程,能够让学生在短时间内熟悉各种农作物种植规律,模拟体验家庭农场生产经营全过程。

(二)实验项目来源

种植业家庭农场经营决策虚拟仿真实验以浙江省杭州市清凉峰绿源蔬菜专业合作社为原型,遵循"将家庭农场搬进课堂"的教学理念,运用3D仿真、三维数字还原等虚拟仿真技术,情景再现家庭农场实景、生产管理特征和经营决策过程,实现全过程、全景式、参与式的实践教学。该实验项目的案例数据、参数均来源统计年鉴或浙江省杭州市清凉峰绿源蔬菜专业合作社家庭农场(以下简称农场)的实地调研,具体如下。

(1)合同参数来源农场经营过程中实际发生值。

(2)14种农作物和对应品种选择农场近3年种植数据,农作物生长时间参考农场生产记录得出。

(3)主要农作物投入产出数据参考农场生产记录得出。

(4)主要农作物经营措施与用工(工日/亩)数据根据农场生产记录整理。

（5）受灾对应损失数据来源浙江省和杭州市两级农业农村部门相关专家评估。

（6）主要农作物周度价格（元/kg）数据来源杭州农产品价格信息网。

（7）主要农作物需求函数（元/kg, kg）通过杭州市农产品销售量与价格对应关系求解得到。

（三）实验项目特色

种植业家庭农场经营决策虚拟仿真实验让学生扮演农场主角色，综合运用经济学、管理学、农学等跨学科专业知识，在模仿现实市场环境的情形下，通过身临其境地参与家庭农场生产经营管理决策过程，以取得约束条件下的最佳经营管理效果，学生可以强化种植业家庭农场认知、熟悉农作物投入产出情况、掌握家庭农场经营决策的基本原理和理论、学会求解优化模型、计算最优投入和产出、独立填写财务报表和撰写分析报告等。

该实验项目包含农场认知、静态决策、动态决策3大模块以及9大流程，其共计39个步骤。其中，学生交互性操作步骤共15步，全景式展现农业生产经营环节与作物种植交替，学生以互动博弈的形式参与实验，实践体验感与竞争性显著增强。该实验项目特色如下。

（1）突破农业生产周期长、地域性强的局限。该实验项目采用"情景模拟—角色扮演—问题导向—总结研究"（Scenario Role Problem Summary，SRPS）的教学方法，在模仿现实市场环境的情景下，沉浸式参与、体验种植业家庭农场生产经营决策的全过程。

（2）多学科知识交叉融合，静态与动态决策相结合。该实验项目融合了经济学、管理学及农学等多学科知识，以静态决策为基础，以动态决策为手段，在约束条件灵活可变的情况下，使学生可以通过互动博弈、科学决策，实现种植业家庭农场经营收益最大化。

（3）基于家庭农场真实数据，实验核心要素高度仿真。该实验项目的核心要素材料等均来自浙江省杭州市清凉峰绿源蔬菜专业合作社家庭农场，真实还原了家庭农场生产经营决策全过程，模拟不同决策行为的生产效益。

（四）实验项目应用

种植业家庭农场经营决策虚拟仿真实验项目于 2019 年完成开发，截至 2024 年 9 月底已在国家虚拟仿真实验教学课程共享平台成功上线运行了 5 年。面向校内，该实验项目主要服务于农林经济管理、农学、林学、茶学等相关专业，已共计完成近 4000 名学生的实验教学，学生的参与性、体验感和实效性得到显著增强；面向全国，该实验项目依托国家虚拟仿真实验教学课程共享平台，服务对象包括相关专业在校学生、家庭农场主、新型职业农民及大学生村官等人员，累计受益近 5000 人，参与实验已超过 7000 人次，实验页面总访问量近 40000 次，项目对外推广和资源共享进一步得到扩大，社会辐射与示范效益不断得到彰显、提升。

二、种植业家庭农场经营决策虚拟仿真实验项目设计

种植业家庭农场经营决策虚拟仿真实验平台利用三维数字还原、3D 仿真及 WebGL 等技术，借助 Unity3D、3D Studio Max、Maya 及 Visual Studio 等工具，基于 Windows Serve 2012 & MySQL5.7 等开发环境，将经济学、管理学及农学等相关学科专业理论知识与现代信息技术进行深度融合，真实再现种植业家庭农场主生产经营决策过程与核心要素，践行"将家庭农场搬进校园"的教学理念，让学生在有限的时间内快速熟悉家庭农场经营决策全过程，沉浸式感受、体验并内化家庭农场主经营、管理、决策的能力和素质，提升学生分析问题和解决复杂现实问题的能力，增强学生应对复杂情境变化和世界未知挑战的综合能力，从而助力高校更好地培养乡村全面振兴所急需的复合创新型经营管理人才。

（一）平台总体架构设计

种植业家庭农场经营决策虚拟仿真实验教学项目的核心是要解决学生快速高效的实验学习需求，关键在于为实验项目提供开放运行的虚拟仿真实验教学管理平台。通过数据接口无缝对接，保证用户能够随时随地通过浏览器访问该项目，并通过平台提供的面向用户的智能指导、自动批改等服务功能，尽可能帮助用户实现自主实验，加强实验项目的开放服务能

力，提升实验项目的开放服务效果。开放式虚拟仿真实验教学管理平台以计算机仿真技术、多媒体技术和网络技术为依托，采用面向服务的软件架构进行开发，集实物仿真、创新设计、智能指导、虚拟实验结果自动批改和教学管理于一体，具有良好的自主性、交互性和可扩展性，其总体架构如图 9-21 所示。该架构自下而上共分为五层，依次是数据层、支撑层、通用服务层、仿真层和应用层，每一层都为其上层提供服务，直到完成具体虚拟实验教学环境的构建。

图 9-21 开放式虚拟仿真实验教学管理平台总体架构

（1）数据层。种植业家庭农场经营决策虚拟仿真实验教学项目涉及多种类型虚拟实验组件及数据，在此设置虚拟实验的用户信息、实验课程库、典型实验库、基础元件库、规则库、标准答案库、实验数据等，用以实现对相应数据的存放和管理。

（2）支撑层。支撑层是虚拟仿真实验教学与开放共享平台的核心框架，是实验项目正常开放运行的基础，负责整个基础系统的运行、维护和管理，包括安全管理、服务容器、数据管理、域管理等功能子系统。

（3）通用服务层。通用服务层即开放式虚拟仿真实验教学管理平台，提供虚拟实验教学环境的一些通用支持组件，以便用户能够快速在虚拟实验环境中完成虚拟仿真实验，包括实验教务管理、实验教学管理、理论知识学习、实验资源管理、智能指导、互动交流、实验结果自动批改、实验报告管理、教学效果评价、项目开放共享等通用服务。同时，提供相应集成接口工具，以便该平台能够方便集成第三方的虚拟实验软件进入统一管理。

（4）仿真层。仿真层主要针对种植业家庭农场经营决策虚拟仿真实验进行相应的器材建模、实验场景的构建、虚拟仪器的开发，并提供通用的仿真器，最后为应用层提供实验结果数据的格式化输出。

（5）应用层。应用层具有良好的扩展性，实验教师可根据实验教学的实际需要，利用通用服务层提供的各种工具和仿真层提供的相应器材模型，设计各种典型实验实例，最后面向学校开展实验教学应用和面向社会进行开放共享。

（二）实验项目功能设计

种植业家庭农场经营决策虚拟仿真实验项目登录界面中包含学生端和教师端（见图9-22），以满足师生随时随地进行实验教与学的需求，大幅提升实验教学的效率与效果。

图9-22 种植业家庭农场经营决策虚拟仿真实验项目登录界面

1. 实验项目学生端设计

种植业家庭农场经营决策虚拟仿真实验项目为学生提供登记注册、知识学习、要素禀赋、静态决策、动态决策、收益计算器及财务报表等功能，支持学生全景式、沉浸式实践体验，快速培养学生对家庭农场经营管理和分析决策的能力。

（1）登记注册。在家庭农场第一年经营之前，需要对家庭农场登记注册（含农场名、经营者等信息）；阅读、填写并提交各种与家庭农场相关的文件文书（含各种政策文件、表单、合同等）。

（2）知识学习。主要包含家庭农场、农业生产经营决策理论、规模经济与规模报酬、最优规模选择等方面的知识学习。

（3）要素禀赋。主要涉及资金、土地、人力、贷款、土地租赁、土地出售及雇工等方面要素的社会禀赋和自身配置。其中，贷款、土地、人力具有社会总量上限，当一种资源在系统的输出量达到总量上限后，各农场无法再次购入该资源。

（4）静态决策。提供基于求解产量最大化模型、求解利润最大化模型、求解资源分配优化模型的3种实验，以便让学生更好地理解、掌握在特定条件下，基于当前已知的资源禀赋实现经营利益最大化的决策过程。

（5）动态决策。提供模拟实验和正式实验两种方式。模拟实验由学生自主进行决策控制，经由租地决策、雇工决策、贷款决策、购买农业保险决策、订单销售决策计算出农作物最优种植面积后，进行农作物种植、田间管理、农产品收获及农产品销售等操作。正式实验由教师端控制，所有学生在同一市场下进行实验，学生端的时间轴统一运动，重复上述模拟实验步骤，在互动博弈实验中实现农场收益最大化。

（6）收益计算器。选择一种农作物，然后输入模拟投入的资金、土地、人力，即可得到大致的收益数字。该功能是学生经营决策、选择农作物的辅助工具。

（7）财务报表。学生在每轮（年）的经营结束后（17点时），需要提交一系列总结性的报表文件，如利润表、损益表、现金流量表、资产负债表、投资收益明细表等。

2. 实验项目教师端设计

种植业家庭农场经营决策虚拟仿真实验项目为教师提供社会参数设置、农场监视及成绩评定等功能，支撑教师个性化、多样化实验教学设计需求，以满足学生多元化、差异化发展。

（1）社会参数设置。提供教师全局性社会参数设置功能，以增强实验的合理性和变化性。修改后的参数立即生效并体现在学生的实验之中。社会参数主要包括收益计算器中各农作物收购价、各农作物的实际销售价格（或公式的参数）、土地出售价格、土地租金价格、全社会的土地可用量、雇工价格、全社会可用人力总数、贷款利率、全社会可贷款资金总额、保险价格，以及各种灾害的不同区间或不同农作物的损失率等。

（2）农场监视。登录平台后，教师可以监控所有农场的经营情况。例如，每个农场的名称、成员、是否在线、资源禀赋、土地使用、合同签订等情况。监视是通过独立的菜单界面实现的，不能进入学生的农场。

（3）成绩评定。经过一个周期，教师根据每个农场的经营情况，进行一次成绩评定；4个周期结束后，教师可对每个农场进行总评定；评定结果（含客观评价、主观评价、综合评价）可自动存入教学系统，作为实验课程评价。

三、种植业家庭农场经营决策虚拟仿真实验内容设计

教学内容设计是课程教学的核心组成，科学的教学内容设计可以确保课程教学目标的顺利达成。种植业家庭农场经营决策虚拟仿真实验，旨在借用虚拟仿真实验平台再现种植业家庭农场经营的全过程，让学生在沉浸式情境下更好地体验、学习并内化家庭农场的经营决策理论和经验，进而更快地提升学生分析数据、经营决策和解决实际问题的能力。而要达成上述实验教学目标，种植业家庭农场经营决策虚拟仿真实验应做好实验原理、理论依据、实验思路及实验流程等内容的设计。

（一）实验原理

种植业家庭农场经营决策虚拟仿真实验原理包括家庭农场经营静态决策和家庭农场经营动态决策。

1. 家庭农场经营静态决策

（1）单产出静态决策模型。给定家庭农场土地、劳动、资金 3 种要素的初始禀赋，假定总成本、产品价格、要素价格不变，以产量、利润最大化为目标函数，实现约束条件下的最优要素投入，即农作物最优种植面积、最优劳动投入和最优资金投入。

（2）多产出静态决策模型。给定家庭农场土地、劳动、资金 3 种要素的初始禀赋，假定技术、产品价格、要素价格不变，其中技术不变意味着土地、劳动、资本最优配比不变，以 14 种农作物利润最大化为目标函数，实现约束条件下的最优要素投入，即农作物最优种植面积。

2. 家庭农场经营动态决策

每名学生注册经营一个家庭农场，虚拟形成一个农产品区域市场。给定家庭农场土地、劳动、资金 3 种要素的初始禀赋，农场主可在既定价格下租入土地、雇佣劳动、贷款，并假定技术水平不变。

动态决策放松了产品价格不变的假定，即产品价格随产量动态变化，农场主根据产品预期价格，以 14 种作物利润最大化为目标函数，计算出在约束条件下的最优种植面积。种植一茬后可以调整预期价格，改变种植决策。

（二）理论依据

种植业家庭农场经营决策虚拟仿真实验理论依据包括价格预期、经营决策两个核心要素（见图 9-23）。其中，价格预期以供求理论、蛛网模型理论、理性预期理论、跨期选择理论、市场结构理论为依据，经营决策包含静态决策和动态决策两大核心类别。静态决策聚焦于特定时点的最优选择，不涉及时间变化，涵盖产量最大化、利润最大化、资源分配优化等模型理论，这些模型为准确理解在给定条件下的最优决策提供了理论基础。相比之下，动态决策则强调时间因素的重要性，涉及随时间变化的决策过程，包括了最优化农户理论和动态规划理论。这些理论不仅关注当前状态，还对未来变化进行预测与适应，为长期规划与策略制定提供了有力支持。

简而言之，供求理论、蛛网模型理论、理性预期理论、跨期选择理论和市场结构理论等共同构成价格预期的理论基础，而价格预期、经营决策又视为静态决策与动态决策的关键要素。这种逻辑关系不仅揭示了理论之间的内在联系，还展示了它们在决策过程中的实际应用，为种植业家庭农场经营决策提供了坚实的理论依据。

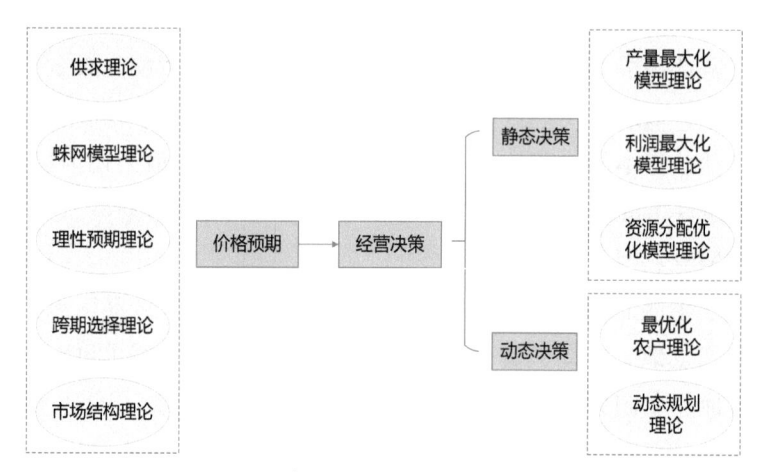

图 9-23 种植业家庭农场经营决策虚拟仿真实验理论依据

（三）实验思路

种植业家庭农场经营决策虚拟仿真实验按照"情景模拟—角色扮演—问题导向—总结研究"（SRPS）的思路展开。学生扮演家庭农场主，围绕收益最大化问题查阅文献与数据资料，通过理论模型学习和人机交互、人人交互实验操作，深入理解家庭农场经营决策的基本原理和理论。在实验过程中，学生对出现的问题及时反馈，教师围绕教学重点和出现的普遍问题开展专题讨论和总结研究，提高实验教学效果。

（1）情景模拟。通过 3D 仿真技术，还原现实种植业家庭农场的真实业务场景，模拟 14 种农作物（露天/大棚）的种子（苗）期、成长期、成熟期生长状态，给定真实投入、产出与价格数据，真实再现农产品销售情景。

（2）角色扮演。学生扮演种植业家庭农场主，沉浸式参与农场经营决策的全过程，参与农场与农场之间的互动博弈，以达成收益最大化目的，同时在虚实结合的生产经营决策情境中增进实验的参与感与趣味性。

（3）问题导向。在参与复杂多变的市场竞争情形下，围绕"如何实现收益最大化"这一基本问题，查阅文献与数据资料，运用学科专业知识理论和市场经营管理经验，研判其他农场主种植决策和预期农产品价格，确定自己的最优种植方案和最大化预期收益。

（4）总结研究。实验结束后，针对实验过程中出现的问题，撰写实验分析报告、开展主题讨论、组织小组汇报、交流心得体会，加深对问题的理解，提高对学科专业知识和理论的综合运用能力。

（四）实验流程

种植业家庭农场经营决策虚拟仿真实验项目包括9大流程，39个步骤。其中，学生交互性操作15个步骤，静态决策3个步骤，动态决策12个步骤（见图9-24）。学生交互性操作步骤详细介绍如下。

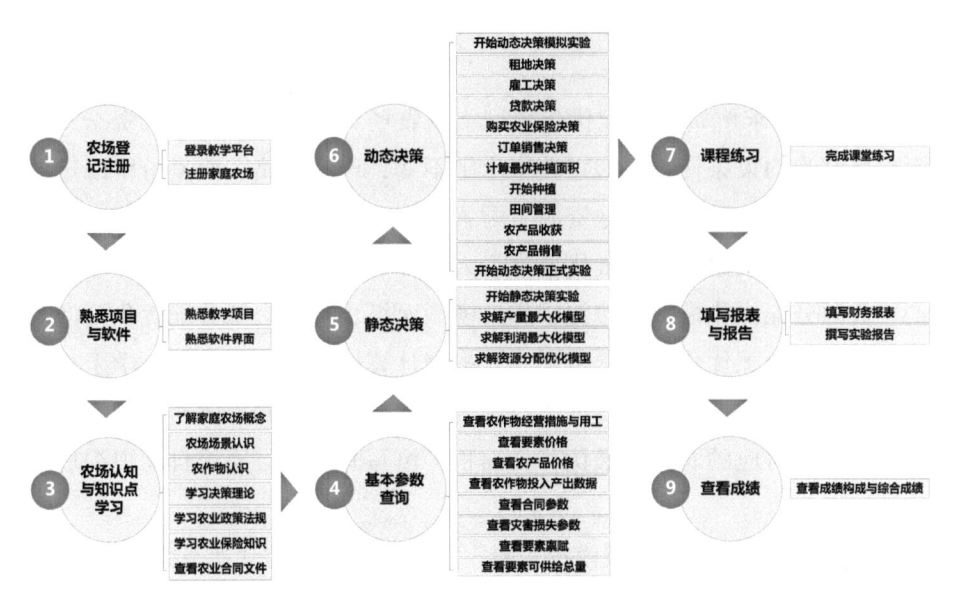

图9-24　种植业家庭农场经营决策虚拟仿真实验流程

步骤1：求解产量最大化模型。以农场当前土地、劳动、资金3种要素禀赋为约束条件，在假定总成本、要素价格既定的情况下，以单一农作物（系统随机选择2种农作物）产量最大化为目标函数，计算约束条件下的最优要素投入，即农作物最优种植面积、最优劳动投入和最优资金投入。学生单击"产量最大化模型"按钮,弹出模型面板,包括产量最大化模型求解器、产量最大化模型求解说明、提交计算结果3个子菜单。学生查看求解说明,在数据与参数查询中找到合适数据,填写到求解器,计算出最大化产量和对应的要素投入,填写并提交,系统自动根据求解结果给出分数。

步骤2:求解利润最大化模型。以农场当前土地、劳动、资金3种要素禀赋为约束条件,在假定产品价格、要素价格既定的情况下,以单一农作物(系统随机选择2种农作物)利润最大化为目标函数,计算约束条件下的最优要素投入,即农作物最优种植面积、最优劳动投入和最优资金投入。学生单击"利润最大化模型"按钮,弹出模型面板,包括利润最大化模型求解器、利润最大化模型求解说明、提交计算结果3个子菜单。学生查看求解说明,在数据与参数查询中找到合适数据,填写到求解器,计算出最大化利润和对应的要素投入,填写并提交,系统自动根据求解结果给出分数。

步骤3:求解资源分配优化模型。以农场当前土地、劳动、资金3种要素禀赋为约束条件,在假定技术水平不变,产品价格、要素价格既定的情况下,以单一要素(土地资源)配置为例,以多产出利润最大化为目标函数,计算约束条件下的最优要素投入,即农作物最优种植面积。学生单击"资源分配优化模型"按钮,弹出模型面板,包括资源分配优化模型求解器、资源分配优化模型求解说明、提交计算结果3个子菜单。学生查看求解说明,在数据与参数查询中找到合适数据,填写到求解器,计算出最大化利润和对应的农作物最优种植面积,填写并提交,系统自动根据求解结果给出分数。

步骤4:开始动态决策模拟实验。单击主界面上的"动态决策"按钮,选择模拟实验。模拟实验时间轴由学生自主控制,单击"实验"按钮后,时间轴开始运动,学生可以进行种植、田间管理、收获等操作。

步骤5:租地决策。单击"租地"按钮,跳出租地合同窗口,填写要租赁土地面积、租赁时间等主要参数。租地后,合同期内土地面积相应增加,资金相应减少。

步骤6:雇工决策。单击"雇工"按钮,跳出雇工合同窗口,填写雇工数量、雇工时间等主要参数。雇工后，合同期内劳动数量相应增加，资金相应减少。

步骤 7：贷款决策。单击"贷款"按钮，跳出贷款合同窗口，填写贷款金额、贷款时间等主要参数。贷款后，合同期内资金要素相应增加，贷款到期后还本付息。

步骤 8：购买农业保险决策。单击"农业保险"按钮，跳出保险合同窗口，选择投保农作物类别，填写投保面积等参数。购买保险后，保费从资金中扣除，若发生灾害损失时，系统根据保险条款自动计算保险赔偿。

步骤 9：订单销售决策。单击"订单销售"按钮，跳出订单合同窗口，填写订单销售农作物、销售数量等主要参数。农作物收获后，按订单合同自动销售。

步骤 10：计算农作物最优种植面积。以改变后的农场土地、劳动、资金 3 种要素为约束条件，在假定技术水平、要素价格既定的情况下，放宽产品价格不变的假定，即产品价格随产量动态变化，农场主根据产品预期价格，以多产出利润最大化为目标函数，计算约束条件下作物的最优种植面积。

步骤 11：开始种植。结合农作物生长时间表和时间轴运动状态，在对应的时间段点选土地面积和农作物进行种植。单击"种植"按钮后，土地、劳动、资金要素会相应变化；农作物种下后，按照时间轴显示不同时期的生长状态，并在田间管理、收获阶段、受灾等情况下自动提醒学生进行相应操作。

步骤 12：田间管理。结合农作物生长时间表和时间轴运动状态，在对应的时间段点选土地面积和农作物进行田间管理。单击"田间管理"按钮后，劳动、资金要素会相应变化。

步骤 13：农产品收获。结合农作物生长时间表和时间轴运动状态，在对应的时间段点选土地面积和农作物进行收获。单击"收获"按钮后，土地、劳动、资金要素会相应变化。

步骤 14：农产品销售。选择相应农作物数量进行销售。单击"销售"按钮后，劳动、资金要素会相应变化。每种农作物的销售价格，根据学生提交的农作物产量和反需求函数，按照实时价格进行收益计算。当产量多时对应价格低，当产量少时对应价格高。

步骤15：开始动态决策正式实验。学生单击主界面"动态决策"按钮，选择正式实验。正式实验由教师端控制，所有学生在同一市场下进行实验，学生端时间轴统一运动，学生重复步骤5到步骤14的操作。目标是在互动博弈中实现农场收益最大化，即通过判断其他农场主种植决策，形成农产品价格预期，最终确定自己的最优种植方案和最大化预期收益。

（五）实验结论

种植业家庭农场经营决策虚拟仿真实验围绕"农场收益最大化"问题，通过角色扮演，全程参与种植业家庭农场经营、管理及决策全过程，增强了学生参与实验的沉浸感、体验感和获得感，激发了学生的学习兴趣，让学生真正感受到学习的快乐，极大地提升了实践教学效率与效果。

（1）激发了学生的实验兴趣。该实验项目遵循"情景模拟—角色扮演—问题导向—总结研究"（SRPS）的实验思路，在共同的虚拟市场环境中，各家庭农场主在既定的资源禀赋条件下，通过家庭农场之间的竞争博弈，获取家庭农场的最大化收益，根据家庭农场经营效益的高低评定成绩，极大地激发了学生对家庭农场经营决策的学习兴趣。

（2）转变了学生的学习主体。在以往实验教学中，学生更多是"旁观者"，被动接受教师的知识传授，实验参与性、体验性与主动性不足。通过采用情景模拟与角色扮演的实验方式，在虚拟仿真的模拟实验环境下，沉浸式参与家庭农场经营管理决策的全过程。通过家庭农场之间真实的博弈与竞争，极大地提高了学生参与实验的主动性，真正让学生成为自主学习的"主人"，实现了学生学习主体地位的转变。

（3）提高了学生的学习效率。该实验项目以农作物生长规律为时间轴，共计6个课时（6小时）的虚拟实验学时，等同于家庭农场现实生产经营的2年，结合虚拟仿真、全息影像还原等技术，真实还原了家庭农场主生产经营的决策过程与核心要素，让学生在有效的时间内快速熟悉家庭农场经营决策的整个过程，有效解决理论教学与生产实践相脱节的问题，极大地提高了学生的学习效率。

（4）改善了实验的教学效果。该实验项目的开发，突破了农业生产周期长、季节性和地域性强的局限，使得学生可以随时随地进行实验。实验项目平台中设有纠错和提示的功能，学生可以反复地进行实验，直到达成自己所期望的实验目标。同时，在大量的虚拟实验环境里，允许实验对象频繁"试错"，便于学生提升家庭农场经营决策能力。

四、种植业家庭农场经营决策虚拟仿真实验教学设计

教学设计是实施教学的重要环节，它对课程整个教学过程起着指导和规划的作用。家庭农场经营决策是农林经济管理专业核心课程"农业经济学"的重要教学内容。种植业家庭农场经营决策虚拟仿真实验作为家庭农场经营决策的实验项目之一，其教学如何设计（含教学目标、教学对象、教学内容、教学组织、考核评价等）将直接影响实验教学效果以及课程教学目标的达成。

（一）教学目标

种植业家庭农场经营决策虚拟仿真实验的教学目标，旨在通过直观再现家庭农场经营全过程，让学生沉浸式参与和体验家庭农场经营、管理与决策，加深对家庭农场基本概念、登记注册、政策法规、合同文书的理解，了解水稻、玉米及番薯等14种农作物生长规律和投入产出情况，掌握家庭农场经营决策的基本原理和理论，学会求解优化模型、计算最优投入和产出，独立填写财务报表和撰写分析报告，提升学生的数据分析能力、决策思维能力和解决实际问题能力，提升学生面对社会复杂变化和未来未知挑战的适应度和应变力。

1. 知识目标

（1）掌握家庭农场的概念与内涵。

（2）理解家庭农场的基本特点、认定类型及国内外发展现状。

（3）掌握农业生产经营决策的相关理论。

（4）了解规模经济与规模报酬的概念、区别与联系。

（5）掌握规模经济系数与规模报酬系数的测算原理。

（6）了解最优规模选择的指标依据，以及各指标对应的政策目标。

2. 能力目标

（1）能够应用经济学相关理论分析农场结构。

（2）熟练应用最优化农户理论解释和解决农户生产决策问题。

（3）能够熟练测算规模经济系数与规模报酬系数，并据此进行经济学解释。

（4）能够使用多指标综合评定选出最优生产规模区间。

3. 情感目标

（1）强化国情与农情教育。

（2）增强学生服务"三农"的社会责任感。

（3）提升学生学以致用的自觉性。

（二）教学对象

种植业家庭农场经营决策虚拟仿真实验的教学对象可以是高校学生或社会在职人员。其中，高校学生包括农业经济管理、农林经济管理、农村与区域发展、农学、林学、茶学及其相关专业大二、大三的学生；社会在职人员包括家庭农场主、新型职业农民、大学生村官、农民大学生等。

为取得更好的实验效果和实践体验，在开始正式实验前，教学对象应修读过农业经济学、经济学原理、管理学、高等数学、运筹学及农学概论等课程，具备农业生产管理、计算机及其应用、经营决策管理等方面的知识和技能。

（三）教学内容

种植业家庭农场经营决策虚拟仿真实验合计12个课时。其中，理论课时4个、实验课时8个。理论教学内容涉及家庭农场、农业生产经营决策理论、规模经济与规模报酬、最优规模选择。实验教学内容包含农场认知、静态决策、动态决策3大模块、9大流程，共计39个步骤。其中，学生交互性操作实验步骤15个，全景式展现种植业家庭农场经营、管理与决策全过程。

1. 理论教学内容

（1）家庭农场。从治理结构和劳动力组合方式两个维度区分不同类型的农场，主要包含美国、联合国粮食及农业组织（Food and Agriculture Organization of the United Nations，FAO）和我国关于家庭农场的定义，家庭农场认定的类型、主要特征，家庭农场与农户区别与联系，我国和美国、法国、日本的家庭农场发展现状，不同类型农场理论分析框架等方面内容。

（2）农业生产经营决策理论。以理性人假设为基准，农业生产经营主体做出最优生产决策，主要包含最优化农户理论、理性预期理论、跨期选择理论、市场结构理论、供求理论和弹性理论等内容。

（3）规模经济与规模报酬。从规模经济、规模报酬两个角度理解农业生产的规模效应，主要包括规模经济理论、农业生产性服务的规模经济效应、规模报酬理论、规模经济与规模报酬的区别与联系等内容。

（4）最优规模选择。通过最优规模选择理解农业生产要适度的原因，主要包括生产率与效率、生产效率分类与特征、生产效率测算方法等内容。

2. 实验教学内容

（1）农场认知实验。掌握家庭农场基本概念和核心要素，主要有农场的生产要素、种植作物（含5大类14种）和场景（含场部、田块、道路、河流、农用生产资料、农用机械等）等；熟悉农场登记注册流程（含政策文件、表单、合同等）；了解相关农业政策法规等。

（2）静态决策实验。学习最优化农户理论、供求理论、弹性理论、蛛网模型理论、理性预期理论、动态规划理论、跨期选择理论、市场结构理论等经营决策相关的原理和理论，完成求解产量最大化模型、求解利润最大化模型、求解资源分配优化模型等计算与实验。

（3）动态决策实验。按照6小时等同于农作物生长2年的标准，即1小时实验模拟等同于农作物实际生长4个月，学生遵照动态决策操作步骤，以农场主的身份，通过互动、博弈与竞争的形式，开展租地决策、雇工决策、贷款决策、购买保险决策、订单销售决策等实验，安排种植制度，开展农作物种植、田间管理、农作物收获和农作物销售，以实现家庭农场收益的最大化。

（四）教学组织

种植业家庭农场经营决策虚拟仿真实验所属课程为"农业经济学"。"农业经济学"学习需48个课时，其中理论课32个课时（含与实验课紧密相关的理论课时4个），专题讨论课8个课时，实验课8个课时。"农业经济学"课程采用专业班级的集中授课方式，按照"先理论、后实验"的形式组织教学。

对于理论教学部分，课程被安排在多媒体智慧教室进行授课，采用"课堂讲授＋随堂讨论＋练习问答＋专题讨论"的组合方式开展教学，教师可运用智慧白板、智慧大屏和智能中控等现代信息技术手段，融合在线开放课程、教学案例、文档及视频资源，开展线上线下混合式互动教学。

对于实验教学部分，实验被安排在新文科实验中心智慧实验室进行，坚持教师主导、学生主体的教学理念，利用智能信息技术创建种植业家庭农场经营决策虚拟仿真实验平台，全景化真实再现种植业家庭农场经营决策的全过程。遵照"情景模拟—角色扮演—问题导向—总结研究"（SRPS）的闭环方式组织实验教学。教师以农场经营利益最大化为问题导向，按照实验要求设置实验社会参数（含土地出售价格、雇工价格、贷款利率、保险价格及各种灾害农作物的损失率等）。学生扮演农场主的身份，在沉浸式情景中通过互动、竞争与博弈的方式经营管理农场，决策农作物种植品类、数量，以及开展种植、实施田间管理、开始采摘与销售等时间，确保在有限的资源要素下农场经营利益最大化；并基于经营过程中出现的问题展开专题讨论与研究交流，促进数据分析能力、经营决策能力和解决实际问题能力的提升。

（五）考核评价

考核内容是考核要求的细化。种植业家庭农场经营决策虚拟仿真实验的考核要求包括以下8个方面，基于该考核要求特制定相应的考核内容与评分标准（见表9-6）。

（1）是否熟悉家庭农场经营决策流程，并能够独立进行决策。

（2）是否可以准确分析市场与农业政策，并做出理性决策。

（3）能否根据市场和政策的变化，合理调整经营决策。

（4）能否根据市场行情适时生产与销售农产品，以获取最大化利润。

（5）能否在生产决策过程中做到要素的合理配置，以至于生产资料不闲置和不浪费。

（6）能否准确填写家庭农场各项财务报表。

（7）是否可以用经济学相应理论，解释生产者的决策行为。

（8）是否在班级家庭农场经营决策竞赛中获得优异成绩。

表9-6 种植业家庭农场经营决策虚拟仿真实验考核内容与评分标准

考核要求	考核内容	分值
实验预习（15%）	对项目、软件界面熟悉度	5
	练习题	10
实验操作（30%）	实验结果数据记录是否准确	10
	动态决策参数填写是否规范	10
	操作方法是否正确、规范	10
实验结果（30%）	静态决策3个模型计算结果是否正确	12
	财务报表填写是否规范、准确	3
	家庭农场总资产	15
实验报告（25%）	实验目的、原理、实验操作步骤、实验数据记录与处理、实验结果和结论、注意事项、对实验的评价和建议等是否完整	15
	对实验结果的分析、讨论是否充分	10
总分（100%）		100

参考文献

［1］罗士美，余康，吴伟光.论农林经管人才核心素养及其有效育成：基于大学利益相关者的认知分析［J］.高等农业教育，2022（4）：61-69.

［2］应义斌，梅亚明.中国高等农业教育新农科建设的若干思考［J］.浙江农林大学学报，2019，36（1）：1-6.

［3］祝智庭，贺斌.智慧教育：教育信息化的新境界［J］.电化教育研究，2012，33（12）：5-13.

［4］王济军.智慧教育引领教育的创新与变革：技术与教育深度融合的视角［J］.现代教育技术，2015，25（5）：53-58.

［5］陈琳.智慧教育创新实践的价值研究［J］.中国电化教育，2015（4）：15-19.

［6］祝智庭.智慧教育：引领教育信息化走向人本主义情怀［J］.现代教育，2016（7）：25-27.

［7］靖国平.从"知性人"到"智性人"：当代教育学人性假设的转型［J］.教育研究与实验，2010（4）：32-36.

［8］张曼.多科性大学经济管理类虚拟仿真实验教学中心的建设与实践［J］.当代教育实践与教学研究，2020（7）：110-112.

［9］张珂，李青松，沈秀国，等.工程项目管理组织视角下实验教学中心管理新模式探索［J］.实验室研究与探索，2022，41（8）：178-181+198.

［10］白洁，刘丽艳，吴素焕，等.高校实验室资源共享模式和管理机制的研究［J］.实验技术与管理，2018，35（10）：207-209.

［11］蔡英，周岚，孟闯.以人为本的开放实验室管理机制研究［J］.实验技术与管理，2012，29（8）：194-195+202.

［12］徐慧亮.经管实验中心跨专业实验平台模式研究［J］.实验室科学，2017，20（4）：236-240.

［13］庞雨滨.文科实验中心教学资源平台建设研究［J］.大连大学学报,2016,37(5):126-131.

［14］李润洲.智慧教育同名异义现象解析［J］.徐州工程学院学报:社会科学版,2019,34(4):87-94.

［15］李润洲.智慧教育的三维阐释［J］.中国教育学刊,2020(10):9-14.

［16］刘伟.智慧教育：价值引导与实践操作的融合［J］.电化教育研究,2017,38(6):27-33.

［17］陈晓珊.人工智能时代重新反思教育的本质［J］.现代教育技术,2018,28(1):31-37.

［18］陈琳,王蔚,李冰冰,等.智慧学习内涵及其智慧学习方式［J］.中国电化教育,2016(12):31-37.

［19］杨现民.区域智慧教育综合服务平台建设及关键问题探讨［J］.现代远程教育研究,2015(1):72-81.

［20］余嘉云."三全育人"的生态主义理论阐释与实践路径探索［J］.南京师大学报:社会科学版,2021(1):130-138.

［21］王树国.第四次工业革命背景下的高等教育变革与发展［J］.中国高教研究,2021(1):1-4+9.

［22］陈潭,刘成.迈向工业4.0时代的教育变革［J］.南京社会科学,2016(9):131-137.

［23］安丰存,王铭玉.新文科建设的本质、地位及体系［J］.学术交流,2019(11):5-14+191.

［24］吴岩.勇立潮头,赋能未来：以新工科建设领跑高等教育变革［J］.高等工程教育研究,2020(2):1-5.

［25］袁凯,姜兆亮,刘传勇.新时代新需求新文科：山东大学新文科建设探索与实践［J］.中国大学教学,2020(7):67-70+83.

［26］谭惠灵,郭庆.经管类实验教学模式研究与改革探索：以上海财经大学实验中心为例［J］.大学教育,2022(8):187-190.

［27］张健如,郭蕊,张吉国.农林高校经管实验室建设研究：以山东农业大学经济管理学院（商学院）实验中心为例［J］.山东农业工程学院学报,2020,37(5):41-46.

[28] 陈娟红，金炳尧. 国家级实验中心开放共享管理模式实践与探索：以浙江师范大学信息传播实验教学中心影像类实验室为例[J]. 现代教育技术，2014，24（2）：120-126.

[29] 王斌会，谢贤芬. 经济管理实验中心教学理念的改革与创新[J]. 实验室研究与探索，2013，32（8）：345-348+385.

[30] 赵奎英. 试谈"新文科"的五大理念[J]. 南京社会科学，2021（9）：147-155.

[31] 樊丽明，杨灿明，马骁，等. 新文科建设的内涵与发展路径（笔谈）[J]. 中国高教研究，2019（10）：10-13.

[32] 吕林海. 中国大学"新文科教育"建设：价值蕴意、核心内涵与实践路径[J]. 大学教育科学，2021（5）：49-59.

[33] 李凤亮. 新文科：定义·定位·定向[J]. 探索与争鸣，2020（1）：5-7.

[34] 王铭玉. 新文科：一场文科教育的革命[J]. 上海交通大学学报：哲学社会科学版，2020，28（1）：19-22+30.

[35] 徐新建. 数智革命中的文科"死"与"生"[J]. 探索与争鸣，2020（1）：23-25.

[36] 马璨婧，马吟秋. 新文科学科交叉融合的体系建设与路径探索[J]. 南京社会科学，2022（9）：156-164.

[37] 段禹，崔延强. 新文科建设的理论内涵与实践路向[J]. 云南师范大学学报：哲学社会科学版，2020，52（2）：149-156.

[38] 朱文辉，许佳美. 新文科建设：背景解析、要义分析与路径探析[J]. 黑龙江高教研究，2021，39（11）：1-6.

[39] 樊丽明. "新文科"：时代需求与建设重点[J]. 中国大学教学，2020（5）：4-8.

[40] 赵奎英. "新文科""超学科"与"共同体"：面向解决生活世界复杂问题的研究与教育[J]. 南京社会科学，2020（7）：130-135.

[41] 郁建兴. 以系统思维推进新文科建设[J]. 探索与争鸣，2021（4）：72-78+178.

［42］王铭玉，张涛.高校"新文科"建设：概念与行动［N］.中国社会科学报，2019-03-21（04）.

［43］陶东风.新文科新在何处［J］.探索与争鸣，2020（1）：8-10.

［44］周毅，李卓卓.新文科建设的理路与设计［J］.中国大学教学，2019（6）：52-59.

［45］唐衍军，蒋翠珍.跨界融合：新时代新文科人才培养的新进路［J］.当代教育科学，2020（2）：71-74.

［46］王正.新文科的实践导向性与平民性［J］.探索与争鸣，2022（3）：26-28.

［47］亚里士多德.形而上学［M］.苗力田，译.北京：中国人民大学出版社，2003.

［48］墨翟.墨子译注［M］.张永祥，肖霞，译.上海：上海古籍出版社，2016.

［49］刘革平，秦渝超.回溯智慧：再论智慧教育的智慧性及发展之道［J］.现代远距离教育，2021（4）：48-58.

［50］冯契.冯契学述［M］.杭州：浙江人民出版社，1999.

［51］冯契.认识世界和认识自己［M］.上海：上海人民出版社，2011.

［52］靖国平.论智慧的涵义及其特征［J］.湖南师范大学教育科学学报，2004（2）：14-18.

［53］靖国平.从狭义智慧教育到广义智慧教育［J］.河北师范大学学报：教育科学版，2003（3）：48-53.

［54］汪凤炎，郑红.五种西式经典智慧观的内涵及得失［J］.自然辩证法通讯，2010，32（3）：93-97+107+128.

［55］陈琳，杨英，孙梦梦.智慧教育的三个核心问题探讨［J］.现代教育技术，2017，27（7）：47-53.

［56］克里希那穆提.一生的学习［M］.张南星，译.北京：群言出版社，2004.

［57］宋孝忠.走向智慧教育［J］.教育研究与实验，2005（2）：24-26.

[58]陈耀华,杨现民.国际智慧教育发展战略及其对我国的启示[J].现代教育技术,2014,24(10):5-11.

[59]钱学敏.略论复杂系统与大成智慧[J].系统辩证学学报,2005(4):30-35.

[60]余华东.集大成,得智慧:试析钱学森的大成智慧学和大成智慧教育思想[J].太原师范学院学报:社会科学版,2008(2):1-4.

[61]邵晓枫,刘文怡.智慧教育的本质:通过转识成智培育智慧主体[J].中国电化教育,2020(10):7-14.

[62]刘玉玲,宋孝忠.现代教育改革的走向:智慧教育[J].教育理论与实践,2005(8):4-6.

[63]杨现民.信息时代智慧教育的内涵与特征[J].中国电化教育,2014(1):29-34.

[64]胡钦太,郑凯,胡小勇,等.智慧教育的体系技术解构与融合路径研究[J].中国电化教育,2016(1):49-55.

[65]钟晓流,宋述强,胡敏,等.第四次教育革命视域中的智慧教育生态构建[J].远程教育杂志,2015,33(4):34-40.

[66]钟绍春,唐烨伟,王春晖.智慧教育的关键问题思考及建议[J].中国电化教育,2018(1):106-111+117.

[67]祝智庭,彭红超,雷云鹤.智能教育:智慧教育的实践路径[J].开放教育研究,2018,24(4):13-24+42.

[68]彭红超,祝智庭.人机协同的数据智慧机制:智慧教育的数据价值炼金术[J].开放教育研究,2018,24(2):41-50.

[69]王运武,彭梓涵,张尧,等.智慧教育的多维透视:兼论智慧教育的未来发展[J].现代教育技术,2020,30(2):21-27.

[70]赵兴龙.核心素养视角下的智慧教育体系构建[J].现代远程教育研究,2017(3):34-43.

[71]顾小清,杜华,彭红超,等.智慧教育的理论框架、实践路径、发展脉络及未来图景[J].华东师范大学学报:教育科学版,2021,39(8):20-32.

[72]吴林富.教育生态管理[M].天津:天津教育出版社,2006.

[73] 范国睿.教育生态学[M].北京：人民教育出版社，2000.

[74] 李军.我国教育观念中的教育生态研究综述[J].山东工商学院学报，2008（3）：121-124.

[75] 王凤产.教育生态系统复杂性探讨[J].中国电化教育，2011（5）：27-30.

[76] 王凤产.试探教育生态规律[J].河南师范大学学报：哲学社会科学版，2011，38（4）：249-251.

[77] 彭福扬，邱跃华.生态化理念与高等教育生态化发展[J].高等教育研究，2011，32（4）：14-18.

[78] 胡涌，柳小玲，王玲，等.高等教育生态系统的基本构架[J].中国林业教育，2009，27（1）：1-5.

[79] 张忠迪.大学教育生态化与生态型大学构建[J].河北师范大学学报：教育科学版，2008（10）：15-18.

[80] 荆钰婷.高校生态教育思想资源探索[J].中国高等教育，2017（17）：60-61.

[81] 贺祖斌.以制度创新促进高等教育制度生态环境优化[J].黑龙江高教研究，2004（5）：26-28.

[82] 彭参，吴静.也说以人为本的教育理念[J].温州大学学报，2005（6）：73-77.

[83] 巴登尼玛，李松林，刘冲.人类生命智慧提升过程是教育学学科发展的原点[J].教育研究，2014，35（6）：20-24.

[84] 刘晓琳，黄荣怀.从知识走向智慧：真实学习视域中的智慧教育[J].中国电化教育，2016（3）：14-20.

[85] 李冬冬.大数据背景下新时代高校经管类实验室建设策略研究[J].徐州工程学院学报：社会科学版，2020，35（3）：101-108.

[86] 朱姝.实验教学体系的层次性与协同性研究：基于南京审计大学实验教学改革实践[J].教育学术月刊，2020（7）：106-111.

[87] 钟绍春.人工智能如何推动教育革命[J].中国电化教育，2020（3）：17-24.

[88] 黄铭, 韩志强. 教育数字化赋能新文科建设创新发展 [J]. 中国高等教育, 2023 (6): 46-49.

[89] 廖祥忠. 探索"文理工艺"交叉融合的新文科建设范式 [J]. 中国高等教育, 2020 (24): 6-7.

[90] 龙宝新. 中国新文科的时代内涵与建设路向 [J]. 社会科学文摘, 2021 (12): 12-14.

[91] 范明献, 肖雪. 学科交叉与协同融合: 新文科背景下的研究生培养模式改革 [J]. 中国高等教育, 2022 (24): 53-55.

[92] 严孟帅, 雷云. 突破与重构: 新文科建设的价值逻辑与方法论原则 [J]. 上海交通大学学报: 哲学社会科学版, 2024, 32 (1): 25-36.

[93] 彭文晓. 教育智慧论 [J]. 学术论坛, 2007 (3): 195-198.

[94] 怀特海. 教育的目的 [M]. 庄莲平, 王立中, 译. 上海: 上海文汇出版社, 2012.

[95] 陈琳, 陈耀华, 张虹, 等. 教育信息化走向智慧教育论 [J]. 现代教育技术, 2015, 25 (12): 12-18.

[96] 潘镇, 李金生, 王丽萍. 新文科理念下文科实践教学的探索与创新 [J]. 中国大学教学, 2022 (6): 66-70+80.

[97] 董嘉佳. 高校开放式实验室管理机制探索 [J]. 实验室研究与探索, 2015, 34 (5): 231-233+270.

[98] 张云清, 翟军平. 高校实践育人的顶层设计与实现路径 [J]. 河北师范大学学报: 教育科学版, 2016, 18 (5): 119-122.

[99] 张晓琴, 孟国忠. 大学生生态教育的五个着力点 [J]. 中国高等教育, 2022 (2): 47-49.

[100] 王丹. 人类命运共同体引领下的高校新文科建设与人才培养 [J]. 华南师范大学学报: 社会科学版, 2023 (1): 58-67+206.

[101] 张竞元. 后疫情时代以课赛结合为导向的文科实验室开放策略研究 [J]. 实验室研究与探索, 2022, 41 (4): 258-261.

[102] 刘建. 人本主义教育哲学的反思与回归 [J]. 教育发展研究, 2017, 37 (6): 57-62.

［103］姚井君.马斯洛需求层次理论下学生情境教育［J］.教育与职业，2013（32）：110-112.

［104］牛荣，赵敏娟.农林高校经济管理类示范实验教学中心建设模式探索［J］.实验技术与管理，2021，38（3）：266-271.

［105］姚宏宇，田溯宁.云计算：大数据时代的系统工程［M］.北京：电子工业出版社，2013.

［106］布亚，维奇拉，赛尔维.深入理解云计算：基本原理和应用程序编程技术［M］.刘丽，米振强，熊曾刚，译.北京：机械工业出版社，2015.

［107］周苏，冯婵璟，王硕苹，等.大数据技术与应用［M］.北京：机械工业出版社，2016.

［108］黄东军.Hadoop大数据实战权威指南［M］.北京：电子工业出版社，2017.

［109］金祥荣，朱一鸿.新文科建设：背景、内涵与路径［J］.宁波大学学报：教育科学版，2022，44（1）：18-21.

［110］贺旭辉.论21世纪大学校园生态文化建设［J］.湖北社会科学，2004（12）：150-152.

［111］罗士美，余康.乡村振兴背景下农林经济管理专业实践教学改革与创新［J］.河北农业大学学报：社会科学版，2021，23（1）：116-122.

［112］祝智庭.智慧教育新发展：从翻转课堂到智慧课堂及智慧学习空间［J］.开放教育研究，2016，22（1）：18-26+49.

［113］霍恩，斯特克.混合式学习：21世纪学习的革命［M］.混合式学习翻译小组，译.北京：机械工业出版社，2016.

［114］习海旭，廖宏建，黄纯国.智慧学习环境的架构设计与实施策略［J］.电化教育研究，2017，38（4）：72-76.

［115］杨现民，余胜泉.智慧教育体系架构与关键支撑技术［J］.中国电化教育，2015（1）：77-84+130.

［116］罗士美，沈克农.基于KVM和OpenStack融合桌面云实验平台的设计与实现［J］.山东农业大学学报：自然科学版，2020，51（2）：269-272.

后 记

当今世界,新技术、新理论、新方法层出不穷,新经济、新业态、新模式不断涌现,引发现实事物瞬息万变、未来社会复杂加剧,学生现有的思维模式、行为方式和学习习惯难以应对这一变化,高等教育人才培养面临深刻变革。新文科建设作为高等教育应对这一变化的重要举措,备受广大高校的重视。新文科实验中心作为高校推进新文科建设的重要举措之一,对于支撑实验教学、实践育人、科研创新和社会服务具有不可或缺性,但一直未得到大家的应有重视,导致其难以发挥在跨学科、跨界整合和多元创新方面的优势,所以,在此背景下开展新文科实验中心建设研究具有很强的现实必要性。

本研究始于2018年,历经"四新"建设、"双一流"行动、"双万"计划和新冠疫情暴发等阶段,依托浙江省高等教育教学改革项目、教育部产学合作协同育人项目等探索与实践,运用文献研究、调查研究和行动研究等方法,通过边研究、边实践、在研究中实践、在实践中优化的方式,全面、系统地阐释了新文科实验中心建设的理念与逻辑、路径与方法、内容与架构,创新性提出新文科实验中心"334435"建设框架,并基于此框架开展了浙江农林大学经济管理实验中心的建设实践,进而最终建成浙江省重点实验教学示范中心。

在本研究过程中,课题团队获得高等学校农业经济管理类本科教学改革与质量建设优秀成果奖2项,浙江省高校实验室工作研究成果奖一等奖1项,浙江农林大学教学成果奖特等奖1项,教育部产学合作协同育人项目优秀项目案例1项,计算机软件著作权1项,全国高校经管类实验教学案例大赛二等奖1项,浙江省本科思政优秀教学案例特等奖1项,浙江省首届高校教师教学创新大赛二等奖1项,以及国家级虚拟仿真实验教学项目一流课程1门,浙江省省级课程思政示范课程1门,浙江省线下一流课程1门等成果。在课题研究实践的过程中,我们也遇到了部门协同不够、资源整合不力和经费支持不足等不少棘手的问题。在此，我们要特别对给予本研究大力支持和帮助的同事、朋友和合作企业表示真诚的谢意！他们分别是：吴伟光教授、周柏春教授、尹国俊教授、余康教授、朱臻教授、蔡细平副教授、孔娟实验师、朱爱娟实验师、刘龙青副教授、刘强副教授等，以及武汉噢易云计算股份有限公司、新道科技股份有限公司、北京润尼尔科技股份有限公司等。

展望未来，智能信息技术与实验教育教学仍将深度融合，智慧教育理念与教育生态理念也将更加深入人心，新文科实验中心的核心功能必将由支撑知识技能的获取转向支撑智慧素养的培育。因此，新文科实验中心的未来将会逐渐演变为学生智慧学习的场所和智慧习得的空间。它一方面将不断突破时空的有形限制和对人性自由而全面发展的无形约束，另一方面又将不断拓展其智能化、智慧化、多样化和多元化的生态发展的可能性。简而言之，新文科实验中心建设将朝着更加开放、更为融合、更具智慧、更显生态的育人方向推进。

在前行的道路上，我们将与广大读者一道，为共同打造高等教育新文科智慧实验生态空间而努力！